SCORPIO

BEATRICE RESZAT

Mit einem Vorwort von
Udo Lindenberg

MUTMACHBUCH FÜR TRÄUMER

...DENN HINTERM HORIZONT GEHT'S WEITER!

SCORPIO

Dieses Buch enthält Links zu externen Webseiten Dritter, auf deren Inhalte der Scorpio Verlag keinen Einfluss hat. Deshalb können wir für diese fremden Inhalte auch keine Haftung übernehmen. Für die Inhalte der verlinkten Seiten ist stets der jeweilige Anbieter oder Betreiber der Seiten verantwortlich. Die verlinkten Seiten wurden zum Zeitpunkt der Verlinkung auf mögliche Rechtsverstöße überprüft, rechtswidrige Inhalte waren nicht erkennbar. Bei Bekanntwerden von Rechtsverletzungen werden wir derartige Links umgehend entfernen.

© 2015 Scorpio Verlag GmbH & Co. KG, München
Umschlaggestaltung und Umschlagmotiv: Mel Bartholomae, Fürth
Satz: BuchHaus Robert Gigler, München
Druck und Bindung: GGP Media GmbH, Pößneck
ISBN 978-3-95803-021-3
Alle Rechte vorbehalten.
www.scorpio-verlag.de

Liebe Leserin, lieber Leser!

Darf ich Ihre Seele duzen? Ich möchte nicht unhöflich sein, es hat sich einfach beim Schreiben so ergeben, dass ich das Gefühl hatte, ich spräche zu Ihrer Seele, Ihrem Herzen, und da wirkte das förmliche »Sie« plötzlich so distanziert und fehl am Platz. Ich möchte nicht tun, was mir gegen den Strich geht. Wenn ich Ihnen damit zu nahe trete, dann tut mir das leid, und ich entschuldige mich dafür. Da ich nicht jeden einzelnen Leser um Zustimmung bitten kann, bitte ich hiermit um die Erlaubnis, zu Ihrem Herzen zu sprechen und »Du« zu Ihrem Herzen sagen zu dürfen. Von Herz zu Herz! Wenn wir uns begegnen sollten, verspreche ich, Sie nicht einfach zu duzen! Es sei denn, sie wünschen es. Doch für diese so intensive Reise, die es bedeutet, den Schatz seiner Träume zu heben, möchte ich mit Ihnen gerne auf der Ebene jenseits der Formalitäten kommunizieren dürfen.

Vielen Dank!

INHALT

Vorwort von Udo Lindenberg 10
Prolog 13

I. REISEVORBEREITUNG FÜR DAS GROSSE ABENTEUER, SEINEN TRAUM ZU LEBEN 15

1. Warum bist du hier? Träumst du schon
   oder funktionierst du noch? 16
2. Träumer und ein Mutmachbuch?
   Brauchen die so etwas? 19
3. Kennst du deine Träume?
   Ein Blick in die Wundertüte 26
4. Wie wird man ein Träumer?
   Der Weg zu den Sternen 32
5. Woran erkennst du deine Träume?
   Was willst du wirklich? 39
6. Große oder kleine Träume – sie alle brauchen Flügel 44
7. Ein erfülltes Leben – warum es sich lohnt,
   den Weg eines Träumers zu gehen 57
8. Das Spiel des Lebens – gehst du über Los
   oder ins Gefängnis? 59
9. Der Stoff, aus dem die Träumer sind – willst du es
   allen oder lieber dir recht machen? 61

10. Sicherheit – Bausparvertrag oder Hausboot
auf dem Amazonas   67

II. HINDERNISSE UND RÜCKSCHLÄGE UND WARUM EINEN TRÄUMER NICHTS AUFHALTEN KANN   75

1. Rückschläge – mit fliegenden Fahnen gegen die Wand   76
2. Ablehnung – jeder kriegt etwas vor den Bug,
nimm es nicht persönlich!   82
3. Sie wollen nur dein Bestes – wenn Realisten
auf Träumer prallen   87
4. Familie – vom Umtausch ausgeschlossen!   92
5. Zweifel – die hartnäckigen Nager in der Träumerseele   98
6. Verlorene Träume – im Fundbüro der verlorenen
Träume herrscht Hochbetrieb   101
7. Durchhalten – Durststrecken auf dem langen Weg
zur Getränkeausgabe   107
8. Zu alt? – Es ist nur zu spät, wenn du nicht jetzt anfängst!   114
9. Secondhand-Träume – den Traum eines anderen leben   125
10. Angst – ein wichtiger Tanzpartner   128
11. Selbstwert – du bist nicht dein Kontostand!   142
12. Vergleiche – immer sind die anderen schöner,
klüger, reicher   146
13. Zeitpunkt – das Richtige zur falschen Zeit   148
14. Ausreden – tausend gute Gründe,
die dagegen sprechen   151
15. Aufschieberitis – morgen fange ich ganz bestimmt an!   155
16. Keine Zeit – wer führt dein Zeitkonto?   158
17. Perfektionismus – wenn dein Bestes nie gut genug ist   165
18. Geheimgedanken – es ist viel los im Schattenkabinett   168
19. Bewertungen – wenn alles ein Preisschild bekommt   173
20. Einsatz – hat wirklich alles seinen Preis?   177

21. Flügellahm – was tun, wenn dich der Mut verlässt? 182
22. Ganz unten – von da geht es nur bergauf! 190
23. Traumsammler – kann man zu viele Träume haben? 194
24. Reich und berühmt – wenn Träume eine Maske tragen 198
25. Opfer sein – schuld sind immer die anderen! 205
26. Gedankenkarussell – wie man erfolgreich aus einer Mücke einen Elefanten macht 210
27. Warteschleife – wann geht dein echtes Leben los? 213
28. Außenseiter – stimmt etwas nicht mit dir? 215
29. Selbstkritik – falls du eine Strategie suchst, deinen Traum zu erschlagen 224

III. LUFTSCHLOSSARCHITEKT SUCHT BODENGRUNDSTÜCK 229

1. Alltagsgrau – wie bleibt man ein Träumer? 230
2. Träumer-Navi – wohin führt dein Weg? 233
3. Träume und bare Münze – was ist dein Traum wert? 237
4. Absicht – das Benzin von der Tankstelle des Universums 240
5. Glauben – wer glaubt an dich? 244
6. Mut – man kann nicht halb aufs Ganze gehen! 246
7. Intuition – wenn dein Herz spricht, höre besser zu! 250
8. Leichtigkeit – es ist leicht, es sich schwer zu machen 253
9. Geduld – mit der Zeit wird aus Gras Milch 256
10. Hoffnung – Mund-zu-Mund-Beatmung für die dritte göttliche Tugend 260
11. Kreativität – das Kind in dir will spielen! 263
12. Begeisterung – du kannst in anderen nur entzünden, was in dir selber brennt! 269
13. Achtsamkeit – achte auf die Zeichen! 271
14. Bewegung – bewege dich, dann bewegt sich etwas! 273
15. Nebenwirkungen – der Beipackzettel 276

IV. SURVIVAL-KIT FÜR TRÄUMER – ÜBERLEBENSHILFEN UND SOFORTMASSNAHMEN 279

1. Entwickle eine Miesepeter-Allergie! 280
2. Suche dir Menschen, die dich aufbauen! 281
3. Hör auf, schlecht von dir zu reden! 283
4. Verlagere die Perspektive! 285
5. Erzähle eine neue Geschichte! 287
6. Wechsle das Thema! 289
7. Was überlebt die Zeit? 292
8. Aufbauvitamine für flügellahme Träumer 293
9. Träumerzeit – wer weit fahren will, muss tanken! 295
10. In der Ruhe liegt die Kraft – das ist keine Binsenweisheit 297
11. Ob früher Vogel oder Wurm, mach dir den Tag zum Freund! 299
12. Mutig werden, indem man so tut, als ob man mutig wäre 300
13. Sich etwas von der Seele schreiben 302
14. Atmen – Umleitungsempfehlung bei Gefühlsstau 304
15. Du darfst um Hilfe bitten 306
16. Auch der weiteste Weg beginnt mit dem ersten Schritt 308
17. Gewohnheitstiere umgewöhnen 310
18. Dreamboard – die Traumtafel 315
19. Traumhelfer – den Träumen anderer zu helfen, macht glücklich 317

Die Königsdisziplin des Träumers – Träumen von einer besseren Welt 320
Abschied 330
Danke – eines der wichtigsten Worte in unserer Sprache! 333

VORWORT
VON UDO LINDENBERG

Bea ist für mich eine Preisträgerin der LIEB- und SCHLAU-FRAU des Jahrhunderts! Gratuliere von Herzen, Dein Udolito, mit Dir zusammen vor und hinter allen Horizonten tätig …

Träume waren in meinem Leben immer wichtig! Schon als ich noch ein kleiner Hosenmatz war und in der piefigen Schnarchstadt Gronau auf den Blecheimern rumtrommelte, war klar, dass es für mich nur einen einzigen Berufswunsch gibt: ein großer Popstar werden! Mit meinen Träumen und Visionen hab ich meinen schlafenden Vulkan täglich gefüttert!

Ich hab das in der Schule auch gern erzählt, dass auf mich die goldenen Autos und die brillanten-besetzten Klosetts warten. Die andern waren sich sicher, jetzt hat er das totale Riesenrad ab! Das kann einem schon passieren, wenn man nicht das kleine Karo trägt. Mit fünfzehn hab ich dann die große Straße aus Gronau hinausgenommen und bin in die weite Welt abgehauen. Richtung Abenteuer. Leben aus dem Vollen!

Mit meiner ersten Platte (damals noch in Englisch, gleich »weltweit«, ha, ha) wollte ich big Karriere machen, siebenhundert hab ich davon verkauft, zwei an meine Oma. Vom Himmel direkt wieder zurück auf den harten Beton der Straße! Da muss man durch! Du musst ein Phönix sein, immer wieder aufstehen und es noch einmal versuchen. Die Plattenmanager haben immer nur gesagt: »Ändere deinen Stil, und dann komm wieder!« Ich hab nix geändert, und dann kam der Tag, und sie standen Schlange und winkten mit Verträgen und den Millionenschecks!

Es ist alles so geworden wie in meinen besten Träumen und noch viel besser. Und wenn ich nicht die ganz großen Rosinen im Kopf gehabt hätte, hätte ich heute vielleicht in Gronau ein Reihenhäuschen und am Wochenende großes Durchhängen in der Eckkneipe.

In schwierigen Umständen aufzuwachsen und nicht zu jammern, das hat schon vielen großen Geistern den nötigen Schub gegeben, die ganz großen Träume zu realisieren. Und dazu den Biss, sich nicht wieder von der Wolke schubsen zu lassen.

Jeder kann in die Wundertüte des Lebens greifen. Das Wichtigste ist, sich nach einem Plan auszurichten, der dein eigener ist und nicht den der anderen zu verfolgen. Dazu 'ne gehörige Portion charmanten Größenwahn und Unbescheidenheit und – ganz wichtig – immer offen bleiben für neue Herausforderungen und Abenteuer.

Viele Künstler, Musiker, Maler und Literaten wollen mit dem, was sie machen auch aufrütteln. Die Leute herauslocken aus dem Mittelmaß, sie mitnehmen ins Rebellentum, raus aus der geistigen Hängematte. So etwas ist wichtig, damit die Menschen checken, dass es genug andere Möglichkeiten gibt, als sein Leben bloß abzusitzen. Ob dir das einer singt, im Gedicht erzählt oder im Buch schreibt, so wie meine Piratenfreundin Bea, es braucht diese Weckrufe! Den Leuten mal ein bisschen frische Luft in den Kopf pusten.

Wir werden mit so vielen Informationen beballert wie noch nie zuvor, da kommt die Begegnung mit sich selbst immer ein bisschen zu kurz. Die ist aber wichtig, damit du weißt, wer du bist und was du willst vom Leben! Was deine Träume sind, denn nur das bringt dich in Bewegung.

Meine Helden, die ich gelesen habe, wie Brecht oder Hesse, haben einiges bei mir hinterlassen. Das ist so eine Art Energy-Drink auf dem Weg durch den Dschungel. Damit findest du den

Weg leichter hinter den Regenbogen, wo das unendliche Eldorado deiner Träume liegt. Pack deine Träume in eine Rakete, die am Himmel explodiert. Ob du als Ölscheich oder als Ratte neben der Mülltonne geboren bist, nimm dir das Leben! Du hast nur das eine. Hol alles raus. Der Himmel ist groß, der Sternenfänger kann loslegen!

Ich mach mein Ding
egal was die anderen sagen
Ich geh meinen Weg
ob gerade ob schräg
das ist egal
ich mach mein Ding

PROLOG

Dieses Buch ist für das kleine Mädchen in mir, das mir von den alten schwarz-weiß Fotos entgegenlächelt, als hätte es einen Schatz gefunden. Das nachts den Himmel berührte, weil es seine Hände nach den Sternen ausstreckte. Für die Vierjährige, die allen erzählte, sie würde Sängerin werden oder Schauspielerin, wenn sie einmal groß wäre. Für das kleine Mädchen, dem die Erwachsenen nicht glaubten. Sie sahen es nicht, und sie hörten ihm nicht zu. So wurde es eine Blume ohne Sonne, die dennoch nie ihr Lächeln verlor. Bis heute weiß ich nicht, wie sie das geschafft hat.

Ich schreibe dieses Buch für das tapfere, kleine Mädchen, das einst den Glauben an seine Träume verlor und ihn viel später, nach vielen Tränen und dunklen Nächten, wiederfand.

Seitdem träumt es größer und schöner als jemals zuvor! Und da es die tiefe Hoffnungslosigkeit kennengelernt hat, die es bedeutet, wenn man seine Träume begräbt, hat es beschlossen, eine Hüterin der Träume zu werden.

Denn wer nie geträumt hat, der hat nie gelebt!

Und dieses Buch ist für das kleine Mädchen und den kleinen Jungen in dir, der du wie alle Kinder ein großer Träumer warst und es wieder werden möchtest. Denn obwohl wir alle erwachsen werden, so wohnt doch unser ganzes Leben auch ein Kind in uns.

Und Kinder hören niemals auf zu träumen.

Gehen wir gemeinsam auf die Reise in das Land unserer Phantasie. Dieses Land hat keine Grenzen und keine Mauern, und jeder dort hat Flügel. Dieses Land gehört dir!

Du brauchst niemanden zu fragen oder zu bitten, du brauchst keine Fahrkarte und kein Gepäck. Es ist das Land, in dem deine Träume wohnen. Reise dorthin, so oft du kannst. Und es wird wahrer werden als die sogenannte Realität. Bereise das Land deiner Phantasie, und mache deine Träume wahr! Sie warten schon auf dich!

Was ist ein Drachen wert, der nicht fliegt? Lass deinen Drachen steigen!

»Ist das, was das Herz glaubt,
nicht genauso wahr wie das,
was das Auge sieht?«
Khalil Gibran

I.
REISEVORBEREITUNG FÜR DAS GROSSE ABENTEUER, SEINEN TRAUM ZU LEBEN

1.
WARUM BIST DU HIER? TRÄUMST DU SCHON ODER FUNKTIONIERST DU NOCH?

Schon seit ich ein Teenager war und überhaupt noch nicht wusste, wo es hingeht mit meinem Leben, habe ich mir bei allen Plänen und Wünschen immer eines vorgestellt: Wenn ich jetzt auf meinem Sterbebett läge und auf mein Leben zurückblicken würde, was würde mich traurig machen, wenn ich es nicht getan hätte? Das mag auf den ersten Blick etwas makaber klingen, bringt aber sehr schnell Klarheit und einen unbestechlichen Blick auf die Dinge, die einem wirklich wichtig sind im Leben. Ich beendete vielversprechende Karrieren, liebte Männer am anderen Ende der Welt und verließ andere, die mir ein sicheres Leben boten.

Weil ich nicht eines Tages zurückschauen wollte und sagen: hätte ich doch nur …

Ich erkannte, dass meine Träume etwas Heiliges sind. Weil sie ausdrücken, was in meinem tiefsten Inneren verborgen liegt. Die Essenz meines Wesens. Es tut nicht gut, sie auf die lange Bank zu schieben. Und wenn ich meine Träume begrabe, stirbt ein Stück von mir. Ich habe es erlebt, und ich wünsche es keinem! Wie ist es bei dir? Lebst du deine Träume? Oder gibt es da noch etwas, das in dir schlummert und gerne ans Licht kommen würde? Wenn du jetzt einen Stich in deiner Brust fühlst, eine Wehmut und einen leisen Ruf hörst aus deinem Innern, dann meldet sich vielleicht gerade dein Traum, der noch ein Dasein im Schatten deines Lebens führt. Lass ihn uns zusammen ans Licht holen. Lass uns gemeinsam zum Leben erwecken, wovon du träumst. Ich weiß, das kann

Angst machen, denn es ist ein Aufbruch in ein neues, unbekanntes Land.

Wenn die alten Kartografen an die Stelle kamen, die sie für das Ende der Welt hielten, schrieben sie: Dort leben die Drachen! Auch wir fürchten uns vor den Drachen, die im Unbekannten lauern. Doch als die Schiffe weiterfuhren als die bekannten Grenzen der Landkarten, wurde die Welt größer und bunter!

Auch deine Welt wird weiter werden, wenn du dich in das Unbekannte vorwagst und deine Träume lebst. Und schöner! Auch du kannst es schaffen, dem Ruf deines Herzens zu folgen.

Unzählige Menschen haben es schon vor dir getan, und sie waren nicht alle klüger, besser und reicher beschenkt vom Leben als du.

Wir werden ein Stück dieses Wegs gemeinsam gehen, und wir werden uns alles anschauen, was dabei auftaucht. Welche Drachen dir begegnen könnten und wie du es schaffst, sie zu zähmen! Für jedes Problem, das sich dir und deinem Traum in den Weg stellt, gibt es eine Lösung, auch wenn es oft zunächst nicht so aussehen mag. Doch wenn du nicht losgehst, wirst du deinen Traum nie kennenlernen, und das wäre nicht nur ein Verlust für dich, sondern auch für die Welt.

Das klingt zu groß? Ich finde nicht. Jeder, der seine Träume lebt, ist Inspiration für andere und macht die Welt zu einem besseren Ort. Mein Traum ist es, dir zu helfen, deinen Traum zu verwirklichen! Und da ich meine Träume ernst nehme, gibt es dieses Buch! Du bist nicht geboren, um zu sterben, bevor du gelebt hast!

Der amerikanische Schriftsteller und Philosoph Henry David Thoreau brach 1845 auf, um der lauten und anstrengenden Zivilisation zu entfliehen und eine Zeit lang allein in den Wäldern zu leben. Er kehrte verwandelt zurück und schrieb eines der einflussreichsten Bücher des 19. Jahrhunderts, das seit einhundertundsiebzig Jahren von Sinnsuchern auf der ganzen Welt gelesen wird und Größen wie Mahatma Gandhi oder Martin Luther King inspiriert hat.

»Ich ging in die Wälder, weil ich bewusst leben wollte. Ich wollte das Dasein auskosten. Ich wollte das Mark des Lebens einsaugen! Und alles fortwerfen, das kein Leben barg, um nicht an meinem Todestag innezuwerden, dass ich nie gelebt hatte.«

Er fand seine innere Wahrheit und stellte sich mutig vielen Gesetzen und Konventionen entgegen. Zum Beispiel zahlte er keine Steuern, weil er deren Verwendung für Krieg und Sklaverei für untragbar hielt und diese Machenschaften nicht unterstützen wollte. Er ging ins Gefängnis für seinen Traum von einer gerechten Welt.

Ein sehr konsequenter Weg, seinen Traum zu leben. Und viele hielten ihn für verrückt und überspannt und haben den Kopf geschüttelt über sein extremes Daseinsexperiment in der Einsamkeit der Wälder.

Auch du wirst von den Menschen um dich herum möglicherweise einiges zu hören bekommen, wenn du aufbrechen willst, um deinen Traum zu leben. Sie werden die sogenannte Realität wie einen Trumpf aus dem Ärmel ziehen und sagen: »Das ist unvernünftig! Schau auf die Fakten, sieh dir an, wie es wirklich ist!«

Doch wenn du immer nur auf das schaust, was ist, wirst du dich von dort nie wegbewegen. Und wirst – so wie die meisten Menschen – immer mehr von dem erschaffen, was ist. Deine Gedanken müssen weit über das hinausreichen, was du siehst. Dort, nur dort wohnen die Träume!

»Jeder Mensch bekommt zu seiner Geburt die Welt geschenkt. Die ganze Welt. Und die meisten von uns haben aber noch nicht einmal das Geschenkband berührt, geschweige denn hineingeschaut.«
Leo Buscaglia

2.
TRÄUMER UND EIN MUTMACHBUCH? BRAUCHEN DIE SO ETWAS?

Aber natürlich! Gerade Träumer brauchen Mut! Vielleicht sogar mehr als alles andere. Die wenigsten marschieren selbstbewusst und zielstrebig in Richtung ihres Traums. Die meisten fühlen sich allein, sind oft unsicher und zweifeln daran, dass sie es jemals schaffen werden. Vielleicht genierst du dich auch, ein Träumer zu sein. Kein Wunder! Gewinner, Karrieremacher, Mein-Haus-, Mein-Auto-, Meine-Yacht-Typen, das sind die, denen unsere Gesellschaft Respekt zollt. Aber ein Träumer? Naiv, versponnen, im besten Fall noch idealistisch, das sind die Assoziationen in den Köpfen der Menschen. Kein leichtes Dasein. Mit dem Strom zu schwimmen, geht zunächst immer einfacher. Aber glaube mir, irgendwann holen die verlorenen Träume jeden ein.

Du kannst dieses Buch zur Hand nehmen, wann immer du Unterstützung, Ansporn oder Inspiration brauchst. Wenn es dir zu mühsam wird, dich und deinen Traum zu verteidigen – hier wird er verteidigt! Wenn du das Gefühl hast, ein belächelter Außenseiter zu sein – hier bekommst du den Respekt und die Unterstützung, die du verdienst. Wenn du zweifelst und aufgeben möchtest – hier findest du genügend Argumente, die dir dabei helfen, wieder aufzustehen, dein Krönchen zu richten und weiterzugehen, wie es so schön und treffend auf meiner Kaffeetasse steht.

Das »Mutmachbuch für Träumer« ist wie eine Medizin. Etwas, wodurch du dich besser fühlst als vorher. Wie eine 3D-Brille, die plötzlich mehr Ebenen sichtbar macht im Land deiner Möglichkeiten. Wie das Gespräch mit einem guten Freund, nach dem man sich gestärkt und unterstützt fühlt.

Aber Vorsicht! Es wird etwas in dir aufwecken oder mit neuer Energie füttern, das vielleicht in einem bequemen Winterschlaf liegt, schön versteckt in seiner dunklen Höhle. Du wirst womöglich nicht mehr in deiner Komfortzone bleiben wollen, sondern dich mit einer gewissen Unruhe und Abenteuerlust umschauen, wo die Türen sind in dieses Land of Oz. Denn wenn die Träume wach werden und zu tanzen beginnen, dann wollen sie hinaus in die Welt. Das ist ihre Bestimmung!

Dieses Buch möchte ein Mutmacher sein für alle Träumer. Für die, die zaudern, die Unentschlossenen, denen das Quäntchen Mut fehlt. Für die, die gegen Wände gelaufen sind und an ihren Rückschlägen zu zerbrechen drohen. Für die Traurigen, die ihren Glauben an sich verloren haben. Und für jene, die Angst haben, dass die Rosinen in ihrem Kopf zu groß sind, um wahr werden zu können!

Am liebsten würde ich Buttons verteilen auf denen steht: »Ich bekenne, ich bin ein Träumer!« Dann würden wir einander begegnen, in den Cafés, auf den Straßen, in den Finanzämtern und an der Kasse der Tankstelle. Wir würden uns erkennen und anlächeln, uns die Hand schütteln und sagen: »Komm, gehen wir einen Kaffee trinken, lass uns miteinander reden, uns austauschen. Wie gehst du mit Hindernissen um? Wie gehst du deinen Weg? Wie schaffst du es, nicht aufzugeben? Ist das nicht eine großartige Vorstellung? Ich denke an die Worte von John Lennon, einen der größten Träumer dieses Jahrhunderts:

You may say I'm a dreamer
but I'm not the only one
I hope some day you'll join us
and the world will be as one

John Lennon hatte den größten Traum, den ein Mensch überhaupt haben kann, und verfolgte ihn unbeirrt: Er träumte von einer Welt, in der es keine Kriege gibt, in der Frieden herrscht, und er wusste ganz genau, dass er nicht allein war mit diesem Traum. Auch wenn dieser Traum noch nicht wahr geworden ist, so hinterließ er doch ein Vermächtnis, das die Welt auf immer daran erinnern wird. Yoko Ono hielt eine berührende Ansprache nach dem Tod ihrer großen Liebe, die uns auf emotionale Weise vermittelt, welche Bedeutung ein großer Träumer für die Welt und die Menschen haben kann:

»We are all dreamers creating the next world, the next beautiful world for ourselves and for our children. My husband John Lennon was a very special man. A man of humble origin, he brought light and hope to the whole world with his words and music.« (»Wir sind alle Träumer, die die nächste Welt erschaffen. Die nächste, wunderschöne Welt für uns und unsere Kinder. Mein Mann John Lennon war ein ganz besonderer Mensch. Ein Mann aus bescheidenen Verhältnissen, der der ganzen Welt Licht und Hoffnung brachte mit seinen Worten und seiner Musik.«)

Immer wenn ich »Imagine« höre und die Zeilen mitsinge, geht mein Herz auf, und ich spüre die Kraft dieser Vision, gemeinsam für etwas zu gehen. Danke John Lennon!

Stellen wir uns doch einmal vor, jeder Träumer würde seine Träume verwirklichen. Würde dem Ruf seiner Seele folgen und seine Träume leben. Was würde das machen mit unserer Welt? Träumer führen keine Kriege. Träumer sind sanfte Krieger des Lichts, die sich ab und zu gerade machen müssen, um anderen Grenzen aufzuzeigen. Aber andere Menschen verletzen oder gar töten, das käme keinem Träumer, der seine Träume wahr macht, je in den Sinn. Wozu auch? Wenn ich meine Träume lebe, habe ich alles, was ich brauche.

Zum Glück ist John Lennon nicht der einzige Träumer. Immer wieder betreten große Seelen wie er die Erde, die zu Leuchtfeuern am Horizont werden, denen wir folgen können. Sie berühren etwas tief in unserem Innern. Wir kennen sie alle, ihre Namen lassen etwas erklingen in uns, ein Moment des Erinnerns an unsere eigene Größe. Menschen wie Jesus, Gandhi, Nelson Mandela, Martin Luther King, um nur einige zu nennen. Jeder von ihnen hat zu dieser Energie beigetragen, die sich immer weiter ausbreitet, die Energie der großen Träume und Visionen. Ob sie bereits wahr wurden oder nicht, der Same ist gesät, die Pflanze wächst weiter.

Diese Menschen sind Beispiele für die ganz großen Visionen, doch in diesem Buch geht es um alle Träume, denn ein Traum hat immer genau die Wichtigkeit, die sein Träumer ihm gibt. Große oder kleine, das spielt keine Rolle, Hauptsache sie werden erkannt, genährt und geboren.

Es wird in diesem Buch viele Beispiele geben, beispielhafte Geschichten von Träumern, die ihre Träume ins Leben gebracht haben, um dich immer wieder daran zu erinnern, was alles möglich ist. Was auch dir möglich ist! Ich persönlich liebe Biografien, weil ich Menschen liebe. Und ihre Geschichten, von denen keine der anderen gleicht. Ich habe schon viel Ansporn und Ermutigung in den Lebenswegen anderer Träumer gefunden. Denn ich erkannte: Es geht mir nicht allein so! Zu erfahren, welche Hindernisse und Rückschläge andere Menschen überwunden haben, um ihrem Traum zu folgen, nährt meinen Glauben, dass es auch mir möglich ist, meine Träume zu leben, dass auch ich es schaffen kann. Oft sind es scheinbar aussichtslose Situationen und viel schwierigere Umstände, als ich oder du sie erleben, in denen erfolgreiche Träumer geboren werden. Das macht Mut, eine wichtige Zutat für einen Träumer.

Ich werde auch von meinen eigenen Träumen erzählen. Denn auch ich hatte jede Menge Zweifel an meinen Träumen und an meinen Fähigkeiten. Wie oft saß ich vor dem Computer und dachte: Wer soll das lesen? Das interessiert doch bestimmt überhaupt niemanden. Bis ich meine ersten Worte der Öffentlichkeit zugänglich gemacht habe, das hat lange gedauert. Und es stimmt, was die Abreißkalender (und die meisten Amerikaner) behaupten: Gib niemals auf! Das war mein Versprechen an mich selbst. Auch wenn ich so manches Mal sehr nah davor war, ich biss mich durch, überwand meine Angst vor Ablehnung – oder davor, vor den Augen der ganzen Welt zu versagen. Ich bezwang die Panik, mich komplett lächerlich zu machen. Und ich stand immer einmal mehr auf, als ich gefallen war. Auch wenn es viele Momente gab, in denen ich am liebsten liegen geblieben wäre.

Mein wichtigstes Rezept dafür war das, was ich anfangs beschrieben habe: Ich hielt mir immer vor Augen, wie es sich später anfühlen würde, wenn ich nicht wenigstens versucht hätte, meinen Traum zum Leben zu erwecken und zum Glänzen zu bringen. Wie würde ich zurückschauen am Ende meines Wegs? Das erschien mir stets angsteinflößender als alles, was mir im Jetzt im schlimmsten Falle widerfahren konnte.

»Mich daran zu erinnern, dass ich bald sterben würde, ist das wichtigste Hilfsmittel, auf das ich je gestoßen bin, um mir dabei zu helfen, die großen Entscheidungen im Leben zu treffen!«
Steve Jobs, Gründer von Apple

Inzwischen gebe ich Schreibworkshops, um andere dabei zu unterstützen, ihren eigenen Ausdruck, ihre innere, kreative Quelle zu finden und ihre Selbstzweifel zu überwinden. Doch noch heute habe ich Momente, dann blicke ich auf einen Text, den ich gerade schreibe, und denke an hundert andere Schriftsteller, die ich viel besser, interessanter, origineller und wortgewaltiger finde als mich.

Ich habe Platin-CDs an der Wand für meine Songtexte, doch wenn ich einen neuen Auftrag bekomme, überfällt mich noch immer das Gefühl: Das war's jetzt, ich habe doch schon alles erzählt, mein Pulver ist verschossen. Nun werden alle merken, dass ich eine Mogelpackung bin, weil von mir nichts Großartiges mehr kommen wird. Und es kann durchaus sein, dass es immer wieder passiert, dass diese Ängste in mir aufsteigen und ich diese Hürde wieder aufs Neue überwinden muss. Nur lasse ich mich nicht mehr so davon beeindrucken wie früher.

Ich betrachte diese Einwände inzwischen einfach als eine Art nörgelnde Freundin, die an allem etwas auszusetzen hat, und wenn sie mit dem Meckern fertig ist, schreibe ich weiter. Dann sage ich mir, ich tue es nicht, um den Literatur-Nobelpreis zu gewinnen oder für die Anerkennung, ich tue es, weil es heraus will. Punkt. Ich habe ohnehin keine andere Wahl! Und den ganzen Tag Prosecco zu trinken und im Jogginganzug amerikanische Schnulzen auf DVD anzuschauen, ist schließlich auch keine wirkliche Alternative.

So findet hoffentlich jeder Träumer für seine Belange die entsprechende Unterstützung in diesem Buch. Du wirst auch einige Übungen und Anleitungen finden, weil ich einfache und praktische Dinge mag, die man im Alltag gut anwenden kann.

Aber ich möchte vor allem deine Kraft, deinen Mut und den Glauben an deine Träume stärken. Das, was uns oft am meisten fehlt und was am wichtigsten ist, um den Weg eines Träumers zu gehen. Ich glaube nicht, dass es dir an Ideen oder Wünschen mangelt, es ist eher die Zuversicht, der Glaube an unsere eigene Kraft, der bei so vielen von uns zu einer vertrockneten Pflanze geworden ist, die dringend Wasser braucht. Ich glaube fest daran, dass es unsere Bestimmung ist, unsere Träume zu verwirklichen. So wie Goethe es einst gesagt hat:

»Unsere Wünsche sind Vorgefühle der Fähigkeiten,
die in uns liegen, Vorboten desjenigen, was wir
zu leisten imstande sein werden ... Wir fühlen eine
Sehnsucht nach dem, was wir schon im Stillen
besitzen.«
Johann Wolfgang von Goethe

Eben las ich wieder einmal ein Gedicht von Rainer Maria Rilke, den ich sehr verehre. Seine Worte geben mir immer etwas, egal, wie es mir gerade geht. Er ist meine Alltags-Tankstelle und meine Inspiration, wenn ich in dunkle, geheimnisvolle Tiefen tauchen möchte, um meine Perlen zu heben. Ich schlug das Buch irgendwo auf, und es war, als würde mir der Meister aus dem Himmel zu-winken:

»Manchmal fühlt sie: Das Leben ist groß,
wilder, wie Ströme, die schäumen,
wilder, wie Sturm in den Bäumen.
Und leise lässt sie die Stunden los
und schenkt ihre Seele den Träumen.«
Rainer Maria Rilke

3.
KENNST DU DEINE TRÄUME?
EIN BLICK IN DIE WUNDERTÜTE

Ich spreche hier natürlich nicht von den Bildern und Gefühlen, die des Nachts von unserem Unterbewusstsein auf die innere Leinwand projiziert werden. Obwohl auch die Träume, von denen hier die Rede ist, manchmal ihren Weg dorthin finden.

Es geht um die Gaben, Fähigkeiten und Ideen, die uns so lange nicht loslassen, bis sie in unserem Leben ihren Ausdruck gefunden haben. Ob ich nun wie John Lennon vom Weltfrieden träume oder von einem eigenen Gemüsegarten, spielt letztlich keine Rolle.

Es geht um den Ausdruck unserer Seele, unserer Einzigartigkeit. Jeder hat irgendetwas, an dem sein Herz hängt. Und zwar so sehr, dass es immer wieder anklopft. Menschen und Ereignisse in deinem Umfeld werden dich stets aufs Neue daran erinnern, dass es etwas gibt, das du noch nicht gelebt hast. Wenn du deinen Traum noch nicht kennst, gilt es aufmerksam zu sein, für all die kleinen und großen Zeichen und Hinweise, die das Leben dir liefert. So lange du das Drängen in deinem Inneren ernst nimmst und nicht als Spinnerei abtust, wirst du deinen Traum aus deiner inneren Schatzkiste heben, das ist ein Naturgesetz. Dem kommt man nur aus, wenn man sich sehr anstrengt, es zu verdrängen. Manchmal wird es uns ausgetrieben durch Erziehung, oder schlechte Erfahrungen bringen uns vom Weg ab.

Häufig sind Drogen oder Alkohol ein Mittel, um die immer wieder anklopfende Stimme nicht zu hören, weil die Angst davor, den eigenen Weg zu gehen, zu groß ist. Oder der Träumer marschiert los, braucht aber den Dämpfer des Rausches, um seine Angst nicht zu spüren. Wir alle kennen diese Geschichten aus der Welt der Berühmtheiten. Und manch einer muss sich benebeln, um die Traurigkeit nicht zu spüren, die ihn bedrückt, weil er seinen Traum nicht lebt.

Mein Vater war so ein Mensch. Er war schlagfertig und witzig und konnte ganze Tischrunden unterhalten. Doch er war auch ein Kriegskind, hatte Schreckliches erlebt, und viel zu früh trug er die Bürde der Verantwortung für eine Frau und ein Kind.

Darum erhob er das geregelte Einkommen und die Sicherheit zur obersten Priorität – wie Millionen andere auch. Ich bin sicher, dass in ihm ganz andere Träume schlummerten. Und je länger er sie nicht lebte, umso deprimierter wurde er und ertränkte diese mehr und mehr als schmerzhaft empfundene Sinnlosigkeit seines Daseins im Alkohol. Doch wenn er nüchtern war, holte es ihn wieder ein, und er wurde sehr traurig und niedergeschlagen.

Ich schreibe dieses Buch auch für ihn. Er nahm seine Träume mit, als er ging. Ich kenne sie nicht einmal. Wir hatten kein gutes Verhältnis, er war mir gegenüber oft aggressiv, manchmal gewalttätig. Außerdem fand ich, dass er immer ein zu großes Fass aufmachte für seine Probleme. Wenn ich ehrlich bin, hielt ich ihn für einen Versager und Schwächling. Im Herzen aber war er ein Träumer. Aber ich sah auf ihn herab, ohne Mitgefühl für die Schatten, die in seinem Herzen wohnten, und die Schmerzen, die der Krieg dem kleinen Jungen zugefügt hatte. Ich konnte das nicht sehen, weil ich zu verletzt war. Jedoch hatte er letztlich niemanden, der ihn verstand oder ihn in den Arm nahm, wenn er gebeugt von den Lasten seines Lebens nicht mehr wusste, wohin mit sich. Im Gegenteil. Gerade dann wandten wir uns von ihm ab. Seine dunkle Seite und der Alkohol haben uns Abstand nehmen lassen. Heute verstehe ich ihn besser.

Und er hat mich gelehrt, wie ein Leben enden kann, in dem alle Träume erloschen sind. Dafür bin ich ihm dankbar, denn es lässt mich achtsamer mit meinen eigenen Träumen umgehen. Also, Papa, da oben im Himmel, auch für dich breche ich hier die goldene Lanze für die Träumer! Denn heute weiß ich, du wolltest so sehr mehr aus deinem Leben machen und bist daran zerbrochen, dass es dir nicht gelang.

> *» Wer mit seinen Träumen gescheitert ist,*
> *ist nicht der wahrhaft Unglückliche.*
> *Es ist der, der aufgehört hat zu träumen!«*
> Verfasser unbekannt

Manche Träume sind konkret, doch manche sind zunächst auch eher diffus, oder sie melden sich durch Emotionen. Oft höre ich auf die Frage, was ist dein Traum, Antworten wie: Irgendetwas mit Kindern … oder etwas in der Natur … oder: Ich möchte gerne etwas machen, das mit Reisen zu tun hat. Lass dich nicht verunsichern, wenn du es noch nicht ganz genau weißt. Das geht mehr Menschen so, als du glaubst. In so einem Fall ist es oft hilfreich, Dinge auszuprobieren. Trial and error, Versuch und Irrtum. Auch dafür wirst du in diesem Buch Hilfsmittel finden. Manche Träume erfüllen sich auch schrittweise, und man weiß am Anfang noch gar nicht so genau, wo es schlussendlich hingeht.

Anna, eine Freundin von mir, wollte mit Kindern arbeiten. Sie machte eine Ausbildung zur Kinder- und Jugendtherapeutin, was sehr hart für sie war, denn als alleinerziehende Mutter musste sie weiterhin Geld verdienen. Als sie ihren Schein dann endlich in der Hand hielt, machten wir einen Sekt auf, und der Jubel war groß. Doch dann ging erst einmal nichts weiter. Es fand sich einfach kein passender Job. Anna arbeitete weiterhin in einer Anwaltskanzlei und wurde zunehmend missmutiger. Wozu die lange Ausbildung, das Schwitzen über den schweren Prüfungen? Sollte das alles umsonst gewesen sein?

Eines Tages wurde sie in dem Reitstall, in dem ihre Tochter reiten ging, angesprochen, ob sie ein Pferd kaufen wollte, das sonst beim Schlachter landen würde. »Ich, ein Pferd kaufen?«, rief sie aus. Anna war zwar entsetzt über das Schicksal des armen Tieres, aber wie sollte sie zusätzlich auch noch dafür Geld und Zeit aufbringen?

Doch das Pferd ließ sie nicht mehr los, sie wollte es unbedingt retten und brachte das Geld irgendwie auf. Nun war sie fast pleite, lebte immer noch nicht ihren Traum und hatte noch dazu ein Pferd im Stall. Ein Moment, wie geschaffen für einen Wink des Schicksals.

Auf diesen Hof kam immer ein Mädchen, das Anna aufgefallen war. Es spielte nicht mit den anderen, stand schüchtern und ängstlich in der Ecke und sprach mit niemandem. Es betrachtete nur mit großen Augen die Pferde. Anna kümmerte sich um die Kleine, ließ sie auf ihrem Pferd reiten und merkte, wie sehr das Tier dem kleinen Mädchen nach und nach Vertrauen und Sicherheit einflößte. Und Anna machte es große Freude, diese aufkeimenden Gefühle mit den Mitteln zu unterstützen, die sie als Therapeutin erworben hatte.

Es dauerte ein Weilchen, bis bei ihr der Groschen fiel: Das wäre doch ein hervorragender Weg, mit Kindern zu arbeiten! Das Tier mit seiner sanften Geduld öffnet die Herzen, baut Vertrauen auf, und sie kann dann mit ihren Fähigkeiten weiterarbeiten. Darauf wäre sie ohne diesen »Zufall«, dass ungefragt ein Pferd in ihr Leben kam, sicher so schnell nicht gekommen. Sie hatte ein Pferd gerettet – und das Pferd sie!

»Man darf nicht das, was uns unwahrscheinlich und unnatürlich erscheint, mit dem verwechseln, was absolut unmöglich ist.«
Carl Friedrich Gauß

Vor kurzem rief sie mich an und wollte ein Coaching zum Thema Träume-Verwirklichen. Wenig später saß sie mir gegenüber, und ich staunte nicht schlecht, als sie mir erzählte, sie träume davon, einen Hof zu pachten und dort ein Therapiezentrum mit Pferden für Kinder zu errichten. Hätte ich ihr noch vor einigen Monaten erzählt, dass sie einmal so einen Traum haben würde, sie hätte mich vermutlich für verrückt erklärt.

Aber ihre Zweifel waren sehr groß. Konnte sie so ein komplexes Projekt überhaupt stemmen? Das sind die Situationen, in denen ich zur Höchstform auflaufe, denn dann kommt mein eigener Traum ins Spiel: Andere in ihren Träumen zu bestärken und Möglichkeiten zu finden, sie auf den Weg zu bringen.

Annas Projekt war sicher keines, das von heute auf morgen realisiert werden konnte. Manchmal braucht es kleine Schritte, bis man sicherer wird und merkt: Oh, tatsächlich, es funktioniert! So lange sie in die richtige Richtung führen, ist alles in Ordnung. Jeder in seinem Tempo.

Du kannst immer nur so schnell gehen, wie der schwächste Teil in dir es zulässt.

Das ist sehr wichtig. Und das empfahl ich auch Anna, weil ich merkte, dass alles, was für so ein Riesenprojekt nötig gewesen wäre – Business-Plan, Geldgeber auftreiben, den entsprechenden Platz finden –, sie zu diesem Zeitpunkt völlig überfordert hätte. Wir arbeiteten gemeinsam einen Zwischenschritt aus.

Sie zog zunächst in ein Haus mit einem großen Garten, sodass sie ihren »Therapiehelfer«, das neue Pferd, bei sich haben konnte. Und das konnte sie sich auch leisten, weil die Kosten für die Box im Stall wegfielen.

In diesem Haus richtete Anna sich in einem gemütlichen Raum mit Blick auf Pferd und Wiese eine kleine Praxis ein. Dann hat sie ein zweites Pferd dazu genommen und gab ihre ersten Therapiestunden. Dazu arbeitete sie zwei Tage in der Woche auf einem Hof, der ebenfalls Therapien mit Pferden anbot, um mehr Erfahrungen zu sammeln, vor allem auch darüber, wie so ein Betrieb geführt wird. Nun war sie auf ihrem Weg!

So lange Anna in der Anwaltskanzlei gearbeitet hatte, sich von ihrem Traum Lichtjahre entfernt wähnte, war sie oft missmutig und fand in jeder Suppe ein Haar. Wenn ich sie jetzt auf ihrem Hof besuche, leuchten ihre Augen, und sie ist voller Energie, obwohl sie es immer noch nicht einfach hat. Aber sie lebt ihren Traum, und es ist absehbar, dass sie auch davon wird leben können. Ganz zu schweigen von den Kindern, die davon jetzt schon profitieren.

4.
WIE WIRD MAN EIN TRÄUMER?
DER WEG ZU DEN STERNEN

*» Man muss sich an das Kind erinnern können,
das man selbst gewesen ist,
an die Gefühle, an die Träume.«*
Astrid Lindgren

Wie man ein Träumer wird? Indem man auf die Welt kommt! Wir
alle werden als Träumer geboren. Die Phantasie und die Welt eines
Kindes sind ohne Grenzen. Du möchtest alles entdecken, alles er-
forschen. Ein Kind akzeptiert kein Nein oder ein Das-kannst-du-
Nicht, jedenfalls nicht, bevor es dann – ich nenne es ein wenig
drastisch – »dressiert« wird.

Für mich gab es nichts Schöneres, als in dem Wäldchen, das
hinter dem Betonklotz von einem Hochhaus lag, in dem ich auf-
wuchs, zu verschwinden. Ich kletterte durch das Loch in einem
Zaun, und sobald ich mich auf den moosigen Boden fallen ließ,
war es, als hätte ich die Welt hinter mir gelassen. Ein süßes Gefühl
von Freiheit überkam mich, das hier war mein Revier! Keine ständigen Ermahnungen, keine tadelnden Blicke. Sogar meine Traurigkeit darüber, dass ich mich so sehr bemühte, geliebt zu werden,
und es doch vergeblich blieb, ließ ich zurück. Es gab dort einen
alten, verfallenen Hühnerstall. Ein verwittertes, windschiefes
Holzhäuschen mit einer knarzenden Tür. Das war meine Ritter-
burg, mein Fort, das ich als Cowgirl verteidigen musste, mein
Haus, in dem ich als wunderschöne Prinzessin lebte und Gäste

empfing, mit denen ich selbst erdachte Geschichten erlebte. Natürlich auch solche, in denen ein Prinz auf einem selbstverständlich weißen Pferd eine Rolle spielte und natürlich war er unsterblich in mich verliebt …

Nichts war dumm oder albern, weil niemand dort war, der mir meine Phantasiewelt zerstörte. Ich füllte Brausepulver und Wasser in Limonadenflaschen und kredenzte so meinen imaginären Gästen Champagner. Ich war Prinzessin, Ärztin im Urwald, Piratin vor ihrem nächsten Raubzug. Ein herrliches Aufgehoben-Sein im unendlichen Jetzt.

Zu Hause, da fühlte ich mich klein und war oft trübsinnig, weil ich nicht die Macht hatte, die Situation zu verändern. Ich konnte meine Eltern nicht glücklich machen, meinen Vater nicht von seinen Dämonen befreien. Ich konnte machen, was ich wollte, ich schaffte einfach nicht, was ich mir doch so sehr wünschte: dass man mich einfach lieb hatte, so wie ich war.

Hier jedoch, in meinem verwitterten Holzhäuschen, hatte ich Macht. Ich konnte mir Welten erschaffen, in denen ich stark und liebenswert war. Wo ich bewundert und gefeiert wurde, ja – und geliebt! Diese Träume haben mich gerettet. Es war, als würde ich eine Zauberkammer betreten, in der ich für eine Zeit von der Schwere befreit war, die meine Tage zu Hause bestimmte.

In der Kindheit sind wir alle Träumer, die ihre Träume niemals infrage stellen. Sie sind oft lebendiger und fühlen sich realer an, als unser tatsächliches Leben. Unsere Träume sind eine Art Reiseapotheke, die Gott uns mit auf den Weg gegeben hat, damit wir nicht verzweifeln, wenn das Leben uns hart mitspielt. Und sie sind der Antrieb, über die Begrenzungen unseres Verstandes hinaus zu wachsen.

Eine Bekannte von mir, die Inderin Manisha Dahad, hat in ihrer Heimat einen Dokumentarfilm über die Kinder in den Slums von Mumbai gedreht »Taking Our Breath Away«. Doch sie hat nicht gezeigt, was man vermuten würde. Es ging ihr nicht darum, zum tausendsten Mal das dort herrschende Elend, die schreckliche Armut und den Hunger zu dokumentieren. Sie wollte zeigen, dass auch diese Kinder, am hoffnungslosesten Ort der Welt, Träume haben. Sie wollte ihr Lachen zeigen, ihr inneres Leuchten, den »spark«, den Funken, den diese Kinder in sich tragen, so wie wir alle. Und die Bilder in diesem Film sind bunt und voller Leben.

Ihr Film hat mich tief berührt. Diese Kinder – mit ihren riesigen, dunklen Augen und ihrem breiten Lachen, die kaum damit rechnen können, jemals genug zu essen zu haben, geschweige denn zur Schule zu gehen – erzählen von ihren Träumen. Was sie einmal werden wollen, was sie zu dieser Welt beitragen möchten. Und sie sprechen nicht davon, reich zu werden, um eines Tages diesen Slums zu entfliehen und sich endlich Essen und Kleider kaufen zu können. Sie wollen Ärzte, Lehrer oder Sozialarbeiter werden, um den anderen, die noch immer an diesem Ort des Elends hausen, zu helfen! Mit Feuereifer und strahlenden Gesichtern malen sie diese Visionen aus. Woher nehmen sie eine solche Zuversicht, an diesem Ort der sterbenden Träume?

Es muss etwas sein, das wir alle mitbringen. Etwas, das wie ein Same in uns gepflanzt ist. Wir können es nähren, gießen, mit unserer Sonne wärmen, und es wird blühen. Oder wir können zulassen, dass der Samen verschüttet wird und ihn vergessen, dort in der Tiefe unseres Seins. Doch dann werden wir die Pflanze, die daraus hätte werden können, niemals zu Gesicht bekommen.

Noch nähren sie ihre Träume, diese indischen Kinder aus den Slums von Mumbai, erzählen einander davon, erträumen sich ihr Leben, so wie sie es sich wünschen. Einige von ihnen werden genau durch diese Kraft heraustreten aus den Verliesen der Dunkelheit. Und sie werden neue Lichter entzünden, für die, die nach ihnen kommen.

Vielen von uns, die wir in einer Welt so viel größerer Möglichkeiten aufwachsen, geht diese Fähigkeit dennoch früh verloren durch das, was ich vorhin bewusst provokativ »Dressur« genannt habe. Wenn man über Jahre hinweg tagtäglich immer wieder zur Vorsicht ermahnt wird, immer wieder hört: »Lass das, das ist zu hoch, zu schwer, zu gefährlich, du bist zu klein, zu schwach, zu dumm, das kannst du nicht!«, dann werden wir irgendwann beginnen, das auch zu glauben. Dem müssen wir etwas entgegensetzen!

Man kann uns alles rauben, Geld, den Beruf, ja, auch manchmal unsere Selbstachtung, aber unsere Träume kann uns niemand stehlen.

Wenn sie verschüttet sind, können wir sie ausgraben, wenn sie angeschlagen sind, können wir sie gesundpflegen, und wenn sie schwach geworden sind, können wir sie kräftigen. Unsere Träume sind unser unantastbares Eigentum und ein größerer Reichtum, als wir oft ahnen.

»There's a dream out there with your name on it«, singt Jennifer Holliday. Da draußen gibt es einen Traum, der deinen Namen trägt. Und manchmal wachsen Träume auch so hoch in den Himmel, wie es sich selbst der kühnste Träumer nicht hätte ausmalen können …

> *»Ein Traum ist wie der Same einer Eiche.*
> *Unsichtbar im Boden verborgen, am richtigen Platz,*
> *mit Sonne und Regen, wächst daraus ein*
> *mächtiger Baum. Würdest du das glauben,*
> *wenn du den Samen in deinen Händen hältst?«*
> Beatrice Reszat

Ein heißer Spätsommerabend im Mississippi-Delta, man schrieb das Jahr 1925.

Der durchdringende Schrei eines Neugeborenen ertönte aus einer Hütte in den Baumwollfeldern. Ein Junge war geboren. Einer von vielen, auf den dasselbe Schicksal wartete, das hier alle teilten: bittere Armut und harte Arbeit. Bereits als Kind würde er von Sonnenauf- bis Sonnenuntergang auf den endlosen Baumwollfeldern schuften müssen. Dort, in der sengenden Hitze, tagein, tagaus, würde er mit derselben Handbewegung die Baumwolle pflücken und so sein ganzes Leben verbringen, bis man ihn erschöpft und ausgezehrt in sein Grab legen würde. Niemand hätte jemals daran gedacht, dass es ganz anders kommen und dieser Junge einmal Großes vollbringen könnte. Sein Name war Riley B. King. Der Blues Boy, der als B. B. King weltberühmt werden, andere große, bedeutende Musiker maßgeblich beeinflussen würde und der noch zu seinen Lebzeiten zur Legende wurde.

Natürlich kannte ich B. B. Kings unvergleichliche Musik, aber ich hatte von seinem Leben keine Ahnung. Ich wusste, dass er ein begnadeter Blues-Sänger und Gitarrist war, aber über seine wahre Größe habe ich erst durch die phantastische Dokumentation »The Life of Riley« erfahren. Deshalb gehört seine Geschichte in dieses Buch. Denn auch B. B. King war ein großer Träumer, der an seinem Traum festhielt wie der hungrige Hund an seinem Knochen. Den Traum, eines Tages ein berühmter Blues-Musiker zu werden, der überall auf der Welt auf der Bühne steht und seine Musik mit Millionen von Menschen teilt. Doch das behielt er aber erst einmal tunlichst für sich, man hätte ihn für verrückt erklärt. Denn niemand hätte weiter davon entfernt sein können wie dieser schwarze Junge aus ärmsten Verhältnissen.

Als er klein war, verließ sein Vater die Familie und Riley musste mithelfen, Geld zu verdienen. Mit sieben Jahren stand er bereits auf den Baumwollfeldern, wo er schuften musste wie ein Erwachsener.

»Wir arbeiteten von can bis cannot«, erzählt B. B. King. Also von dem Moment am Morgen, an dem man die Baumwolle sieht, bis zum Abend, wenn man sie nicht mehr erkennen kann. Das muss man sich einmal vorstellen, ein Kind von sieben Jahren!

Noch dazu war ein Schwarzer damals weniger wert als ein Maulesel. Und es sollte noch schlimmer kommen. Als er vierzehn war, starb seine Mutter, und nun stand Riley B. King völlig allein da.

Er hätte, weiß Gott, allen Grund gehabt zu resignieren, abzustumpfen, sich um nichts als um das nackte Überleben zu kümmern, wie so viele seiner schwarzen Brüder, die den kargen Lohn in Schnaps umsetzten, um die Trostlosigkeit ihres Daseins für einen Moment zu vergessen.

Doch dieser schwarze Junge hatte eine Vision! Er wollte den Blues spielen, so wie es keiner vor ihm getan hat. Aber dazu brauchte er eine Gitarre, und die kostete fünfzehn Dollar. Er verdiente gerade mal fünfunddreißig Cent am Tag! So sparte er sich das Geld buchstäblich vom Mund ab und ging viele Nächte hungrig ins Bett, bis es eines Tages endlich so weit war: Mit fünfzehn Jahren hielt er das ersehnte Instrument in seinen Händen.

Riley brachte sich selbst das Gitarrespielen bei, sang dazu und hörte nie mehr auf. Er hatte seinen Traum gefunden und tat alles dafür, ihn leben zu können. Er ließ die Baumwollfelder und das einzige Zuhause, das er kannte, hinter sich, sprang auf fahrende Züge, reiste durch das ganze Land, schlief in verwanzten Betten, spielte dreihundertfünfundsechzig Tage im Jahr, lange Zeit nur für eine Mahlzeit am Tag. Es machte ihm nichts aus. Hauptsache, er konnte Musik machen. Und dabei entwickelte er seinen unnachahmlichen Stil.

Bis sein Ruhm immer weitere Kreise zog und ihn schließlich die ganze Welt entdeckte. Berühmte Musiker wie Eric Clapton, Bono oder Mick Jagger erzählen im Film, wie sehr sie ihn bewundern und verehren und wie viel sie von ihm gelernt hätten. Sie alle sagen voller Respekt: Du hörst einen einzigen Ton und du weißt: Das ist B. B. King!

Mit neunundachtzig stand der begnadete Musiker noch immer auf der Bühne, war in Amerika auf Tournee, spielte fast jeden Abend Konzerte …! Als ich über den letzten Seiten dieses Buches saß, tat der große Künstler seinen letzten Atemzug. Was für ein Leben! Er wurde in Königshäuser eingeladen und von Präsidenten empfangen. Barack Obama hat mit ihm gesungen. Was hätte man ihm geantwortet, dem kleinen Jungen aus den Baumwollfeldern, wenn er damals gesagt hätte, dass es eines Tages so kommen würde? Man hätte vermutlich Fieber gemessen und ihn ins Bett gesteckt.

Ich liebe solche Geschichten, weil sie zeigen, was das Leben wirklich ist: ein Ort voller großartiger Möglichkeiten.

Dieser schwarze Junge hatte nichts, was dafür sprach, dass er es schaffen könnte. Keine Unterstützung, kein Geld, keinen Unterricht. Nicht einmal eine Familie. Er lebte in bitterer Armut, ein Schwarzer in der Hoch-Zeit der Rassendiskriminierung. Wenn man diese Geschichte hört, sollte man noch einmal gründlich darüber nachdenken, welche Argumente man auffährt, um zu rechtfertigen, dass man seine Träume nicht verfolgt.

Wir bauen die Mauern in unseren Köpfen. Wir verlieren den Glauben an uns. Wir trauen uns nicht, aufs Ganze zu gehen. Aber das ist nicht der Beweis dafür, dass es nicht möglich ist.

> *»Was immer du tun kannst oder wovon du*
> *träumst – fange damit an.*
> *Mut hat Genie, Kraft und Zauber in sich.«*
> Johann Wolfgang von Goethe

5.
WORAN ERKENNST DU DEINE TRÄUME?
WAS WILLST DU WIRKLICH?

Ein Traum meldet sich mit einem Drängen nach Erfüllung, manchmal aber auch mit Wehmut, weil du dich weit von deinem Ziel entfernt fühlst. An deinen Traum zu denken, über ihn zu sprechen, erfüllt dich mit Energie und Begeisterung. Man kann spüren, dass dein innerer Funke einen Windstoß bekommt und sofort aufleuchtet.

Manch einer spürt es klarer als andere. Einige wissen schon als Kinder, was ihr großer Traum ist, andere wiederum brauchen viele Jahre des Forschens und Ausprobierens. Es kommt auch sehr darauf an, welche Erfahrungen du im Leben und in deiner Kindheit gemacht hast. Hat man dich unterstützt, deine Talente erkannt und gefördert, oder wurdest du nicht gesehen und solltest schön brav mitlaufen? Hat man deinen Ideen zugehört oder dich in eine Richtung erzogen, die deine Eltern für richtig hielten? Hat man deine Träume ernst genommen oder dich ausgelacht?

Manchmal musst du ein wenig graben, bis dein Schatz wieder zum Vorschein kommt. Manchmal traust du dich nicht recht und brauchst einen Anstoß – oder Inspiration.

Doch dein Traum wird dich nicht loslassen …

Träume sind mehr als Wünsche. Sie haben eine Dringlichkeit, die wir immer wieder spüren. Ein Wunsch ist ein Flirt, ein Traum ist ein Antrag. Wenn ich sage: »Ach, ich würde auch so gerne Klavier spielen können«, ist das ein Liebäugeln, ein kurzer Moment mit einer schönen Vorstellung, wie es wäre, wenn ich wie die ›Bezaubernde Jeannie‹ einmal blinzeln würde – und zack, schon haue ich in die Tasten und Beethoven lässt grüßen. Das ist etwas anderes, als sich einen Lehrer zu suchen, Unterricht zu nehmen und sich jeden Tag auf den Allerwertesten zu setzen, um zu üben.

Ich kannte eine Klavierlehrerin, von deren Schülern einige über fünfzig waren. Der Traum, dieses Instrument spielen zu können, hat sie einfach über die Jahre nicht losgelassen, und nun, da sie wieder mehr Zeit hatten im Leben, wollten sie ihn sich endlich erfüllen. Interessant war, dass sie oft schneller lernten und mehr übten als die jungen Schüler. Es war ihnen ernst! Und das ist eine entscheidende Frage: Wie ernst ist es dir mit deinem Traum?

Als Kind hatte auch ich den Traum, Klavier spielen zu lernen. Doch meine Eltern hatten nicht genug Geld, mir den Unterricht zu zahlen, geschweige denn das Instrument zu kaufen, das zum regelmäßigen Üben unerlässlich ist. Jahrelang jammerte ich, wie traurig es sei, dass mir dieser Traum verwehrt blieb. Doch dann fädelte das Schicksal etwas ein.

»Wache nicht mit fünfundsechzig auf –
und bereue etwas, was du nicht getan hast.
Du darfst scheitern,
aber du musst alles versucht haben.«
George Clooney

In meinem vorletzten Schuljahr lernte ich Henning kennen. Meerblaue Augen, langes Haar und ein entwaffnendes Lächeln. Ich verliebte mich in ihn. Henning kam aus sogenanntem guten Hause, eine wohlhabende, alteingesessene Hamburger Kaufmannsfamilie. Er hatte drei jüngere Geschwister, und alle bekamen Klavierunterricht. Bis auf meinen Freund Henning, der bastelte lieber an Autos herum. Und alle seine Geschwister gingen nur sehr widerstrebend zu diesem, von mir so heiß ersehnten Unterricht. Ich fand das Leben ungerecht!

Als ich bei Tisch meinen unerfüllt gebliebenen Traum einmal erwähnte, sah mich die Mutter meines Freundes aufmerksam an. »Weißt du«, sagte sie, »wie mich das freuen würde, wenn endlich einmal jemand in dieser Familie diesen Unterricht zu schätzen wüsste? Ich melde dich an! Am Geld soll es nicht liegen, ich zahle dir die Stunden.« Resolut fuhr sie fort: »Üben kannst du bei uns, sprich dich einfach mit den anderen ab, die sind ohnehin nicht so erpicht darauf.«

Sie streifte ihre Tochter und die beiden Söhne mit einem strafenden Blick. Ich starrte sie ungläubig an. Nicht nur, dass sie mich offensichtlich als Mitglied der Familie betrachtete, was mich sehr berührte, sie wollte mir meinen Traum erfüllen, einfach so! Ich konnte mein Glück kaum fassen. Tränen stiegen mir in die Augen, und ich umarmte die etwas steife Hamburger Unternehmersgattin voller Dankbarkeit.

Mit Feuereifer stürzte ich mich in den Unterricht. Das erste Mal ein kurzes Stück von Mozart spielen zu können, das war ein unbeschreibliches Glücksgefühl für mich, ich wiegte mich dabei hin und her, als wäre ich eine Pianistin auf der Bühne. Sehr bald wurde ich mit meiner sprühenden Begeisterung der Liebling meiner Klavierlehrerin.

Doch eines Tages ging die Beziehung zu meinem Freund in die Brüche. Unser gemeinsames Leben war mir zu ruhig geworden, ich suchte nach neuen Ufern. Na ja, und, um ehrlich zu sein, es gab auch einen anderen, etwas wilderen Mann, der meinem Sehnen nach Abenteuern und der großen Welt eher entsprach. Zum Glück nahm es mir Hennings Mutter nicht übel, dass ich ihren Sohn verließ, das hätte mich doch sehr bekümmert. So nahm ich schweren Herzens Abschied von einem traurigen Henning, seiner Familie und meiner Klavierlehrerin.

Wir hatten beide Tränen in den Augen, denn wir ahnten, dass das ein Abschied für immer war.

Ich zog mit meinem neuen Freund zusammen, hatte meinen

ersten festen Job, und vom ersten selbst verdienten Geld kaufte ich mir ein gebrauchtes Klavier. Es war alt, schneeweiß mit vielen Spuren seines langen Lebens, und erfüllte mich mit großem Stolz. Ich suchte mir eine neue Lehrerin und setzte meinen Unterricht fort. Doch etwas hatte sich verändert.

Es lief nicht mehr so, wie zu den Zeiten, als ich einen geregelten Tagesablauf im Haus meines Freundes hatte: Schule, Mittagessen, Klavier üben, für die Schule lernen, Abendessen. Jetzt arbeitete ich bei einer Werbefilmfirma und war häufig erst spät abends zu Hause. Und die neue Liebe wollte schließlich auch genossen werden. Die Prioritäten hatten sich verschoben.

Eines Tages setzte ich mich an mein weißes Klavier und zog Bilanz. Ja, ich liebte das Spielen, und ich liebte dieses Instrument. Aber ich wusste auch, wenn es mir mit meinem Traum wirklich ernst war, musste ich irgendetwas dafür opfern. Freizeit mit meiner neuen Liebe, die Aufregung im neuen Job, die mich diese langen Arbeitszeiten gerne in Kauf nehmen ließ, das Einrichten meiner ersten, eigenen Wohnung. Alles zusammen würde nicht funktionieren. Anstatt mich ständig damit unter Druck zu setzen, wie ich alles unter einen Hut bekommen sollte, musste ich mir eingestehen, dass mir andere Dinge inzwischen wichtiger geworden waren.

An diesem Abend machte ich eine Flasche Wein auf und verabschiedete mich traurig, aber gefasst von meinem Traum von der Freizeit-Pianistin. Ich werde der Mutter von Henning immer dankbar sein, dass ich diese Freude ein paar Jahre erleben durfte! Und ich konnte dadurch herausfinden, wie wichtig das Klavierspielen für mich wirklich war. Sonst würde ich mich vermutlich heute noch darüber beklagen, dass das Leben mir diesen Traum versagt hat. Beim Liederschreiben vermisse ich diese Fähigkeit zwar oft, und beim Aufnehmen meiner Songs bin ich dadurch immer auf andere angewiesen, aber so ist es eben.

Eine Entscheidung für etwas ist auch immer eine Entscheidung gegen etwas anderes.

Ab und zu treffe ich Henning. Ein-, zweimal im Jahr, wenn er in Süddeutschland ist, meldet er sich bei mir, wir gehen essen, reden über alte Zeiten, und ich vergesse nie, ihn zu bitten, dass er seine Mutter von mir grüßen soll. Traumhelfer sind sehr wichtige Menschen, und wenn es nach mir ginge, hätten sie allesamt einen Fensterplatz im Himmel!

Manchmal machen wir uns Vorwürfe, weil wir es nicht durchgezogen haben. Aber es ist völlig in Ordnung, wenn sich ein Traum später als nicht überlebensfähig herausstellt. Nichts ist falsch daran. Dann war es eben kein Lebenstraum, sondern ein Lebens-Abschnittstraum. So wie man auch nicht jeden Liebhaber heiratet. In der Zeit, in der ich ihn lebte, war er ungeheuer wichtig und hat mir auch sehr viel Freude bereitet. Hätte ich das nicht erlebt, ich würde oft darüber nachgrübeln, ob mein Leben anders verlaufen wäre, wenn ich die Chance gehabt hätte, richtig Klavierspielen zu lernen. Nun weiß ich, was ich mir für das nächste Leben vornehme.

Doch jeder Traum ist es wert, gelebt zu werden, und häufig musst du es auch einfach ausprobieren, um zu erkennen, wie wichtig ein bestimmter Traum für dein Leben ist. Denn manchmal haben wir im Lauf der Zeit eine richtige Trickkiste zusammengestellt, um unseren Träumen aus dem Weg zu gehen. Unterschätze nie die Bequemlichkeit der Komfortzone!

> *»Das Geschenk Gottes an dich ist mehr Talent und Begabung, als du in diesem Leben je umsetzen wirst können. Dein Gegengeschenk an Gott besteht darin, möglichst viele von diesen Talenten und Begabungen zu entfalten.«*
> Steve Bow

6.
GROSSE ODER KLEINE TRÄUME –
SIE ALLE BRAUCHEN FLÜGEL

Egal, ob es sich um Lebensträume handelt, die dich immer begleiten oder nur für eine gewisse Zeit dein Herz bewegen, sie alle haben eines gemeinsam: Sie wollen gelebt werden.

Einer meiner Lebensträume ist zum Beispiel das Schreiben. Ich
hatte schon als Kind ein abschließbares Tagebuch, dem ich alles
anvertraute. Und zwar ebenso episch wie dramatisch. Mein erster
Kuss ließ mich zu Beschreibungen hinreißen, die jeden Arztro-
man-Schreiber vor Neid hätte erblassen lassen. Die Küsser wech-
selten, die Lust am Schreiben blieb. Manchmal habe ich schon
mitten in den Momenten rauschender Verliebtheit darüber nach-
gedacht, welche Worte, welche mitreißenden Bilder ich später verwenden würde, um das Ereignis festzuhalten. Ich weiß, das hört
sich schräg an, und die beteiligten Jungens und Männer mögen
mir nachträglich verzeihen. Ich muss allerdings hinzufügen, so
manche Beschreibung fiel schöner aus als das Ereignis selbst.

Ohne zu schreiben, würde ich eingehen wie die berühmte Pri-
mel. Ich habe immer ein Buch bei mir, in das ich hineinschreiben
kann, und es ist mir ganz wichtig, dass es ein besonderes Buch ist.
Eine leuchtende Farbe, ein antikes Design oder mit Glitzer darauf,
damit ich im angemessenen Gewand immer und überall in Worten
festhalten kann, was aus meinem Kopf, oder eigentlich besser aus
meinem Herzen, fällt. Das ist ein typischer Fall von Lebenstraum:
weil du dann einfach nicht anders kannst!

Aber auch die Musik ist ein Lebenstraum von mir. Die magische Zauberin, die dort beginnt, wo die Sprache aufhört. Und das beantwortet eine Frage, die mir oft gestellt wird: Kann man auch mehrere Lebensträume haben? Ja, durchaus! Das entscheidet ganz allein dein Herz.

Wichtig dabei ist eine sehr praktische Frage, ob man auch von seinem Traum leben möchte. Das heißt, ob er zum Beruf, zur Berufung werden soll und kann. Denn das erfordert natürlich andere Voraussetzungen.

Ich kann in meiner Freizeit singen, so oft und so viel ich will. Und vor allem: Was ich will! Wenn ich aber davon leben möchte, sieht es sehr anders aus. Dann muss ich mich auf einem schwer umkämpften Markt behaupten, muss sehr erfolgsorientiert denkende Menschen aus den Plattenfirmen überzeugen, in mich Geld zu investieren, indem sie mit mir eine CD machen. So lange mich niemand kennt, werde ich unter Umständen viele, viele Auftritte absolvieren, auch wenn ich nur vor fünf Leuten singe, wovon drei mit mir verwandt sind.

Ich bin die Letzte, die jemandem so einen Traum ausreden möchte, ich sage nur, du musst wissen, ob du es wirklich willst und was du bereit bist, dafür zu tun.

So oder so, wenn es wirklich dein Traum ist, will er ins Leben! Riskiere es! Schieß dich zum Mond! Wenn du ihn verpasst, landest du bei den Sternen!

Ich hatte ihn auch einmal, den Traum, eine berühmte Sängerin zu werden. Doch nach Jahren ohne nennenswerte Fortschritte hatte ich dann einfach keine Lust mehr, den Plattenfirmen die Türen einzurennen und mir erzählen zu lassen, welche Musik ich lieber machen sollte, welches Styling mir besser stehen würde und wie ich meine Songs verändern müsste, damit sie erfolgreich werden. Ich hatte die Nase voll von diesen hochnäsigen Besserwissern, die in meinen Augen gar kein Gefühl für die Musik hatten.

Damit will ich nicht sagen, dass alle in dieser Branche so sind, ich habe später noch viele nette und kompetente Musikmanager kennengelernt. Ich hatte einfach das Pech, damals meistens an eher unsensible Grobiane zu geraten. Mieses Karma, wer weiß. Aus heutiger Sicht würde ich nicht sagen, dass ich nicht gut genug war, aber ich war nicht stark genug. Ich ließ mich verunsichern, manchmal auch verbiegen, indem ich auf Ratschläge hörte, an die ich nicht glaubte, eingeschüchtert von so viel selbstbewusster Autorität.

Deshalb musste ich mir irgendwann eingestehen, dass ich nicht bereit war, alles für diesen Traum zu tun! Ich hätte es schaffen müssen, alles auszublenden, was mich verletzte, und einfach weiterzumachen. Eben nicht aufzugeben. Dazu fehlte mir das Selbstbewusstsein und die Kraft.

Ich habe lange Zeit getrauert, denn es ist ja auch ein kleiner Tod, wenn man sich von seinem Traum verabschieden muss. Aber heute weiß ich, es war gut so. Denn ich wäre wahrscheinlich daran zerbrochen. Im Musik-Geschäft muss man sehr viel einstecken können. Wer erwartet, dass mit seiner Künstlerseele immer sensibel umgegangen wird, sollte sich darum lieber nicht darauf einlassen. Oder man sollte sich eine Band suchen, damit man in stürmischen Zeiten nicht allein im Wind steht.

Mit mir hatte das Leben außerdem etwas anderes vor. Aber auch hier wieder: Hätte ich es nicht wirklich und ernsthaft probiert, eine Pop-Sängerin zu werden, am Ende meines Lebens hätte ich es tief bereut!

Heute bin ich mit dem Schreiben von Songtexten und Musik sehr glücklich. Ich erreiche viele Menschen, und mit jedem neuen Künstler ist es wieder eine neue Welt, die ich betreten darf. Und wenn ich Lesungen halte, dann singe ich meine eigenen Lieder. Dann darf ich sie feiern, diese Perlen, die mir noch immer so viel bedeuten. Ich bin die, die ich bin, und muss mich nicht verbiegen für einen vermeintlichen Erfolg.

Und ich darf das tun, was sich so gut wie jeder Künstler zutiefst wünscht: mein Gold mit anderen teilen! So trägt der Traum von damals einfach nur ein anderes Kleid, und der Ruhm spielt dabei keine Rolle mehr. Und ich muss nicht vom Singen leben, das ist viel entspannter für mich.

Es ist mir sehr wichtig, an dieser Stelle zu sagen: Es gibt einen Unterschied zwischen Resignation und dem bewusst gefassten Entschluss, etwas sein zu lassen, das man nicht bewältigt oder das sich vielleicht doch nicht als der große Traum herausstellt, für den man es gehalten hat. Resignieren hinterlässt ein Gefühl von Traurigkeit und Reue. Es bleibt etwas Unerledigtes an dir kleben. Sich bewusst zu verabschieden, verlangt Ehrlichkeit zu sich selbst, auch wenn es manchmal wehtut. Doch dann kommt das gute Gefühl: Ich habe aufgeräumt, es gibt keine Altlasten mehr, das schafft Platz für neue Träume.

Unterwegs gibt es dann immer mal wieder die kleineren Träume, die dem Träumer aber dennoch sehr am Herzen liegen. So wie meine Geschichte vom Klavierspielen. Mit »klein« oder »groß« meine ich übrigens nicht die Wichtigkeit eines Traums, sondern ganz praktisch gesehen, wie viel Zeit deines Lebens er in Anspruch nimmt und wie viel Aufwand er braucht, um gelebt werden zu können. Wichtig sind alle Träume, so wie jeder Mensch wichtig ist.

> *» Wer sich zwischen den Sternen bewegt, kann nur*
> *noch lachen über die Fußböden der Reichen.«*
> Seneca

Es gibt zum Beispiel einen Traum, den ich verwirklicht habe, der für mich eine große Bedeutung hat, obwohl er auf den ersten Blick gar nicht so weltbewegend aussieht. Er hat damit zu tun, dass ich Gedichte liebe. In meinem Bücherbord biegen sich drei Regale unter Lyrik-Bänden. Als sprachverliebter Mensch fasziniert mich die Fähigkeit, komplexe Zusammenhänge auf einige Zeilen zusammenzuschmelzen und das noch so schön und virtuos, dass es meine Seele berührt.

»Der Panther« von Rilke ist in Gold gegossenes Leben, Anmut, Ohnmacht, Weisheit, eine tiefe Traurigkeit – und dessen ungeachtet eine Kraft, die nichts zu Fall bringt. Die wenigen Zeilen lassen mich all diese Gefühle durchleben, und vor meinen Augen entsteht das Bild dieses wunderschönen, gefangenen Tieres hinter Gitterstäben, seiner Freiheit, seines ihm zugedachten Lebens in der Natur beraubt. Ich kann dieses Gedicht nicht lesen, ohne dass es mir die Tränen in die Augen treibt. Es ist, als ginge es nicht nur um diesen Panther, sondern um alle gefangenen Seelen dieser Welt. Das erfüllt mich mit Ehrfurcht. Wenn Rainer Maria Rilke heute leben würde, würde ich wahrscheinlich vor seiner Haustür zelten.

Ab und zu schreibe auch ich Gedichte. Ich würde sie Rilke vermutlich nur schamhaft zeigen, aber sie liegen mir sehr am Herzen, und ich hebe sie immer auf. Über die Jahre wuchs der Stapel, und ich hegte schon lange heimlich den Traum, einen Gedichtband daraus zu machen, doch ich traute mich nicht wirklich. Es erschien mir viel zu schwierig, um nicht zu sagen aussichtslos.

Der Verstand fährt eine Menge Gründe auf, um einen in der Komfortzone zu halten oder vor dem möglichen Schmerz des Scheiterns zu bewahren. Eine Armee von Gegenargumenten, die er augenblicklich auffährt, immer wenn du an deinen Traum denkst. Das kann so überzeugend und einschüchternd wirken, dass es passieren kann, dass du schon, bevor du überhaupt loslegst, die Waffen streckst und deinen Traum lieber begräbst.

Auch ich war damals nah davor, denn ich rechnete mir wenig Chancen aus für meinen Traum. Verlage haben ein ähnliches Verhältnis zur Lyrik wie der Moslem zum Schweinefleisch. Sie behaupten, es gäbe keinen Markt dafür, Gedichte würden keinen hinter dem Ofen hervorlocken. Was von solchen Aussagen zu halten ist?

Nun ja, 1962 zum Beispiel hat die Plattenfirma Decca vier junge Musiker abgelehnt. Man glaubte nicht an den Erfolg dieser Band und war sich obendrein sicher, dass Gitarrenmusik sowieso bald aus der Mode käme. Zum Glück haben die Beatles sich davon nicht beeindrucken lassen! Es gibt jede Menge Weltstars, die sich solcherart Prognosen anhören mussten, die sich als völlige Fehleinschätzung herausstellten. Man sollte es also mit Vorsicht genießen, wenn jemand sagt, dass das, was du machst, keiner brauchen oder wollen würde. Hauptsache, DU brauchst deinen Traum! Trau deiner Sehnsucht mehr als deiner Verzweiflung!

Nach diversen Anfragen bekam ich das Angebot eines Verlags, meinen Gedichtband als Taschenbuch zu veröffentlichen, möglichst kostengünstig hergestellt. Ja klar, dann wäre es im Fall eines völligen Misserfolges nicht ein so großer Verlust.

Schön und gut und gutgemeint, aber mein Traum sah eigentlich ganz anders aus. Und das traute ich mich kaum zu denken, geschweige denn auszusprechen. Ich wollte einen Gedichtband, der alle Sinne ansprach, bei dem man »Ooh« und »Aah« sagte, schon wenn man ihn in die Hand nahm. Ein Stoff- oder Ledereinband, silbern geprägte Schrift. Und damit nicht genug. Ich stellte mir vor, dass meine Gedichte von Künstlern illustriert wurden, deren Werke durch meine Worte inspiriert worden waren. Für einen Lyrikband ein kühnes Unterfangen, wenn man nicht gerade Andy Warhol oder Rilke heißt.

In meinem Inneren nahm dieses Buch immer mehr Gestalt an. Ich sah es schon vor mir: dunkelblauer Samt mit einem handgeschriebenen Schriftzug in Silber. Auch einen Namen hatte ich bereits: »Sternenpflücker«. Ich liebe Sterne, und mir gefiel die Vorstellung, dass ich meine Gedichte von den Sternen pflücke.

Aber mit so einer Vorstellung zu einem Verlag zu gehen, da könnte ich auch gleich versuchen, dem Papst das berühmte Doppelbett zu verkaufen. Doch es ließ mich einfach nicht los, und irgendwann hielt ich es nicht mehr aus, mir das Ganze nur auszumalen. Mein Traum wollte fliegen. Ich fasste einen tollkühnen Entschluss: Ich würde das Buch selbst herausbringen. Der Knoten war endlich geplatzt!

Doch ich fühlte mich, als würde ich in einem Boot ohne Ruder auf das Meer hinaustreiben, ich durchlitt tausend Ängste bei der Vorstellung, was alles schiefgehen konnte. Schließlich hatte ich so etwas noch nie gemacht. Das würde einen Haufen Geld kosten, das ich, nebenbei bemerkt, gar nicht hatte. Und was, wenn ich den Malern und Fotografen meine Gedichte schickte und sie würden sie mir zurücksenden mit Worten wie: »Also zu dem Mist fällt mir nun wirklich nichts ein!« Man weiß es ja nicht. Was also, wenn ihnen keins von meinen Gedichten gefiele? Das wäre ein harter Schlag. Sollte ich mir das wirklich antun? Vielleicht sollte ich es doch lieber lassen! Ich griff auf mein altbewährtes Rezept zurück und wägte ab: Was würde schwerer wiegen, eine schmähliche Niederlage zu erleiden oder aber womöglich eines Tages bitter zu bereuen, dass die Gedichte im Dunkel der Kiste eingesperrt blieben.

Da war mir schlagartig klar, was die richtige Entscheidung war, und nun gab es kein Zurück mehr.

Ich suchte die Gedichte heraus, die ich am schönsten fand, und breitete sie auf dem Parkett im Wohnzimmer aus. Dann schnitt ich Bilder aus Zeitschriften aus, einfach um mir ein Gefühl dafür zu geben, wie es später aussehen könnte. Das ließ mich vor Aufregung und Freude ganz zappelig werden, es nahm tatsächlich Gestalt an. Es war wie in einem dieser Filme, wenn sich aus dem Nebel plötzlich ein Flaschengeist formt. Der ganze Fußboden war übersät mit Papier, ich lief Slalom in meinem Wohnzimmer, und meine Katzen hielten Schläfchen auf den Gedichten.

Doch ich ließ alles Wochen lang so liegen. Denn es tat gut, immer wieder auf mein Projekt blicken zu können, dadurch blieb es mir präsent, und ich bekam neue Ideen und Anregungen. Hin und wieder ersetzte ich doch noch ein Gedicht durch ein anderes oder schob sie hin und her, um die Reihenfolge zu verändern. So lange, bis mir das Ganze rund vorkam.

Der nächste Schritt war die Suche nach den Künstlern, die meine Gedichte illustrieren sollten. Ich wollte keinen Einheitsbrei, die Illustrationen sollten so unterschiedliche Stimmungen widerspiegeln wie die Gedichte. Ich wählte Maler und Fotografen, eine Designerin, sogar einen Komponisten, der mir ein Lied zu meinem Gedicht schreiben und dazu die Noten auf einem schönen, alten Notenblatt notieren sollte. Und ich bat Udo Lindenberg um ein Bild. Alles, was mir gut gefiel, sollte Platz haben. Mit ihnen allen Kontakt aufzunehmen, war das, was mich am meisten Überwindung kostete.

Ich würde mein Herzblut zum ersten Mal den Blicken der Welt aussetzen und hatte keine Ahnung, wie die Reaktionen ausfallen würden. Und es gab noch eine weitere, große Herausforderung: Ich würde sie alle davon überzeugen müssen, mir ihre Bilder umsonst zur Verfügung zu stellen, denn selbst bei den wohlwollendsten Prognosen würde bei so einem aufwändigen Projekt kaum etwas für mich übrigbleiben.

Daher hatte ich mir überlegt, aus dieser Schwäche eine Stärke zu machen und eine limitierte Edition aufzulegen. Dann würde ich weniger Druckkosten haben als bei einer großen Auflage. An Honorare war jedenfalls gar nicht zu denken. Auch nicht für mich. Mich selbst zu entlohnen ist etwas, an das ich mich bis heute immer wieder erinnern muss. Kommt dir das bekannt vor? Das scheint mir ziemlich verbreitet unter Träumern.

> *» Was alle sagen, ist noch lange nicht richtig.*
> *Was nur wenige glauben, ist noch lange nicht falsch.*
> *Was kein Mensch sich vorstellen kann,*
> *ist noch lange nicht unmöglich.«*
> Petrus Ceelen

Und prompt gab es den ersten Gegenwind. Im Haus von Bekannten entdeckte ich eine wunderschöne Wandmalerei, die gerade erst beendet worden war und die mich in ihren Bann zog. Ich fragte nach dem Künstler. Es handelte sich um eine Malerin, wie mir die Frau des Hauses mitteilte, und sie nannte mir den Namen. Aufgeregt erzählte ich ihr von meinem Gedichtband, für den ich mir ein Bild in genau diesem Stil sehr gut vorstellen konnte. Was war das für ein tolles Gefühl, über meinen Traum zu reden, als wäre er schon ganz real. Etwas, das ich nur empfehlen kann. Sie aber reagierte völlig unbeeindruckt und fragte sehr sachlich, wie viel ich denn bereit sei zu zahlen.

Ich holte tief Luft: »Nichts!«

»Nichts?«, schrie sie entsetzt auf. Ihr Mann war ziemlich wohlhabend und mit nichts hatte sie nicht so viel Erfahrung.

»Anders geht es nicht«, erklärte ich ihr, »mein Budget wird bei Weitem nicht ausreichen, um diesen renommierten Künstlern ihre normalen Gagen zu zahlen!«

»Aber du kannst doch nicht ernsthaft glauben, dass die alle für dich umsonst arbeiten!«

Die Unternehmersgattin sah mich an, als hätte ich ihr vorgeschlagen, den Inhalt ihres Kleiderschranks zu spenden. Sie wackelte ungläubig mit dem teuer frisierten Kopf.

»Fünfhundert Euro anzubieten, scheint auch nicht gerade angemessen, und mehr ist einfach nicht drin, selbst wenn ich die ganze Auflage verkaufe!«, beharrte ich, schließlich hatte ich mir das alles gut und reiflich überlegt.

Sie lächelte säuerlich.

»Du warst schon immer ein bisschen – unrealistisch!«

Und das ist jedes Mal der Punkt, an dem ich stinkig werde. Wenn man den Träumer verunglimpft, einfach nur dafür, dass er ein Träumer ist.

»Das werden wir ja sehen«, sagte ich kühl. »Ich muss sie eben für meinen Traum begeistern!«

Ich tat selbstsicher, merkte aber, wie ich gleichzeitig versuchte, mich selbst zu überzeugen. Wirklich sicher war ich mir nicht, dass mein Plan funktionierte, wie ich leider in diesem Augenblick ganz deutlich merkte. Kennst du das, wenn eine herablassende und von ihrer Ansicht total überzeugte Person etwas, das eben noch kostbar glänzte, von jetzt auf gleich staubig und grau aussehen lässt?

»Ha!«, schnaubte die Gattin, »niemals macht die das umsonst. Die ist bei uns keinen Cent von ihrem Preis heruntergegangen, und der ist üppig, kann ich dir sagen!«

Ich beschloss, es mit dem Motto meiner Kaffeetasse zu halten und mich nicht beirren zu lassen: Krönchen richten und weiter geht's! Und ich merkte, hier ging es nicht nur um mein Projekt. Ich wollte daran glauben, dass es Situationen gibt im Leben, in denen Geld nicht die einzige Währung ist.

»Ich finde die Dinge im Allgemeinen lieber selbst heraus!«, sagte ich und beendete damit die Diskussion.

So richtig entspannt wurde der Abend nicht mehr. Versonnen stand ich vor dem Wandbild, eine Landschaft, die Schönheit und eine erhabene Ruhe ausstrahlte. Ich wusste genau, zu welchem meiner Gedichte diese Malerin ein Bild schaffen könnte …

Wie? Das war dann die große Frage. Wie sollte ich es angehen? Anrufen und sagen, ich möchte ein Bild von Ihnen und kann es aber leider nicht bezahlen? Was würde mir, wenn ich die Malerin wäre, gefallen, fragte ich mich und hatte auch gleich die Antwort: die Wahrheit! Und die Wahrheit war, dass es sich hier um einen Traum handelte. Meinen Traum. Künstler müssen doch so etwas verstehen. Sie haben oft hart für ihre Träume gekämpft, und die meisten vergessen das auch nicht.

Ich setzte mich also hin und schrieb einen Brief. Erzählte von den Gedichten in meiner Kiste, dem blauen Samteinband mit Silberprägung und dass es mein Traum sei, meine Poesie von Künstlern illustrieren zu lassen. Dass sie die Gefühle und Stimmungen der Gedichte in Bilder verwandeln. Immer schöner und glänzender erschien mir mein Traum, als ich ihr das alles beschrieb. Und ich schrieb ihr auch, wie sehr mich ihr Bild berührt hätte und wie wertvoll es für mich wäre, wenn sie sich bereit erklären würde mitzumachen.

Ich sagte ihr auch ganz offen, dass ich das Projekt nur realisieren könne, wenn alle auf eine Gage verzichten würden, und mir sei bewusst, dass sie normalerweise Preise im fünfstelligen Bereich für ihre Bilder bekäme. Zum Schluss versicherte ich ihr noch, dass ich es vollkommen verstehen würde, wenn sie meinen Vorschlag rundheraus ablehnen würde. Vorsichtshalber legte ich auch gleich ein paar Gedichte dazu, von denen ich glaubte, dass sie etwas in ihr berühren könnten. Ich fühlte mich wie ein Artist vor dem dreifachen Salto ohne Netz. Nun blieb mir nur noch, zähneklappernd auf Rückmeldung zu warten. Wenn sie denn auch wirklich antworten würde …

Und tatsächlich, es kam ein reizender Brief zurück! Handgeschrieben. Ungläubig flog ich über die Zeilen. Sie teilte mir mit, dass sie es sehr gut verstehen könne, wenn man seine künstlerischen Träume genau so verwirklichen möchte, wie man sie in seinem Inneren sieht. Sie habe das selber auch oft erlebt, und sie habe einen langen, steinigen Weg gehen müssen, bevor sie ihre Anerkennung fand. Sie fände meine Gedichte sehr schön und hätte auch schon eine Idee für ein Bild.

Ich konnte es kaum glauben: Das Gedicht, dass sie sich ausgesucht hatte, war genau das, an das ich beim Anblick ihrer Wandmalerei gedacht hatte. Ich war überwältigt, sprachlos, dankbar, euphorisch und gerührt.

Es war, als hätte sie mir die Tür aufgestoßen zu dem Glauben, dass es tatsächlich wahr werden konnte. Jetzt spürte ich den Wind unter meinen Flügeln. Voller Begeisterung schickte ich meinen Brief an alle meine auserwählten Künstler, und das Wunder geschah: Es hat nicht ein Einziger abgesagt!

Noch heute erfüllt es mich mit einem Glücksgefühl, dass dieser Traum, den viele für eine Schnapsidee gehalten haben, tatsächlich wahr wurde. Ich muss zugeben, dass ich es kaum erwarten konnte, der Unternehmersgattin ganz cool davon zu erzählen. Ich musste sehr an mich halten, um dabei nicht wie ein Kind auf und ab zu hüpfen. Wahrscheinlich habe ich ihr Weltbild gründlich ins Wanken gebracht. Und ich erfuhr noch weitere kleine Wunder.

Die Bank gab mir einen Kredit für die Druckkosten. Die Druckerei machte mir einen Sonderpreis und legte jedem Buch ein edel gestaltetes Lesezeichen bei, auf dem stand, dass es ihnen eine Ehre sei, bei so einem außergewöhnlichen Projekt dabei sein zu dürfen. Als die Kartons mit den zweihundertzweiundzwanzig Büchern geliefert wurden, nahm ich dem verdutzten Paketfahrer schon auf der Straße einen davon aus der Hand, riss ihn ungeduldig auf und hielt meinen ersten Gedichtband in den Händen. Ich war überwältigt! Das war ein unbeschreiblicher Moment. Immer wieder strich ich über den blauen Samt, die geschwungenen, silbernen Buchstaben, sah die Bilder an und konnte es kaum glauben.

Jeder, der meinen »Sternenpflücker« kaufte, hatte das Gefühl, ein kleines Kunstwerk zu erstehen. Etwas ganz Besonderes. Und obwohl ein Exemplar immerhin einhundertundelf Euro kostete, waren alle Exemplare bald vergriffen. Geschafft! Ich hatte keinen Verlust gemacht. Immerhin, denn die Herstellungskosten waren immens.

Es ging mir nicht um Profit, es ging darum, etwas, das ich mir so lange sehnlichst gewünscht hatte, tatsächlich wahrzumachen. Ohne Kompromisse! Ich erzähle das hier so ausführlich, weil es ein gutes Beispiel dafür ist, wie so ein Weg aussehen kann, wenn man einen Traum verwirklichen möchte, dessen Erfüllung einem ungeheuer schwierig erscheint. Und wie demjenigen, der etwas wagt, manchmal auf fast wundersame Weise Unterstützung zuteil wird. Dieses Beispiel zeigt aber auch, wie wichtig es ist, sich nicht abbringen zu lassen. Das ist wirklich das A und O!

»Nur die Sache ist verloren, die man selbst aufgibt!«
Gotthold Ephraim Lessing

Nicht ohne Grund widme ich ein ganzes Kapitel in diesem Buch den Hindernissen, mit denen jeder Träumer früher oder später konfrontiert wird. Darin gibt es zahlreiche, selbst erprobte Tipps, wie man mit diesen Schwierigkeiten umgehen kann, damit dein Traum nicht an diesen Klippen zerschellt.

Ich verfügte nicht über mehr Möglichkeiten als andere Menschen. Ich hatte damals noch keinen Namen und kein Geld – und jede Menge Zweifel. Meine Gedichte diesen Künstlern zu präsentieren, war für mich schlimmer, als mich nackt mitten auf den Marktplatz zu stellen und zu singen. Diese Gedichte waren meine Kinder, die Haut meines Herzens. Jede Ablehnung wäre ein Stich mitten hinein gewesen. Es hat mich enorm viel Mut gekostet, sie in die Welt hinauszuschicken. Und wenn ich auf den Büchern sitzen geblieben wäre? Ja, das wäre schlimm gewesen. Aber auch in diesem Fall erschien mir die Alternative, es nicht zu tun und darüber ewig traurig zu bleiben, viel schlimmer. Und wie heißt es so schön: Dem Mutigen gehört die Welt!

Niemand wird mir je nehmen können, was es mir gegeben hat, meinen Traum von diesem kostbaren Buch zu verwirklichen. Wenn ich Lesungen halte, lese ich auch Gedichte aus meinem »Sternenpflücker«. Dieses Buch in die Hand zu nehmen, ist jedes Mal ein wunderschönes Gefühl. Jedes Bild, jede Zeile erinnern mich an Momente, in denen ich tief in das Leben getaucht bin. Nicht zuletzt der »Sternenpflücker« hat mich dazu gebracht, anderen Mut zu machen, für die eigenen Träume einzustehen und dieses Buch zu schreiben!

»Ja, ich bin ein Träumer, denn nur Träumer finden ihren Weg durchs Mondlicht und erleben die Morgendämmerung, bevor die Welt erwacht.«
Oscar Wilde

7.
EIN ERFÜLLTES LEBEN – WARUM ES SICH LOHNT, DEN WEG EINES TRÄUMERS ZU GEHEN

Es lohnt sich, weil die Belohnung ist, sich wahrhaft lebendig zu fühlen! Deine Seele möchte nur eines: Das Leben in all seiner Buntheit und Großartigkeit erfahren, seine Möglichkeiten ausschöpfen. Sie will sich ausprobieren, sich besser kennenlernen, will fühlen, lieben, sich in ihrer Einzigartigkeit erleben. Und das verlangt auch immer wieder nach Ausdruck!

Ich glaube, die meisten von uns kennen ihre Träume ziemlich genau. Immer wieder erzählen mir Menschen mit trauriger Stimme von dem Buch, das sie so gerne schreiben würden, wie gerne sie als Schauspieler auf einer Bühne stehen würden oder Tango tanzen lernen. Ich staune jedes Mal, wie viele ungelebte Sehnsüchte in den Herzen schlummern.

Wenn ich meine Träume nicht ins Leben bringe, verdränge ich sie an den Bildrand meines Lebens. Das ist so wie mit Freunden, bei denen man sich lange nicht gemeldet hat. Man bekommt ein schlechtes Gewissen, und irgendwann ist es einem fast peinlich, dort anzurufen. In diesem Buch werden wir unsere besten Freunde, unsere Träume, wieder in unser Leben einladen.

Deine Träume freuen sich schon darauf!

Stelle dir im Zweifelsfall die schon erwähnte entscheidende Frage, weil sie hilft, Prioritäten in deine Träume zu bringen und dir vor allem die Wichtigkeit deines Traums spürbar macht. Die Frage: Wenn mein Leben jetzt zu Ende wäre, worüber wäre ich traurig, weil ich es nicht getan habe?

Das wird dir die Augen öffnen. Manche deiner Träume werden dann zu Wünschen, zu »Es wäre schön, wenn ...«-Plänen. Oder aber du fühlst ganz deutlich, wenn du dich nicht jetzt darum kümmerst, dann wirst du es dir später nicht verzeihen. Es geht dabei nicht in erster Linie darum, ob es auch wirklich funktioniert oder sogar ein Erfolg wird, manche Träume führen einen auch zu ganz neuen Träumen. Doch es ist ungeheuer wichtig, es wenigstens versucht zu haben. Das wirst du dir dann später nicht vorwerfen müssen. Ein »Hätte ich doch nur ...«, wenn es unwiderruflich zu spät ist, kann sehr schmerzhaft sein.

Den Weg eines Träumers zu gehen, lohnt sich aus vielen Gründen. Sich Träume zu erfüllen, bringt Glanz und Höhepunkte in dein Leben. Es macht dein Leben bedeutsam. Das ist etwas, wonach wir uns alle sehnen. Dass unser Leben eine Bedeutung hat, dass es nicht umsonst war. Und du erlebst den Stolz, über dich hinauszuwachsen, die Befriedigung, Niederlagen und Hindernisse überwunden zu haben. Du erfährst Glücksmomente, wenn du deinen Traum wachsen siehst, spürst die Energie, die durch dich pulsiert. Begeisterung und Leidenschaft geben dir das Gefühl, lebendig zu sein. Du erlebst Erfüllung, weil du lebst, was du bist. Ich sage nicht, dass das vierundzwanzig Stunden am Tag so ist, doch das, was du bekommst, überwiegt alle dunklen Stunden. Die Belohnung des Träumers ist sein Traum selbst!

Ob es sich dabei um dein Lebensziel, deine Berufung oder ein geliebtes Hobby handelt, es geht letztlich immer um das eine: um den einzigartigen Ausdruck deiner Seele, der zutiefst du bist. Darum, nur darum bist du hier!

8.
DAS SPIEL DES LEBENS – GEHST DU ÜBER LOS ODER INS GEFÄNGNIS?

Mir gefällt es, das Leben als Spiel zu betrachten. Ja, es ist oft schwer, und ja, man hat nicht immer etwas zu lachen, aber auf der anderen Seite dauert unser Leben einen Wimpernschlag, verglichen mit der Ewigkeit. Die Welt wird nicht untergehen, wenn bei uns nicht alles glatt läuft. Aber wir werden die Welt und auch uns nicht kennenlernen, wenn wir immer nur vorsichtig sind und hinter unserem Gartenzaun hocken bleiben.

Und wie bei jedem Spiel ist es nützlich, sich im Lauf der Zeit mit den Spielregeln vertraut zu machen. Bei den meisten Gesellschaftsspielen gibt es ein Spielfeld, auf dem die Figuren sich vorwärtsbewegen, und dann kommen die Hindernisse. Die Spieler werden hinausgeworfen, landen im Gefängnis, müssen ein paar Felder zurückgehen, müssen Rätsel lösen oder Aufgaben erfüllen oder werden zur Kasse gebeten, manchmal bis sie Pleite sind. Ungeachtet dessen wandern sie immer weiter in Richtung Ziel. Das man nicht einfach vom Start bis zum Ziel durchmarschiert, macht ja auch den Reiz eines Spiels aus.

Wir sind nun einmal auf diesem Spielfeld Erde gelandet. Ein buntes, wildes, komplexes Spiel. Und der beste Weg, glücklich zu werden, ist es, dieses Spiel anzunehmen, sich zu stellen. Seinen Herausforderungen, seinen Aufgaben und seinen Träumen. Denn auch sie sind ein Grund, dass wir hier sind.

Und sind wir doch einmal ehrlich, wenn uns die Erfüllung unserer Träume einfach so in den Rachen fliegen würde, wie die gebratenen Tauben im Schlaraffenland, würden wir uns dann so daran erfreuen können, als wenn wir sie uns selbst verdient oder erkämpft haben? Nicht nur der Traum ist unsere Belohnung, wir wachsen daran und erkennen, welche Kräfte tatsächlich in uns stecken. Ja, manchmal wachsen wir sogar über uns hinaus, erstaunen uns selbst und unser Umfeld. Was für ein herrliches, unbezahlbares Gefühl, etwas zu schaffen, das einem niemand zugetraut hat!

Gehen wir es an! Mit Frische, mit Tatkraft und mit dem Wissen, dass ein Träumer einen guten Schutzengel hat. Der Engel der Träume wacht über uns. Er wird uns nicht alles abnehmen, so war das Leben nie gedacht, aber er wird uns Kraft geben, wenn wir am Boden liegen, wird uns feine Impulse senden, wenn wir den Weg verlieren, und uns Zeichen schicken, dass wir auf dem richtigen Weg sind. Und zwar ab dem Moment, an dem wir uns wirklich ernsthaft auf den Weg machen. Mit der festen Absicht, unseren Traum zu verwirklichen!

9.
DER STOFF, AUS DEM DIE TRÄUMER SIND – WILLST DU ES ALLEN ODER LIEBER DIR RECHT MACHEN?

Die meisten Menschen sind heimliche Träumer. Sie sehnen sich nach einem Leben, das süßer und saftiger ist als jenes, das sie führen. Doch manchmal scheint es, als gäbe es eine unausgesprochene Regel, seine Träume lieber für sich zu behalten. Man möchte nicht als Spinner gelten. Ein Träumer zu sein, das ist nicht das, was die Gesellschaft als erstrebenswert erachtet. Der verbreitete Glaube ist: Erfolg wird nicht durch Träume erzeugt. Erfolg ist das Ergebnis vernünftiger Planung und harter Arbeit.

Dazu müsste man Erfolg näher definieren. Da haben wir zum einen den verbreiteten Wunsch nach Karriere und Wohlstand und die wesentlich weiter verbreitete Sehnsucht nach Glück und Zufriedenheit, denn die teilen wir alle. Und wie wir alle wissen, ist Karriere und Wohlstand nicht automatisch gleich Glück und Zufriedenheit. Wenn man näher hinschaut, ist das oft sogar das Gegenteil. Man macht einen Schritt zum Erfolg, fühlt einen Moment lang einen Kick, ein Glücksgefühl, und schon ist wieder eine Leere da, die gefüllt werden möchte. Ein neuer Kick muss her, neue Erfolgserlebnisse. Auffüllen statt Erfüllung!

Wenn ich jedoch tue, was mich glücklich macht, was in mir ruft, entsteht ein Fließen von Glück, ein warmes, inneres Feuer, an dem ich mich langfristig wärmen kann. Ich rede nicht gegen Karriere und Erfolg. Ich persönlich liebe Erfolg, weil er mir mehr Möglichkeiten und eine gewisse Freiheit eröffnet. Was in meinen Augen dagegen völlig sinnlos ist, ist Erfolg ohne Glück, Wohlstand ohne Wohlfühlen, Beruf ohne Berufung. Seine Träume zu leben, ist ein Akt der Liebe zu sich selbst!

Ich tue es mir zuliebe. Und ich liebe, was ich tue. Das ist der Stoff, aus dem die Träume sind!

Zuzugeben, ein Träumer zu sein, Träume zu haben, kommt manchmal einem Outing gleich. Als würde man etwas zugeben, was alle schockieren muss. Wie oft wurde ich in meinem Leben mit einem milde tadelnden Unterton »Träumer« genannt. Darin schwang mit: Du kriegst es nicht auf die Reihe! Du bist anders als die anderen, die es richtig machen, dir fehlt Realitätssinn! So wirst du nie erfolgreich sein! Und wie lange habe ich deshalb geglaubt, dass etwas mit mir nicht stimmt. Dass ich weniger wert sei, als die, die ohne Umwege und ernsthaft ihre Ziele verfolgt haben. So viele sinnlose Sorgen. Ich war halt nicht wie alle, na und?

Ja, auch ich wollte gerne erfolgreich sein, aber nicht um jeden Preis. Darum bin ich aus vielversprechenden Karrieren ausgestiegen, weil mir meine heile Seele wichtiger war als Ruhm und Geld. Ich habe einige sehr erfolgreiche und einflussreiche Freunde, die ich noch nie um einen Gefallen gebeten habe, weil mir ihr Vertrauen wichtiger ist als ihre Nützlichkeit.

Ich kaufte mir im hohen Erwachsenenalter eine Mond-und-Sterne-Lampe für mein Schlafzimmer, na und? Ich liebe Sterne, und jeder Grafiker bekommt Schnappatmung, wenn ich darauf bestehe, dass Sterne auf meiner Homepage, in meinem Logo und auf meinem Geschäftsbriefpapier auftauchen. Dann kriege ich häufig kilometerlange Argumentationsketten zu hören, warum ich mich auf keinen Fall so präsentieren sollte und wie unseriös mich das erscheinen lässt. Wie bitte? Ich zu sein, ist unseriös? Wer bestimmt eigentlich, was »man« darf und was nicht?

Was meinen Status als Träumerin in den Augen der anderen noch verschlimmerte, war meine Vielseitigkeit. Warum nur, dachte ich, muss ausgerechnet ich so viele Wünsche und Ideen haben?

Wie soll ich damit umgehen? Inzwischen weiß ich, dass es vielen anderen auch so geht. Ich wollte immer viel, manche meinten, zu viel. Schreiben und Musik machen, aber auch moderieren und Menschen auf ihrem Weg zu ihren Träumen coachen. Früher gehörte auch noch schauspielern und tanzen dazu. Eine lange Zeit habe ich mich gar nicht getraut, das zuzugeben. Weil ich immer wieder mit dem Drang der Menschen konfrontiert wurde, einen Zettel auf meine Schublade zu kleben.

»Aha, du schreibst Songtexte, dann bist du also Songtexterin?«

»Ich schreibe aber auch Bücher.«

»Oh, tatsächlich ... Was denn für Bücher?«

»Ratgeber zum Beispiel, aber auch Kinderbücher.«

Das erzeugt immer wieder Verwirrung. Darauf folgt unweigerlich die Frage:

»Ja, und was machst du nun am liebsten?«

So nach dem Motto, es muss doch wohl möglich sein, dass man sich hübsch ordentlich für eine Schiene entscheidet. Auf eine Visitenkarte kann man nun mal nicht alles Mögliche schreiben. Ich musste mir oft anhören, dass ich mich verzetteln würde. Für mich hingegen war es bunt, vielseitig und aufregend. Und daran war überhaupt nichts verkehrt!

Gut, ich muss zugeben, es hat eine ganze Weile gedauert, bis ich mit dem Spott und der Kritik umgehen konnte. Was dazu geführt hat? Ich merkte, dass ich nur so lange als Träumer verspottet wurde, so lange ich mit einer Sache nicht erfolgreich war. Wenn man nämlich ganz oben ist, Geld wie Heu und großen Erfolg hat, dann kann man Kleider aus Koteletts anziehen, Lampenschirme auf dem Kopf balancieren und den Weltfrieden verkünden – wie Lady Gaga.

So jemanden nennt keiner mehr Träumer, man schreibt darüber, wie originell und einzigartig diese Künstlerin doch ist. Wenn der Respekt für Kreativität und für meine Träume erst dann beginnt, wenn ich ein dickes Konto habe oder berühmt bin, dann brauche ich diesen Respekt nicht. Diese Erkenntnis hat mich sehr erleichtert. Jetzt, wo ich mit meinen Träumen erfolgreich bin, bekomme ich viel Anerkennung dafür, und das ist schön. Aber es ist bei Weitem nicht so erhebend wie mein ureigenes Gefühl, stolz auf mich zu sein, weil ich nicht aufgegeben habe. Die Bewunderung der Menschen kommt und geht, dieses Gefühl wird mir immer bleiben.

Und der zweite Grund, meine Scham, ein Träumer zu sein, zu beenden, war die Erkenntnis, dass viele dieser Besserwisser und Karrieretypen, die mir erzählen wollten, wo Bartel den Most holt, überhaupt kein bisschen glücklicher waren als ich. Eher im Gegenteil. Wenn Vernunft und Realismus einen so griesgrämig aussehen lassen, zum Pessimisten und Zyniker machen und man zum Lachen in den Keller geht, warum sollte ich dafür meine Träume verraten? Wir brauchen Träumer! Sieh dir an, wohin die Vernünftigen die Welt gebracht haben!

Ich möchte mich doch lieber an dem orientieren, was mir erstrebenswert erscheint. Ich habe jedenfalls jede Menge Spaß mit meinen Sternen und meinem Glitzer, den ich auf das Leben streue. Darum sage ich inzwischen: Jeder, wie er mag! Ich lasse die anderen ja auch sein, wie sie sind. Ich möchte nur denen, die ihre Träume lieben und sie ins Leben bringen wollen, sagen: Ich hätte da ein paar Ideen.

> *»Jeder ist ein Genie. Doch wenn du einen Fisch*
> *nach seiner Fähigkeit beurteilst, auf Bäume*
> *zu klettern, dann wird er sein ganzes Leben im*
> *Glauben verbringen, er sei dumm.«*
> Albert Einstein

Schon in unserer Kindheit waren unsere Träume unser Lebenselixier. Ich werde Astronaut, sagte mein Nachbarsjunge Peter, und ich werde Piratin, antwortete ich, und wir fanden überhaupt nichts seltsam daran, sondern fühlten uns prima. Denn in unserer Phantasie waren wir das auch und erlebten unsere Raketenstarts und Beutezüge mit dem Piratenschiff ganz real. Und wo steht bitte geschrieben, dass man damit aufhören muss, nur weil man erwachsen wird? Ist Erwachsenwerden so etwas wie der Eintritt in ein riesiges, düsteres Kloster, in dem man den Spaß am Leben, die Wildheit, das Abenteuer und die Neugier an der Garderobe abgeben muss? Wer hat ihn erfunden, den sogenannten Ernst des Lebens?

Manchmal habe ich den Verdacht, dass irgendjemand einmal damit angefangen hat, und nun glauben es alle, und darum ist es so. So wie man an Mode glaubt, oder dass Frauen schlank sein müssen. Es ist nicht wirklich logisch, aber wenn alle mitmachen, dann trägt man eben jetzt Schlaghosen, und Röhrenjeans sind out. Und wenn dann einer sagt, jetzt sind nur noch Röhrenjeans in, schmeißen alle ihre Schlaghosen weg. Rubens liebte dicke Frauen, Lagerfeld die bizarren Hungerhaken mit Size zero. Wer hat recht? Worin liegt der Sinn, diesen künstlichen Idealen nachzueifern, die von Menschen, die mit unserem Herdentrieb Geld verdienen, postuliert werden? Das will man uns als den erstrebenswerten Weg verkaufen? So zu sein wie alle?

Es scheint tief in uns verwurzelt zu sein, dazugehören zu wollen. Selbst Kinder, die man frei und selbstbewusst erzieht, ertragen es schwer, aus einer Gruppe ausgestoßen zu werden. Ich habe als Teenager die dümmsten Dinge über Marx und Kommunismus erzählt, weil alle das taten, weil man links war, wenn man cool sein wollte. Und ich habe mir große Schmerzen zugefügt bei dem Versuch, nicht eifersüchtig zu sein, wenn mein Freund auch andere Mädchen hatte, weil Eifersucht uncool war. Heute denke ich, wie blöd ist das denn!

Wenn man dazu steht, dass man ein Träumer ist, heißt das, zu sich selbst zu stehen. Ich ergreife Partei für mich, ich gehe meinen Weg. Lass die anderen milde lächeln und meinetwegen auf dich herabschauen. Wie sagte Else Kling in der Lindenstraße immer:

»Wenn's schee macht!« Dafür hast du ein Elixier, das die anderen nicht haben. Sei stolz auf deine Träume, sie sind das Gold in deinem Leben.

Es gibt einen Film, der genau das erzählt und der mich sehr beeindruckt hat: »Der Club der toten Dichter« mit dem leider verstorbenen, einzigartigen Robin Williams. »Carpe diem!«, ruft er seinen Schülern zu, »pflücke den Tag!«, denn er möchte etwas anderes in ihre Herzen pflanzen. Sie sollen jeden Tag ihres kurzen, vergänglichen Lebens nutzen.

Um sie für ein umfassenderes Verständnis des Lebens zu öffnen, bringt er ihnen die Dichter nahe und zitiert Robert Frost. Und von ihm einen Satz, der sich mir auf immer ins Gedächtnis gebrannt hat: »Im Wald zwei Wege boten sich mir dar, und ich ging den, der weniger betreten war. Und das veränderte mein Leben!«

Dieser Film gehört in die Sammlung eines jeden Träumers. Auch wenn er kein Happy End hat, bestärkt er mich noch heute auf meinem Weg, durchdringt jede meiner Poren mit dem unbedingten Willen, ich selbst sein zu wollen. Und ein Träumer zu sein, der jeden Tag nutzt, um seinen Traum zu leben!

Robin Williams sagt in seiner Rolle als der Lehrer John Keating: »Wir lesen und schreiben Gedichte, weil wir zur Spezies Mensch zählen. Und die Spezies Mensch ist von Leidenschaft erfüllt. Jura, Wirtschaft, Medizin und Technik sind zwar durchaus edle Ziele und auch notwendig, aber Poesie, Schönheit, Romantik und Liebe sind die Freuden unseres Lebens. Wozu nützt das Leben? Wozu bin ich da? Damit das Spiel der Mächte weitergeht und ich meinen Vers dazu beitragen kann.«

» Wer in den Fußstapfen eines anderen wandelt,
hinterlässt keine eigenen Spuren.«
Wilhelm Busch

10.
SICHERHEIT – BAUSPARVERTRAG
ODER HAUSBOOT
AUF DEM AMAZONAS

Als ich die ersten Seiten meines Buches meiner Freundin Barbara zu lesen gab, sagte sie zu mir: »Muss man denn auf Teufel komm raus seine Träume verwirklichen?« Es schwang fast so etwas wie ein Vorwurf mit, als würde ich von ihr, meiner Leserin, etwas erwarten, was sie für übertrieben hielt. Natürlich muss man das nicht! Es ist eine Entscheidung, die man treffen kann, oder eben nicht. Barbara hat zwei Töchter groß gezogen, und sie hatte immer das Gefühl, eine Mutter mit zwei Kindern, die ihre Träume leben möchte, das geht nicht zusammen, das gehört sich irgendwie nicht.

Ihr Mann finanzierte die Familie, und auch er wollte nicht, dass Barbara arbeiten ging. Bei vielen Müttern, die bei ihren Kindern zu Hause bleiben, landet im Lauf der Zeit ihr Selbstbewusstsein im Keller. Dieses »nur« Hausfrau und Mutter sein, ist ähnlich prestigelos wie die Arbeit bei der Müllabfuhr. Wie, mehr hast du nicht drauf? Nur einen Vier-Personen-Haushalt am Laufen halten und vierundzwanzig Stunden für deine Kinder da zu sein?

Ich selbst habe keine Kinder, doch mir nötigt das Muttersein allerhöchsten Respekt ab. Mehr als viele andere Jobs! Eine verrückte Gesellschaft, in der es größere Anerkennung bringt, irgendwo am Schreibtisch zu sitzen, als ein Kind großzuziehen.

Auch wenn es durchaus Barbaras Traum war, Mutter zu sein, wollte sie eigentlich auch gerne schreiben. Sie hatte Journalismus studiert. Als die Kinder in die Schule kamen, eröffnete sie ihrem Mann, dass sie sich gerne einen Job bei einer Lokalzeitung suchen möchte, um ab und zu ein paar Artikel zu schreiben. Der lehnte das kategorisch ab. Bis die Kinder aus dem Haus sind, kam das für ihn nicht infrage. Und Barbara gab nach. Ihr war die Sicherheit, ihr Haus, die Versorgung für sich und ihre Kinder wichtiger, als einen Konflikt heraufzubeschwören, der womöglich zu einer Trennung führen könnte. Doch ihr Traum klopfte immer wieder an, und das machte Barbara regelmäßig traurig. Ihre Entscheidung für die Sicherheit war von Verzicht geprägt. Und so umwölkte Barbara mehr und mehr eine Aura aus Frust.

Hätte sie auf ihre Sicherheit verzichten sollen? Ich glaube, es ist wie immer im Leben wichtig, eine bewusste Entscheidung zu treffen, sich bewusst zu machen, dass man eine Wahl hat. Denn wir haben immer eine Wahl, auch dann wenn wir glauben, dass jemand anderes oder die Umstände für uns entscheiden.

Es ist ein Unterschied, ob ich sage: »Ich würde ja so gerne, aber ich kann nicht!« Oder: »Ich könnte mir jetzt einen Job suchen, aber mir ist es im Moment wichtiger, bei meinen Kindern zu sein und keinen Stress mit meinem Mann zu haben. Ich brauche die Sicherheit, die er mir gibt, im Moment noch. Wenn die Kinder mit der Schule fertig sind, gehe ich es an!«

Wenn ich mir bewusst mache, dass es meine Entscheidung ist, hole ich mir meine Macht zurück. So lange Barbara noch glaubt, das Leben, ihr Mann oder das Schicksal haben für sie entschieden, dass sie nicht arbeiten gehen darf, wird sie darunter leiden.

Das erklärt vielleicht auch ihre etwas patzige Reaktion auf mein Buch. Wenn jemand sich darin eingerichtet hat, dass ein anderer die Verantwortung dafür trägt, dass er seinen Traum nicht lebt, mag man das nicht so gerne hören, dass man es durchaus ändern kann, wenn man denn wirklich will und möglicherweise bereit ist, dafür auch Unannehmlichkeiten in Kauf zu nehmen.

> *» Man entdeckt keine neuen Weltteile,*
> *ohne den Mut zu haben,*
> *alle Küsten aus den Augen zu verlieren. «*
> André Gide

Für mich hat Sicherheit keine Priorität. Eigentlich kenne ich das
Gefühl gar nicht. Ich habe schon sehr früh vieles sausen lassen,
was mir Sicherheit bot, um lieber zu neuen Abenteuern aufzubre-
chen. Meine Mutter machte meine Lebensweise total nervös. Kein
festes Einkommen, nie zu wissen, ob der nächste Auftrag kommt,
ob am nächsten Ersten genug Geld da ist. Vieles erzählte ich ihr
erst gar nicht, doch schon von dem Wenigen, was sie mitbekam,
wurde ihr ganz blümerant. Und ihre Hoffnung, dass sich doch
noch ein wohlhabender Nobelpreisträger oder Herzchirurg meiner annimmt, schwand auch bald dahin. Umgekehrt hätte ich ihr
Leben niemals führen können. Jeden Tag, jahraus, jahrein, morgens ins Büro, um fünf Uhr Feierabend, dieselben Menschen, dieselben Abläufe, da würde ich lieber am Hauptbahnhof singen.

Ob mir mein unsicheres Leben leicht fiel? Bestimmt nicht! Besonders in den Zeiten, in denen es jeden Monat so richtig knapp
war, hatte auch ich viele schlaflose Nächte. Wenn die Existenzangst dich in ihren Fängen hat, sind deine Träume frierende Kinder, für die du nichts mehr zu essen findest, auch das habe ich
kennengelernt.

Darum habe ich eine Liste. Darauf stehen die Menschen, die in
meinen dunkelsten Stunden an meiner Seite waren. Denen ich allen nach und nach eine Freude mache, um mich zu bedanken. Ich
weiß nicht, ob ich es ohne sie geschafft hätte, nicht aufzugeben.
Sie halfen mir auf, wenn ich gefallen war, glaubten an mich, wenn
ich es nicht mehr schaffte, oder hielten mich einfach, wenn ich
Trost brauchte. Und die, die konnten, halfen mir auch ganz praktisch, zum Beispiel mit Geld.

Man glaubt gar nicht, was für einen unangenehmen Geschmack

Geld bekommen kann, wenn man jemanden darum bittet. Vielleicht hast du Ähnliches erlebt, wenn der Geldhahn versiegt ist, entpuppt sich so mancher sogenannte Freund als riesige Mogelpackung. Das kann verdammt wehtun. Heute bin ich sehr froh über diese natürliche Auslese, denn nun weiß ich, wer wirklich da ist, wenn es darauf ankommt, und wer nicht. Ich halte den Spruch, Geld verdirbt den Charakter, für großen Käse, Geld zeigt einfach nur, wie der Charakter wirklich ist!

Ganz oben auf meiner Liste stehen auch die Mitarbeiter meiner Bank, die ich zu einem fürstlichen Essen einladen möchte, als riesengroßes Dankeschön. Denn wenn die mich nicht über Jahre, völlig gegen jede Regel, mit exorbitanten Dispokrediten unterstützt hätten, hätte ich mir einen Fensterplatz unter der Brücke suchen können. Das ist natürlich extrem, aber ich bin, was meine Träume angeht, auch ziemlich rigoros geworden.

Dennoch, Tatsache ist, dass ich in den Zeiten, als ich richtig viel Geld verdient habe, am unglücklichsten war. Das klingt verrückt, oder? Ich arbeitete wirklich viel, hatte tolle Jobs, um die mich andere beneideten. Ich moderierte im Radio und im Fernsehen, schrieb für eine Zeitung und für bekannte Fernsehsendungen. Ich hatte ein sattes Managergehalt, und was ich in der Zeit richtig gut konnte, war shoppen gehen. Meine Arbeit machte mir immer weniger Spaß, mein Dasein als Workaholic hatte mich erschöpft. Darum versuchte ich, mir anders Freuden zu verschaffen.

Das Hochgefühl hält bei Schuhen, Kleidern und Handtaschen allerdings nicht besonders lange an, deshalb muss man immer nachlegen. Ich flog nach Mauritius und übers Wochenende nach Italien, ging feudal essen in teuren Restaurants, hatte eine schicke Wohnung mit Garten – und konnte nichts davon genießen. Meine Freunde nahmen mir das damals fast übel. So viel Geld, so aufregende Jobs, jedenfalls schien es so nach außen, und ich erlaubte mir zu sagen, mir ginge es nicht gut? Aber was sollte ich machen, so fühlte es sich nun einmal an, immer leerer und freudloser.

Dann passierte etwas, das mich wachrüttelte. Eines Abends, an einem Sonntag, ging ich mit meiner Freundin Sabine durch die Straßen von München. In Bayern gibt es überall Zeitungskästen, und am Wochenende sieht man hinter dem durchsichtigen Glas der Aufsteller immer die Titelseite der Fernsehprogramm-Beilage. Und an jenem Abend lächelte uns von jedem Zeitungskasten mein Foto entgegen. Ich hatte eine neue Fernsehsendung bekommen, und sowohl die Abendzeitung als auch die tz berichteten darüber. Sabine sah mich an.

»Wow, das ist ja der Hammer! Das muss ja ein unglaubliches Gefühl sein. Du bist bestimmt wahnsinnig stolz!« Unglaubliches Gefühl? Stolz? Ich fühlte nichts. Keine Regung. In meiner Gefühlswelt herrschte vollkommene Windstille. Sabine wartete auf eine Antwort. Doch ich konnte nichts sagen. Ich war erschrocken, und sie hielt mich für einen überheblichen Snob. Das war der Moment, in dem ich beschloss, dass ich dringend etwas ändern musste.

Ich moderierte die vereinbarten Fernsehsendungen, es waren ohnehin erst einmal nur zwölf Folgen geplant, und alle anderen Jobs schmiss ich hin. Und ich tat, was ich schon lange tun wollte, ich zog aufs Land. Über eine Stunde weit weg von der Großstadt.

Um nach all den Jahren endlich zu schreiben! Alles, was in meinem Herzen war, alles, was heraus wollte, ohne dass jemand sagte, das muss kürzer, länger oder witziger sein. Ich wollte schreiben, ohne dass es um irgendein Format ging. Frei von der Seele weg. Meine Mutter ließ sich Blutdrucktabletten verschreiben, und ich saß auf der Bank vor dem Bauernhaus, das ich gemietet hatte, vor mir ein blühender Jasminbusch, der betörend duftete. Und ich fühlte zum ersten Mal seit langem wieder so etwas wie Lebendigkeit. Diese Taubheit, die mich die Welt wie durch Watte hatte erleben lassen, ließ mehr und mehr nach.

Ich gebe zu, es war dann schwieriger, als ich gedacht hatte. Vielleicht war ich auch ein wenig zu kompromisslos, aber ich hätte keine Sicherheit der Welt gegen dieses Gefühl von Freiheit tauschen mögen. Würde ich es wieder tun? Ja! Denn ich hätte mich niemals so intensiv ausprobiert, wenn ich meine Geschichten und Gedichte in all dem Wahnsinn der Medienwelt nebenbei zu schreiben versucht hätte.

Ich wollte auf meinen Grund tauchen und nicht nur oben etwas abschöpfen, auch wenn das der Welt gereicht hatte. Mir reichte es nicht! Neue Träume, neue Herausforderungen. Als echter Träumer konnte mich das zwar schrecken, jedoch nicht abschrecken! Wenn ich heute auf diese Zeit zurückschaue, würde ich sagen, ich hätte vielleicht einen oder zwei der alten Jobs behalten sollen. Nun ja, ich hatte meinen Überdruss einfach zu lange ansteigen lassen. Noch hatte ich Ersparnisse, doch es würden Zeiten kommen, in denen ich so richtig in die Enge geraten würde.

Als ich dann bei den Firmen wieder auf der Matte stand, haben sie mich nicht mit Kusshand zurückgenommen. Lektionen in Demut, kann ich dazu nur sagen. Sogar meine Mutter musste ich anpumpen, und das war wahrlich kein leichter Schritt. Ich war ihr sehr dankbar und rechnete es ihr hoch an, dass sie mich damals unterstützte und sich auch den berühmten Satz verkniff: »Siehst du, das habe ich dir doch gleich gesagt!« Sie merkte, dass ich buchstäblich aus dem letzten Loch pfiff, und nahm Gott sei Dank Rücksicht. Sie hat sehr wenig Geld, umso mehr bedeutete mir das, denn sie hätte ja auch sagen können: »Selber schuld. Das hast du dir doch freiwillig eingebrockt!«

»Kriege führen auch die Ameisen, Staaten haben
auch die Bienen, Reichtümer sammeln auch
die Hamster. Deine Seele sucht andere Wege,
und wo sie zu kurz kommt, wo du auf ihre Kosten
Erfolge hast, blüht dir kein Glück.
Denn ›Glück‹ empfinden kann nur die Seele, nicht
der Verstand, nicht Bauch, Kopf oder Geldbeutel.«
Hermann Hesse

Ich bin weit davon entfernt, diese Vorgehensweise zu empfehlen. Es ist ein Beispiel dafür, dass Geld und Erfolg nur dann glücklich machen, wenn das, was du tust, mit dir zu tun hat und du mit Freude oder zumindest Engagement zu deinem Job fährst. Alles andere ist Raubbau an der Seele.

Wenn du aber lieber eine Entscheidung für die Sicherheit treffen möchtest, auch wenn es für dich Verzicht oder große Kompromisse bedeutet, dann geht das auch in Ordnung. Wenn sich das allerdings als ein Weg herausstellt, der dich traurig macht und deinem Leben jeden Glanz nimmt, überlege es dir gut. Geld ist sehr wichtig. Wir müssen alle essen und brauchen ein Dach über dem Kopf, aber es ist ein Mittel zum Zweck und kein Lebenszweck. Wenn man kein Geld hat, stellt man sich vor, dass ein volles Portemonnaie alle Probleme löst, so ging es mir auch. Jemand hat einmal gesagt, dass die Leute, die glauben, dass Geld glücklich macht, meistens die sind, die keins haben. Doch Geld wird deine Probleme nicht lösen.

Das viele Geld, das ich verdiente, hat mich nicht glücklich gemacht damals, denn ich glaubte, ich müsste mich verbiegen, um zu gefallen. Und es hat mir ganz sicher nicht dabei geholfen, meine Liebesbeziehungen auf die Reihe zu kriegen, weil ich mich selbst nicht genug liebte. Auch die vielen Handtaschen und Schuhe haben daran nichts geändert. Mein damaliger Erfolg hat meine innere Unruhe nicht gedämpft und meine alten Schatten nur mühsam und für kurze Zeit überdeckt.

Bei mir haben erst die Jahre, in denen ich gar nichts hatte, zu der wertvollen Erkenntnis geführt, wie reich ich bin. Aber wie Michael Ende so wunderbar sagte: »Das ist eine andere Geschichte, und die soll an anderer Stelle erzählt werden!«

Du musst für dich selbst herausfinden, was du brauchst, was dir wirklich wichtig ist und dabei sehr ehrlich mit dir sein. Wie viel Sicherheit brauchst du? Wie viel würdest du für deinen Traum riskieren und wie viel Sicherheit würdest du für ihn aufgeben? Das kann niemand für dich entscheiden. Und welche Entscheidung du auch immer triffst, steh dazu.

Denn alles ist immer nur so gut, wie du dich fühlst!

II.

HINDERNISSE UND RÜCKSCHLÄGE UND WARUM EINEN TRÄUMER NICHTS AUFHALTEN KANN

1.
RÜCKSCHLÄGE – MIT FLIEGENDEN FAHNEN GEGEN DIE WAND

Jeder Träumer, der sich auf den Weg macht, um sich seinen Traum zu erfüllen, wird auf Hindernisse stoßen, Rückschläge erleiden und hin und wieder Zweifel haben am Sinn seines Tuns. Ich möchte diese Hindernisse zusammen mit dir näher betrachten und Wege aufzeigen, wie man sie umschiffen kann. Es ist gut, gewappnet zu sein, dann erwischt es dich nicht kalt. Wenn es eine Sturmwarnung gibt, ist es nützlich, sein Haus darauf vorzubereiten, damit es nicht hinweggefegt wird. Dieses Buch möchte dir helfen, Hilfsmittel und Lösungen zu finden, damit der Sturm dir nichts anhaben kann.

Ich bin eine Art Flugbegleiter, der weiß, wo die Sauerstoffmasken hängen, und sagt: »Im Falle eines plötzlichen Lustverlustes befindet sich direkt vor Ihnen der Grund weiterzumachen!« Dabei gilt die Devise: Nichts ist unmöglich! Der Träumer muss sich nur zwei Fragen beantworten: Möchtest du deinen Traum wirklich wahr werden lassen, und was bist du bereit, dafür zu tun?

Grundsätzlich gilt: Je größer der Traum, desto höher der Aufwand und umso mehr Hindernisse wird es geben. Das ist wie bei einer Reise. Je exotischer der Ort und je weiter entfernt mein Ziel liegt, umso länger dauert mein Weg, und es gibt mehr zu beachten und vorzubereiten. Am besten ist es, das einfach zu akzeptieren, es gehört dazu. Darüber zu lamentieren, kostet wertvolle Energie, die wir anders einsetzen können. Es gibt allerdings auch die Momente, da stehen einem die Rückschläge und Hindernisse bis zur Oberkante Unterlippe, dann setze dich ins Auto, und schimpfe zwanzig Minuten, bis der Dampf raus ist. Eine wunderbare Methode! Du solltest nur darauf achten, dass deine Scheiben oben sind, nicht dass du irgendwo landest, wo alle weiße Kittel tragen.

Ich finde immer, es tut gut zu wissen, dass es allen Träumern so geht. Ja, auch ich kenne die Geschichten von den Bestellungen beim Universum, dennoch würde ich behaupten, dass ich auf weniger Schwierigkeiten stoße, wenn ich mir beim Universum einen Parkplatz bestelle (ich wüsste zu gerne mal, wer da oben dafür eigentlich zuständig ist), als wenn ich davon träume, ein Waisenhaus in Ecuador zu bauen.

Wenn dir dein Traum wirklich wichtig ist, wirst du es durchstehen. Nimm die Steine, die auf deinem Weg liegen, und baue dein Haus daraus. Ich kenne viele Menschen, die nehmen den kleinsten Gegenwind als Zeichen, dass es doch keinen Sinn hat, und begraben lieber ihre Träume, als sich den Schmerzen und Enttäuschungen auszusetzen, die dieser Weg manchmal mit sich bringt.

Es ist nichts dagegen einzuwenden, wenn du, weil dir alles zu viel wird, die Fahnen streckst. Wenn allerdings daraus eine große Traurigkeit oder sogar Reue entsteht, solltest du es dir lieber dreimal überlegen, ob du aufgibst. Denn wenn der Tag kommt, an dem wir diese Erde verlassen – und er wird kommen, für jeden von uns -, dann wird dieses Bedauern sehr schwer auf der Seele lasten. Doch dann können wir die Uhr nicht mehr zurückdrehen.

Oft erlebe ich, dass jemand nach langem Zögern endlich beschließt, mit seinem Traum loszulegen. Die Ängste scheinen entwaffnet, der Träumer hat genug gute Gründe gesammelt, warum es doch sinnvoll ist, seinen Traum ins Leben zu bringen, und euphorisiert wie ein frisch Verliebter macht er sich ans Werk. Doch statt mit Flügeln an den Schuhen voranzuschreiten, öffnet sich wie von Zauberhand eine Luke im Gehirn, aus der die bösartigen Argumente seines inneren Kritikers auf ihn einprasseln – wie aus einer geöffneten Schleuse, bis er gar nicht mehr weiß, wie ihm geschieht. Der Schwung der Begeisterung verpufft, plötzlich scheint jeder Schritt schwierig, jede Tat ein Risiko, die Aussicht auf Erfolg eine Fata Morgana.

Ich sitze mit Carlotta in ihrem Atelier, umgeben von Bildern in kräftigen, satten Farben. Sie ist eine tolle Malerin und eine leidenschaftliche Künstlerin, die auch Malkurse gibt. Das ist ihre Welt, schon seit vielen Jahren. Nun möchte sie gerne ein Buch über das Malen als kreativen Ausdruck schreiben. Nicht nur für Maler, sondern für den Künstler in uns allen. Ich finde es eine prima Idee. Alles, was unsere Kreativität und Phantasie anregt und nährt, ist in meinen Augen wertvoll. Das sage ich Carlotta auch. Sie nickt zögernd.

Ja, schon, sagt sie, aber sie komme nicht so recht weiter und fragt mich um Rat. Ich blättere in ihrem Manuskript. Nach dem ersten Überfliegen sehe ich, dass sie viele wunderschöne Zitate gesammelt hat über das Leben als Maler und Künstler und ganze Abschnitte von Dingen, die andere Künstler über die Kunst gesagt haben. Aber das ist meiner Ansicht nach nicht genug. Oder besser gesagt, es wird Carlottas großem Erfahrungsschatz nicht gerecht. Natürlich könnte man daraus eine wunderschöne Zitatensammlung machen, aber warum dabei auf Carlottas Perlen verzichten?

Ich mache ihr den Vorschlag, zunächst ihre Lieblingszitate zusammenzustellen und dann zu jedem eine persönliche Geschichte zu schreiben. Denn ich wette, sie hat zu all dem, was dort gesagt wird, auch etwas Eigenes zu erzählen.

Carlotta ist sofort Feuer und Flamme. Schon hört sie mir gar nicht mehr richtig zu und beginnt eifrig, Notizen zu machen. Na wunderbar, denke ich mir, der Ball ist am Rollen. Ich liebe diesen Moment, wenn die Wunderkerze Feuer fängt. Beim Abschied bittet Carlotta mich um ein weiteres Coaching, und so verabreden wir, sobald sie die ersten Seiten geschrieben hat, zu telefonieren.

Ein paar Tage später ruft sie an. Ich höre es schon an ihrer Stimme, irgendetwas läuft schief. Sie erzählt, dass sie nach unserem Treffen eine Menge geschrieben habe, aber als sie dann alles noch einmal durchgelesen hat, fand sie, es sei totaler Mist.

»Wozu soll ich so ein Buch schreiben«, fragt sie mich, »das ist doch alles nichts Neues. Wen soll das, was ich denke, ernsthaft interessieren?«

Nichts mehr zu spüren von diesem herrlichen Ungestüm, als sie zu schreiben begann. Aber im Gegensatz zu ihr bin ich keineswegs entmutigt. Denn das ist ein bekanntes Phänomen, das ich »Erstverschlimmerung« nenne. Man muss sich das so vorstellen: Jahrelang träume ich davon, etwas Bestimmtes zu tun, und genauso lange erzählt mir meine Gedankenschleife tausend Gründe, warum es nicht geht. Dann kommt endlich der Tag, an dem ich sage, es reicht mit dem ewigen Aufschieben. Hallo, Welt, jetzt geht es los! Jetzt mache ich es endlich wahr! Eine Kraft baut sich auf, die mir einen wunderbaren Schub verleiht, wie wenn mir jemand beim Schaukeln Schwung gibt.

Doch es kann passieren, dass im selben Augenblick unsere Widerstände ebenfalls einen Schub bekommen. Die Gedankenarmee ist alarmiert und bezieht augenblicklich Aufstellung: »Hey, was ist denn hier los, die will ja raus aus der Komfortzone und sich all dem Ungewissen da draußen aussetzen. Wenn das schiefgeht, ist sie am Boden zerstört. Das können wir nicht zulassen, also los, sofort aufhalten!« Und in diesem sensiblen Anfangsstadium, nämlich dann, wenn man sich aus seiner Deckung wagt, ist man leider sehr anfällig für diesen Überraschungsangriff.

Das ist die gefürchtete Erstverschlimmerung, wie nach der Einnahme eines homöopathischen Medikamentes. Erste-Hilfe-Maßnahme: Auf keinen Fall diesen vernichtenden Gedanken weiter zuhören! Das bringt gar nichts! Du sagst, die Warnungen könnten berechtigt sein? Die Stimme, die alle Pläne und jede Freude daran pauschal zunichtemachen möchte, hat ganz sicher nicht recht. Dieser emotionale Kahlschlag ist aus der Angst geboren, und Angst ist niemals ein guter Ratgeber! Sie ist wie die übervorsichtige Mutter, die dem fröhlich laufenden Kind ständig zuruft: »Pass auf, nicht so schnell, sonst fällst du hin!«

Besonders am Anfang sollte man erst einmal frei losgaloppieren, sich nicht mit zu viel Perfektionismus an den kurzen Zügel nehmen und durch dauerndes Einschreiten mit kritischen Bemerkungen den Spaß verderben. Gerade am Beginn unseres Wegs als Träumer brauchen wir auch Spieltrieb und Unbefangenheit. Wenn ich mir bei jedem Schritt immer nur die Idealvorstellung meines Traums vor Augen halte, dann grabe ich mir das kreative Wasser ab. Das sollte ich mir nicht erlauben – und anderen erst recht nicht!

Also, am besten den Ton abschalten und sich darauf besinnen, warum ich diesen Traum eigentlich verwirklichen will und worum es mir dabei geht. Du kannst das gerne auch aufschreiben, das hilft dabei, die Gedanken zu ordnen und sich mit etwas Konstruktiverem zu beschäftigen als der lamentierenden Stimme im Kopf. So kommt man wieder in das eigentliche Gefühl zurück und kann von dort aus weitermachen. Das sagte ich auch Carlotta.

Sie schrieb zwei Seiten darüber, was sie in ihrem Buch eigentlich erzählen möchte und wem sie damit gerne etwas geben würde. So hat sie sich wieder eingeordnet. Man kann diesen inneren Kritiker nicht sofort ganz abschalten, wichtig ist, wie reagiere ich darauf! Wie ernst nehme ich ihn. Erinnere dich daran, wie du als Kind warst. Wenn deine Mutter dich mit Ermahnungen vor den Gefahren des Alltags zugetextet hat, hattest du diese sehr nützliche Fähigkeit zum Durchzug: »In ein Ohr rein, aus dem anderen Ohr raus!«, nannte es meine Mutter, wenn ich mal wieder nicht auf sie hörte. Das ist zum Beispiel eine gute Möglichkeit, die negativen Gedanken an dir abperlen zu lassen wie Wasser am Neopren-Anzug. Wenn ich als Träumer weiß, dass es sich einfach nur um die Erstverschlimmerung handelt, kann ich es aussitzen.

Hole dir die Energie dafür aus deinem Traum. Sieh das Buch, das du schreiben willst, vor dir, beobachte dich, wie du in deinem eigenen Geschäft Kunden bedienst. Nähre nicht die Argumente dagegen, sondern die dafür. Das, worauf ich meine Aufmerksamkeit richte, wird stärker! Lass dir deinen Schneid nicht abkaufen von zu vielen Gedanken wie: Was mache ich, wenn es schiefgeht. Neunzig Prozent der Dinge, über die wir uns Sorgen machen, treffen niemals ein. Wage es! Bist du erst einmal losgegangen, bist du auf dem Weg!

Und selbst ein Weg von tausend Meilen beginnt beim ersten Schritt!

» Wirklich reich ist der,
der mehr Träume in seiner Seele hat,
als die Wirklichkeit zerstören kann. «
Hans Kruppa

2.
ABLEHNUNG – JEDER KRIEGT ETWAS VOR DEN BUG, NIMM ES NICHT PERSÖNLICH!

Dies ist ein sehr wichtiger Satz: Widerstände sind normal!

Ein Träumer, der sich auf den Weg begibt, macht oft den Fehler zu glauben, wenn ich das richtige tue, wenn ich mich endlich zu meinem Traum bekenne, dann läuft alles leichter, dann bin ich im Flow, dann gehen die Türen auf wie von allein. Und wenn dann doch immer wieder Hindernisse auftauchen, denkst du sofort, es stimmt etwas nicht mit deinem Traum, deinem Weg, deinen Entscheidungen! Aber das ist nicht so! Wer sich auf den Weg begibt, wird stolpern, einfach weil es dazu gehört. Nur wenn ich stehen bleibe, wo ich bin, stoße ich nicht an Steine. Ein Schiff, das im Hafen liegt, ist sicher – doch dafür wird ein Schiff nicht gebaut! Wenn du das weite Meer liebst und dein Neuland entdecken möchtest, musst du den sicheren Hafen der Komfortzone verlassen und damit rechnen, dass die See auch mal rau und stürmisch wird.

Hauptsache, du nimmst es nicht persönlich. Das Gewitter kommt nicht, um dir eins auszuwischen. Streiche die Frage: »Warum passiert das ausgerechnet mir?«, aus deinen Gedanken, weil es darauf keine Antwort gibt. Es geht nicht um dich, so ist das Leben, es gehört dazu!

Und ja, manchmal kann es hart werden und dich wirklich zurückwerfen, doch je schneller du dir sagst: So ist es halt, aber ich verfolge meinen Traum trotzdem weiter, umso weniger wird dir ein Rückschlag etwas anhaben. Ich wünschte, ich hätte das früher schon gewusst …

Es ist durchaus heute noch so, dass auch ich bei meinen Träumen mit Schwierigkeiten und Rückschlägen zu kämpfen habe. Aber zu wissen, dass es nicht nur mir so geht, dass nicht ausgerechnet ich besonders unfähig und untalentiert bin, sondern dass jeder, der sich auf den Weg macht, solche Momente erlebt, hilft mir sehr. Ich habe gelernt, die Kirche im Dorf zu lassen und zu sagen: »Okay, das war peinlich, das war grottenschlecht, aber das ändert nichts daran, dass ich weitergehe, denn ich weiß, wo ich hin möchte!«

Auch zu dem Thema Widerstände und wie man sie überwinden kann, habe ich eine herrliche Geschichte. Sie dokumentiert gut und trefflich, mit welch absurden Argumenten ein Träumer oft konfrontiert wird und wie gut es ist, sich davon nicht beeindrucken zu lassen.

Es ist die Geschichte von Nia Vardalos, einer griechisch-kanadischen Schauspielerin, die ihre Heimat Winnipeg verließ und Hollywood erobern wollte. Wie Millionen andere träumte sie davon, dort Karriere zu machen. Doch das lief alles andere als glatt. Ihr Agent meinte, dass es fast unmögliche sei, sie zu vermitteln, denn man sah ihr ihre griechischen Wurzeln an, und mit ihrem dunklen Teint und den schwarzen Haaren sähe sie aus wie eine Latina, eine Südamerikanerin, aber für solche Rollen nähme man dann doch lieber eine echte. Außerdem sei ihr Busen zu klein. Die Amerikaner stünden nun einmal auf große Brüste!

Die Ärmste spielte schon mit dem Gedanken, ihre Körbchen auf Hollywood gefälliges Doppel-D bringen zu lassen und sich die Haare blond zu färben, denn allmählich bekam sie das Hoffen auf Rollenangebote, die nicht kamen, ziemlich satt. Zum Glück traf sie ihre Freundin Jennifer, blond und großbusig, also offenbar perfekt ausgestattet für den amerikanischen Traum. Doch die klagte Nia ihrerseits ihr Leid, denn auch sie bekam trotz perfekter Ausstattung keine Rollen.

»Was du??«, fragte Nia ungläubig. »Du hast doch alles, was es braucht!«, und zeigte ein wenig schamhaft-neidisch auf den ausladenden Busen ihres Gegenübers. Da berichtete die Freundin von einem Gespräch mit ihrem Agenten. Sein Argument, warum er Jennifer so gut wie keine Rollen vermitteln konnte? Weil sie so aussieht wie alle anderen.

Das rückte Nias Glauben an die Erfolgsrezepte der Hollywood-Agenten in ein etwas realistischeres Licht. Sie beschloss, statt weiter tatenlos herumzusitzen, ein Theaterstück zu schreiben mit einer guten Rolle für sich selbst. Dann könnte sie wenigstens spielen. So kehrte sie zurück nach Kanada und schrieb die Geschichte ihrer griechischen Einwanderer-Familie auf mit all ihren Schwierigkeiten, sich an die amerikanische Lebensweise anzupassen. Ihre eigene Geschichte also, in der sie sich selbst spielte! Nia, die griechischstämmige Einwanderin im Spannungsfeld zweier aufeinanderprallender Kulturen. Ihre Show war urkomisch und wurde mit großem Erfolg gespielt. Das Theater war nicht besonders groß, Nia verdiente nicht viel Geld, aber es erfüllte sie, jeden Abend auf der Bühne zu stehen und in ihrem eigenen Stück zu spielen.

Und wenn etwas erfolgreich ist, sind auch die, die gerne mit Erfolg Geld verdienen, nicht weit. Hollywoods Produzenten wurden aufmerksam und machten Nia ein Angebot. Sie wedelten mit einem Scheck über eine Million Dollar für die Filmrechte. Nia atmete einmal tief durch.

»Gut«, sagte sie, »aber ich spiele auch im Film die Hauptrolle!«

»Nein, das geht nicht!«, meinten die Produzenten aus der Traumfabrik und lächelten nachsichtig.

Es müsse natürlich umgeschrieben werden. Wen interessiert in Amerika schon eine griechische Einwanderer-Familie – keinen Menschen! Wir machen daraus eine lateinamerikanische Familie, Puerto Ricaner zum Beispiel, das ist total angesagt, und die Hauptrolle spielt die Lopez oder Salma Hayek.

»Tja, dann kommen wir leider nicht zusammen«, antwortete Nia lässig und entließ die verblüfften Filmemacher samt ihrem Scheck.

Man muss erst einmal die Nerven haben, so ein Angebot ganz cool auszuschlagen. Nia sagte dazu später im Interview, diese Geschichte sei ihr Herzblut, ihr Leben, sie hätte es nicht ertragen, jemand anderen in der Rolle zu sehen. Und manchmal wird großer Mut auch belohnt. Denn eines Tages kam Tom Hanks mit seiner Frau in die Vorstellung, und die war sofort total begeistert. Sie drängte ihren Mann, sich die Rechte zur Verfilmung zu sichern. Nia war hocherfreut, immerhin stand da Tom Hanks höchstpersönlich vor ihr und wollte ihre Geschichte verfilmen. Dennoch blieb sie auch ihm gegenüber stur bei ihrer Bedingung: »Ich spiele die Hauptrolle!«

»Ja natürlich«, meinte Rita Wilson, die Frau von Tom Hanks, »wir wären ja blöd, wenn nicht. Du bist die ideale Schauspielerin, um dich selbst zu spielen, ist doch klar!«

Ein gutes Jahr später wurde die unbekannte Kleindarstellerin mit der falschen Haarfarbe und dem zu kleinen Busen für ihr Drehbuch für einen Oskar nominiert. Sie war berühmt! Genau wie ihr Film »My Big Fat Greek Wedding – Hochzeit auf Griechisch«.

Ein Happy End, wie man es aus kitschigen Hollywood-Filmen kennt. Ich bewundere diese Frau von Herzen, die eine Million Dollar ausschlug, um ihren Traum so zu leben, wie sie es wollte und nicht wie andere ihr erzählten, wie er auszusehen hätte. Ich bin ehrlich, ich glaube, ich hätte in ihrer Situation die Chuzpe nicht gehabt. Und dass sie dafür so reich belohnt wurde, ist nur gerecht!

Damals begann ich solche Geschichten zu sammeln, und das kann ich auch dir nur ans Herz legen. Darum wirst du viele davon in diesem Buch finden. Ich benutze sie wie eine gute Tasse Kaffee, einen Smoothie oder ein Sonnenbad – als seelischen Vitamin-Cocktail. Diese Geschichten erinnern mich daran, dass wirklich und wahrhaftig alles möglich ist. Das sind nicht die Hirngespinste eines Träumers, das ist das echte Leben. Also, rüber über die Hindernisse, und weiter geht's!

Kleine Kinder, die laufen lernen, fallen wieder und wieder hin bei dem Versuch, sich auf ihren wackeligen Beinchen zu halten. Bleiben sie dann liegen und jammern, dass es ihnen zu blöd wird mit dem Laufenlernen? Oh, nein, sie weinen, kurz und heftig, und weiter geht es. Steh auch du immer wieder auf. Mit derselben – kindlich-fröhlichen Sturheit. Und jeder Schritt wird sicherer werden!

»Alle sagten: Es geht nicht! Da kam einer,
der das nicht wusste, und tat es einfach!«
Verfasser unbekannt

3.
SIE WOLLEN NUR DEIN BESTES – WENN REALISTEN AUF TRÄUMER PRALLEN

Menschen, die ihre eigenen Träume begraben haben, manche von ihnen haben sogar vergessen, dass sie je welche hatten, zeichnen sich in der Regel dadurch aus, dass sie sehr von ihrer Sichtweise überzeugt sind. Das kann einen ohnehin durch die Härten des Lebens gebeutelten Träumer ganz schön verunsichern. Sie scheinen die Wahrheit gepachtet zu haben, zumindest glauben sie das. Das sind die, die uns erzählen, was realistisch ist und was nicht.

Doch für mich hat ihre Wahrheit keine Leidenschaft. Sie ist wie Mathematik, sie möchte berechnen und beweisen. Für manche Leute sehr nützlich, aber mir eher fremd. Und mit selbsternannten Realisten zu diskutieren, hat selten Sinn. Es ist Energieverschwendung. Lieber Träumer, bitte, vergiss es! Es gehört nämlich zum Wesen des Realisten, dass er Beweise möchte, und Träume sind nun einmal nicht quadratisch, praktisch und berechenbar, denn sie vereinen andere Zutaten des Universums: die Phantasie, den glücklichen Zufall, die Fähigkeit in seinen Visionen Grenzen aufzuheben, und – ganz wichtig – den Glauben! Glauben an deine Träume, an die Unterstützung durch höhere Mächte, für manche ist es Gott. Wunder sind keine konfektionierte Massenware, und sie schenken sich nur dem, der mit offenem Herzen durch die Welt geht.

Interessant ist, dass man nie von Menschen, die ihre eigenen Träume erfolgreich leben, vor seinen Träumen gewarnt wird. Die Warner sind meistens die, die sich selbst nicht trauen, sich auf den

Weg ihrer Träume zu begeben. Sie sind wie die Leute auf dem Sofa vor dem Fernseher, die dem Spieler erklären, wie man ein Tor schießt! Warum solltest du darauf hören? Thomas Müller wird bestimmt keinen von denen anrufen und sich strategisch beraten lassen! Du könntest ein lebender Beweis werden, dass sie Unrecht haben mit ihrer Skepsis. Mit ihrem Glauben an die Begrenzungen. Und vielleicht möchten sie nicht, dass sie jemand herausholt aus ihrer Bequemlichkeit, mit der man keine Risiken eingeht und alles so lassen möchte, wie es ist. Oder es stinkt ihnen, weil jemand ihnen vor Augen führt, dass er sich traut, etwas in Angriff zu nehmen, was sie selber gerne täten. Träumer machen anderen Menschen oft Angst. Und das führt zur Gegenwehr.

»Phantasie ist wichtiger als Wissen.
Wissen ist begrenzt,
Phantasie aber umfasst die ganze Welt.«
Albert Einstein

Als Träumer, der sich geoutet hat, treffe ich natürlich oft auf diese Realisten. Die Gespräche zwischen mir und der »Träume sind Schäume«-Fraktion verliefen früher immer gleich. Ich rannte unbeirrt gegen die Wand ihrer Argumente, bis mir der Kopf dröhnte und ich mich nur noch müde und traurig fühlte. So wie der Schöpfer des »Kleinen Prinzen«, Antoine de Saint-Exupéry, mit seiner ersten Zeichnung scheiterte!

»Ich habe den großen Leuten mein Meisterwerk gezeigt und sie gefragt, ob ihnen meine Zeichnung nicht Angst mache. Sie haben mir geantwortet: ›Warum sollen wir vor einem Hut Angst haben?‹ Meine Zeichnung stellte aber keinen Hut dar. Sie stellte eine Riesenschlage dar, die einen Elefanten verdaut. Ich habe dann das Innere der Boa gezeichnet, um es den großen Leuten deutlich zu machen. Sie brauchen ja immer Erklärungen. Die großen Leute haben mir geraten, mit den Zeichnungen von offenen oder geschlossenen Riesenschlangen aufzuhören und mich mehr für Geographie, Geschichte, Rechnen und Grammatik zu interessieren. So kam es, dass ich eine großartige Laufbahn, die eines Malers nämlich, bereits im Alter von sechs Jahren aufgab. Der Misserfolg meiner Zeichnungen hatte mir den Mut genommen. Die großen Leute verstehen nie etwas von selbst, und für die Kinder ist es zu anstrengend, ihnen immer und immer wieder erklären zu müssen.«

Wie froh mich diese Sätze gemacht haben. Ich war sofort solidarisch mit dem kleinen Saint-Exupéry, wie oft wurden auch meine Riesenschlangen mit Elefanten im Bauch nicht erkannt. Und sieh dir an, was aus Saint-Exupéry geworden ist, aus der Schöpfung seiner großartigen und grenzenlosen Phantasie! Ein Lebensanker für Millionen von Kindern und Erwachsenen dieser Welt. Und das seit Jahrzehnten, denn die Geschichte vom »Kleinen Prinzen« ist zeitlos, so wie Träume zeitlos sind. Zur Auffrischung bei nachlassender Träumer-Energie ist »Der kleine Prinz« nahezu ein Wundermittel!

Ja, auch ich fand die Begegnung mit den vernünftigen Erwachsenen sehr anstrengend! (Als Träumer fühlt man sich oft wie ein Kind, was ja eigentlich wunderbar ist!) Aber nicht etwa, weil ihre Argumente so schlagkräftig waren, sondern weil sie von vornherein gar nicht die Absicht hatten, sich auch nur einen Millimeter von ihrer Sichtweise abbringen zu lassen. Sie haben ja immerhin oft ein ganzes Leben lang an dieser schlüssigen Argumentationskette gebaut.

Ich vermute hinter dieser Wand oft jemanden, der Angst hat, mit seinen Träumen zu scheitern. Der fürchtet, sich lächerlich zu machen oder als armer Schlucker zu enden. Und ich verstehe das. Denn ich möchte auf keinen Fall sagen, dass Realisten die schlechteren Menschen sind, ganz bestimmt nicht. Wie meine Oma immer sagte: Jeder soll nach seiner Fasson glücklich werden! Ich möchte einfach nur sagen, wenn du ein Träumer bist, lass dich von den Vernunftaposteln nicht verunsichern. Sie möchten nur deine

Träume entkräften, um mehr Kraft für ihre Gegenargumente aufzubauen. Das müssen sie auch, denn wenn sie zuließen, dass du sie überzeugst, müssten sie ihren eigenen Weg infrage stellen.

Doch niemand kann deinen Traum zerstören, wenn du ihm die Stange hältst. Niemand! Warum ich da so sicher bin? Weil Träume im Herzen geboren werden – und Argumente im Verstand. Und bei allem Respekt vor den großen Leistungen, zu denen unser Hirn imstande ist, es wird niemals die Grenzenlosigkeit und die Möglichkeiten des Herzens übertreffen. Unser Herz ist der Ort, an dem wir verbunden sind mit Kräften, die der Verstand nicht versteht, geschweige denn, nutzen könnte. Wie sagte schon Khalil Gibran, einer meiner Lieblingsdichter, so trefflich: »Vertrauen ist die Oase im Herzen, die die Karawane des Verstandes nie erreicht!«

Ich möchte damit nicht sagen, dass der Verstand minderwertiger ist als das Herz. Jedes hat seine volle Berechtigung. Doch jedes sollte auch nach seinen Stärken und seinem Vermögen eingesetzt werden. Ich lasse ja auch von einem Ingenieur keine Opern schreiben.

Heute gehe ich anders mit den Realisten um. Wenn es zu einem Gespräch kommt, dann höre ich zu. Und wenn negative Prognosen kommen wie »Das wird doch sowieso nichts, das ist zu schwierig, das hat bei dem und dem auch nicht geklappt«, dann steige ich überhaupt nicht darauf ein. Und ein Ball, den keiner zurückschießt, der verschwindet. Ohne Gegenwehr verebbt das Recht-haben-Wollen.

Wenn also die Luft raus ist und mein Gegenüber seine Munition erfolglos verschossen hat, gehe ich meiner Wege. Ich muss nicht mehr den Wettbewerb gewinnen, von allen die Netteste zu sein, ich möchte meinen Traum beschützen. Ich lasse meine Träume von niemandem mehr entkräften. Sie sind wie große Bäume, tief in meinem Wesen verwurzelt. Und sie wachsen in den Himmel. Stetig und unaufhaltsam. Ob mein Gegenüber von meinem Traum überzeugt ist, spielt keine Rolle mehr. Das Einzige, was zählt ist, dass ich es bin! Ich nehme meine Träume an die Hand und gehe weiter.

Ich möchte dabei unterscheiden zwischen konstruktiver Kritik und wohlmeinenden Mahnungen zur Vorsicht durch Freunde und Familie, oder aber wenn negative Wortkanonen in Stellung gebracht werden. Du spürst den Unterschied sehr genau!

Doch manchmal geschieht etwas Unerwartetes: Meine Träume und meine Freude daran hinterlassen ein wenig Sternenstaub auf der Person, mit der ich gerade darüber spreche. Das sind meine allerschönsten Momente. Da sehe ich dann so etwas wie eine Frage aufblitzen: Könnte es am Ende doch möglich sein? Ich kann nur durch mein Beispiel überzeugen. Würde ich nicht das leben, wofür ich eintrete, wären meine Worte hohl.

»Die Träumenden und die Wünschenden
halten den feineren Stoff des Lebens in den Händen.«
Franz Kafka

4.
FAMILIE – VOM UMTAUSCH AUSGESCHLOSSEN!

Eltern und Freunde sehen den Weg eines Träumers häufig mit großer Besorgnis. Wovon willst du leben? Du brauchst ein sicheres Einkommen! Musiker? Weißt du, wie viele brotlose Musiker es gibt? Und wenn etwas schiefgeht, kommt unweigerlich der Satz: »Ich hab's ja gleich gesagt!« Das trifft den Träumer tief, hat er doch selber Zweifel, ob er das Richtige tut. Er fühlt sich oft allein, weil die anderen scheinbar so geradlinig ihren Weg gehen, und er weiß immer noch nicht, was bei seinem Traum herauskommt. Ja, ob überhaupt etwas dabei herauskommt.

Wenn man mit seinen Eltern über seine Träume diskutiert, kann das zur Gehirnwäsche werden. Methoden des Zermürbens, auf die jeder Geheimdienst neidisch wäre. Sind sie gemein und gefühllos? Nein! Sie haben Angst um dich! Sie sehen dich schon unter der Brücke, mit der Tageszeitung als Decke. Ich werde nie das entsetzte Gesicht meiner Mutter vergessen, als ich mich innerhalb kurzer Zeit von ihrem Lieblingsschwiegersohn trennte und meine Karriere als Moderatorin vorerst an den Nagel hängte. Ich konnte ihr tausendmal erklären, dass ich sowohl mit dem Mann als auch mit dem Job einfach nicht glücklich war. Alles was ich zu hören bekam, war immer nur: »Ja, aber …!«

Ich sagte: »Mama du bist meine Mutter, dir muss es doch das Wichtigste sein, dass ich glücklich bin, und ich erkläre dir doch gerade, dass es mir mit Andreas nicht gut geht und der Job mir keinen Spaß mehr macht!«

Doch sie verstand einfach nicht, dass ich etwas anderes im Leben suchte als Sicherheit. Für sie, als Kriegskind, war ein festes Einkommen das höchste Gut. Und ein Mann, der mich liebte und mich versorgen konnte, ja, was will die Traumtänzerin denn noch? So etwas kann man doch nicht allen Ernstes freiwillig wegwerfen. Sie wähnte mich unter dem Einfluss böser Mächte.

»Andere würden sich die Finger danach lecken!«, schnaubte sie vorwurfsvoll, als wäre ich eine verwöhnte Göre, die sich über Champagner und Kaviar beschwert.

Ja, ihr Lieblingsschwiegersohn war wohlhabend und noch dazu gutaussehend, aber leider langweilte ich mich mit ihm. Mehr kann ich dazu gar nicht sagen. So ist es nun einmal. Was dem einen als Lottogewinn erscheint, ist für den anderen ein goldener Käfig. Ich wollte keinen immer gleichen, geregelten Tagesablauf und Wochenendbesuche bei den Eltern. Ich wollte Abenteuer, spontane Verrücktheiten, abends einfach nach Venedig aufbrechen …

Er war immer lieb zu mir, ja, man kann sagen, er trug mich auf Händen, dennoch fehlte mir ganz viel. Und mein Job traf einfach nicht meinen Wunsch, mich selbst ausdrücken zu können. Ich hatte Lust, Geschichten zu erzählen, wollte mehr über das echte Leben lernen, die aufgeblasene Scheinwelt des Fernsehens war mittlerweile wie zu viel Chips essen. Am Anfang lecker, dazu ein gewisser Suchtfaktor, und am Ende bekommt man Bauchschmerzen. Ich fand es allmählich nur noch nervig, dass die Macher jeder drittklassigen Unterhaltungsshow das, was sie produzierten, für den Nabel der Welt hielten. Das waren Kindergeburtstage für Erwachsene, in grellbunten Kulissen mit dauergrinsenden Gästen und einem Humor-Niveau, das dicht unter der Kellertreppe endet. Und sie nahmen das für meinen Geschmack einfach zu ernst. Da wurde stundenlang diskutiert, ob der lustige Gast mit oder ohne Gummihuhn auftreten sollte. Und nach Jahren, in denen ich für die lustigen Gäste lustige Texte geschrieben hatte, hätte ich lieber auf dem Friedhof Grabsteine beschriftet, als mir noch einen einzigen Schenkelklopfer abzuringen.

Nicht dass du mich falsch verstehst! Ich bin sehr dankbar für diese Zeit. Dabei habe ich viel über das Schreiben gelernt. Nichts ist härter, als witzig zu sein, und ich lernte, komplexe Dinge auf den Punkt zu bringen. Ich traf eine Menge interessanter Menschen und wurde immer besser darin, auch im größten Chaos die Nerven zu behalten. Das sind alles wertvolle Geschenke.

Aber irgendwann reichte es mir einfach. Meine Mutter hatte recht, es gab bestimmt viele, die mich um meinen Job in dieser vermeintlichen Glitzerwelt beneideten, doch das machte es für mich auch nicht besser. Ich wollte endlich das schreiben, was mir wichtig war. Und ich sehnte mich danach, da draußen im echten Leben Geschichten zu erleben, die es aufzuschreiben lohnte. Dass meine Mutter es nicht verstand und es ihr so viel Kummer bereitete, tat mir weh. Aber ich konnte ja schlecht alles beim Alten lassen, nur damit es ihr gutging. Auch einige meiner Freunde warnten vor der Endgültigkeit dieser Schritte. Doch ich wusste, ich kann nicht anders. Noch ein wenig länger in diesem Job, und ich würde die Produzenten der Fernsehshows mit dem Gummihuhn erschlagen.

Was kann man tun in so einer Zwickmühle? Verständnis entwickeln für die Bedenkenträger, das ist der leichteste Weg heraus aus der Nummer, denn wenn du dich die ganze Zeit rechtfertigst, schaukelt sich das Ganze nur hoch und endet womöglich in einem bösen Streit.

Es ist meistens ihre eigene Angst, die sie auf dich projizieren. Häufig haben unsere Eltern noch die Nachwirkungen des Krieges miterlebt oder von deren Eltern viel von der großen Angst mitbekommen, ohne alles dazustehen oder gar zu hungern. Viele unserer Eltern und Großeltern haben ihr ganzes Hab und Gut verloren, über Jahre war ihr Leben bedroht. Sie haben gehungert, waren auf der Flucht, hatten kein Zuhause, keine Perspektive. Sie wussten nicht, ob ihr Leben jemals wieder in normalen Bahnen verlaufen würde.

Kein Wunder, dass für sie das Thema Sicherheit eine so große Bedeutung hat. Sicheres Einkommen, sicherer Job, sichere Rente. Und auch wenn sie es zu einem bescheidenen Wohlstand brachten, eine gesunde Familie hatten und eine Arbeit, die damals noch sicher war. Die Dämonen saßen ihnen weiterhin im Nacken.

Ein Träumer, der sagt: »Ich gehe meinen Weg, weil es das ist, was mein Herz mir sagt, und ich weiß nicht, ob ich davon werde leben können. Ich weiß nicht einmal, wo ich lande auf diesem Weg, aber ich kann nicht anders!«, dann ist das für unsere Eltern, Großeltern und manche Freunde fast so etwas wie eine persönliche Bedrohung.

Wahrscheinlich gehen ihnen Gedanken durch den Kopf wie: »Oh, nein, bloß nicht! Das darfst du nicht. Das ist der falsche Weg. Bitte, kehr um, übernimm unsere Werte. Das sind die einzig richtigen. Ich will das nicht mit ansehen, was du tust, da läuten bei mir alle Alarmglocken!« Natürlich wollen sie dein Bestes, weil sie es für dein Bestes halten. Aber darum geht es nicht. Ihr Bestes ist eben ihr Bestes, und dein Weg ist dein Weg.

Die jahrelangen Diskussionen mit meiner Mutter haben mich zur Weißglut getrieben. Ich Unglückselige war von dem Wunsch beseelt, sie auf meine Seite zu ziehen. Stunden haben wir damit zugebracht, uns gegenseitig davon überzeugen zu wollen, wessen Sichtweise die richtige ist! Meine Mutter könnte bei der CIA anfangen, als Spezialist für Verhöre, wo der Delinquent am Ende alles zugibt, nur um seine Ruhe zu haben.

Bis ich eines Tages eine Art Erleuchtung hatte. Immer wieder endeten wir in dieser Pattsituation, in der jeder vom anderen dachte, er sei eben völlig verblendet und begriffe nicht, wie das Leben wirklich läuft. Es war aussichtslos, das erkannte ich plötzlich, sie würde niemals von ihrer Überzeugung abweichen, und ich würde nicht ihr zuliebe Schwiegersohn und Job behalten. Also wozu auf diesem Kriegsschauplatz verweilen?

Ich hörte einfach auf, mich zu rechtfertigen und sie überzeugen zu wollen. Denn das war es, was immer so anstrengend wurde und uns jedes Mal die Laune verhagelte.

Ich änderte mein Verhalten. Ich hörte ihr zu, fiel ihr nicht ins Wort, wusste es nicht besser, brachte nicht alle schlagenden Argumente in Stellung, die ich finden konnte, um sie endlich und ein für alle Mal umzustimmen.

Ich sagte nur ganz ruhig: »Ich respektiere deine Einstellung und kann sie auch nachvollziehen. Ich verstehe, dass du Angst um mich hast. Und dass du an meiner Stelle den Job und den Mann behalten würdest. Doch das ist nicht mein Weg, es ist das, was du an meiner Stelle machen würdest. Aber weil ich nicht du bin und es nicht mein Weg ist, wirst du mich davon nicht überzeugen können, egal wie schmackhaft du es mir machst. Ich habe andere Prioritäten. Für mich ist Sicherheit nicht so wichtig wie das belebende Gefühl, etwas zu tun, was mir große Freude macht, was mich erfüllt. Und ich brauche keinen Mann, der mich versorgt. Ich möchte einen, der mich inspiriert und überrascht. Der Leidenschaft und Lebenshunger in sich trägt. Andreas ist ein lieber Mensch, doch er ist auch eine Schlaftablette, und das nervt mich. Dir zuliebe würde ich ihn gerne heiraten, aber mal ehrlich, das ist nicht der richtige Grund für so eine Entscheidung.

Zugegeben, mein Weg ist nicht immer leicht und manchmal habe ich große Existenzängste, weil ich nicht weiß, wie es weitergehen soll, aber ich will es so. Es ist meine Entscheidung, im Sturm aufs Meer hinauszurudern, weil ich mir sicher bin, eine wunderschöne Insel zu finden. Ich bitte dich, meinen Weg zu respektieren, so wie ich deinen respektiere. Lass uns aufhören zu streiten!«

Ich zeigte meiner Mutter, dass ich sie verstand, machte ihr aber auch klar, dass ich von meinem Weg nicht abweichen würde, und diese Worte veränderten alles. Anstatt den anderen bezwingen zu wollen, ist unser Verhältnis seither von mehr Akzeptanz geprägt. Sie begriff, dass sie mich nicht umstimmen konnte, und ich sah liebevoll auf ihre Ängste, die eine ungeheuer schwere Zeit bei ihr hinterlassen hatte.

Und weil ich aufhörte, meine Entscheidungen ständig zu rechtfertigen, war es so, als hätte ich ein Stück meiner eigenen Sicherheit auf meine Mutter übertragen. Sie begann mir mehr zu vertrauen. Der schönste Satz, den ich von ihr hörte, als es gerade einmal wieder ziemlich schwierig war bei mir, war: »Du machst das schon!«

Ja genau, ich mache das schon! Denn alles andere kommt einfach nicht infrage. Ich habe mich entschlossen, es auszuhalten, dass ich oft nicht weiß, was im nächsten Monat passiert und dass es eine lange Zeit gab, in der ich nicht wusste, wo meine Miete herkommt. Ich war verrückt genug, manchmal alles auf eine Karte zu setzen, weil ich nichts zu verlieren hatte, so lange ich meine Träume nicht verlor.

Volles Risiko zu fahren, das muss man aushalten können, dafür ist nicht jeder gebaut. Das sollte man sich gut überlegen. Es ist aber auch keine lebenswerte Alternative, seine Träume gegen Sicherheit einzutauschen, denn das ist wie ein Seelenhandel. Der hat schon bei Goethes Faust kein Glück gebracht. Es gibt ja auch noch Zwischenlösungen. Man kann seinen Job machen und parallel an seinen Träumen basteln zum Beispiel. Auch wenn die Schritte dann kleiner ausfallen, sie gehen zumindest in eine Richtung: nach vorne! Hauptsache, du hältst deinen Traum am Leben!

5.
ZWEIFEL – DIE HARTNÄCKIGEN NAGER IN DER TRÄUMERSEELE

> *»An irgendeinem Punkt muss man den*
> *Sprung ins Ungewisse wagen.*
> *Erstens, weil selbst die richtige Entscheidung*
> *falsch ist, wenn sie zu spät erfolgt.*
> *Zweitens, weil es in den meisten Fällen so etwas*
> *wie eine Gewissheit gar nicht gibt.«*
> Lee Iacocca

Du wirst Momente erleben, da wirst du daran zweifeln, dass dein Traum irgendeinen Sinn hat. Du wirst an deinen Gaben zweifeln oder finden, dass alle anderen viel besser, klüger, schöner und erfolgreicher sind als du. Du wirst denken, dass du niemals ans Ziel kommst und es alles sowieso keinen Zweck hat. Das ist normal! Ja, es ist unangenehm, sich klein und wertlos zu fühlen oder den Glauben an sich nicht zu spüren, und wir neigen dazu, das zu verdrängen und ein Lächeln darüber zu pinseln. Bloß nichts anmerken lassen! Doch das bringt nichts. Die Zweifel lauern im Dunkeln, und beim geringsten Anlass zur Sorge springen sie hervor, und weiter geht's mit dem Nagen an der Seele.

Es gibt einen besseren Weg als das Verdrängen: Fühle es! Lass das Stehaufmännchen in dir deine Gefühle nicht niedertrampeln. Mach keine Show – um zu vertuschen, wie es in Wirklichkeit in dir aussieht. Zieh dich lieber für einen Moment zurück, und gib dir etwas Zeit. Dieser verunsicherte Zweifler ist ein Teil von dir, der wie alle Anteile deiner Persönlichkeit einfach nur gesehen werden möchte. Wenn du ihn jedes Mal wegschubst, wird er sich immer mehr in dein Blickfeld drängen, wie ein ungezogenes Kind, dem man keine Beachtung schenkt und das dann erst recht losheult. Tröste dich, nimm dich in den Arm, kauf dir ein Eis, schau dir eine Hollywood-Schnulze an, schlaf eine Nacht darüber, und dann schmeiß das verrotzte Taschentuch in den Papierkorb, und geh weiter.

Wir denken oft, wenn wir zweifeln, seien wir nicht stark genug und verurteilen uns dafür. Natürlich ist es wunderbar, vierundzwanzig Stunden am Tag an sich zu glauben! Aber wer kann das schon? Oder wir denken, wenn wir zweifeln, müssten wir erst einmal stehen bleiben. Nein, dass muss man nicht. Man kann zweifeln und gleichzeitig seine Schritte weitergehen. Auch wenn du sie vielleicht etwas langsamer und vorsichtiger setzt.

Robert De Niro, nicht nur in meinen Augen der beste Schauspieler, den es gibt, wurde einmal in einem Interview gefragt, ob er eigentlich auch Selbstzweifel habe und wie er es dann schaffen würde, trotzdem gut zu spielen. Er sagte ganz cool, fast so wie in seiner Rolle als Don Corleone im »Paten«: »Ja, klar kenne ich das, klar weiß auch ich manchmal nicht, wie ich es hinkriegen soll, aber ich habe gelernt, dass ich es am Ende des Tages dann doch tun muss. Also tu ich es einfach! At the end of the day, you gotta do it. So just do it!«

Auch ich habe immer mal wieder Momente, in denen ich das Gefühl habe, dass ich gar nichts gelernt habe. Dutzende von Seminaren und Coachings, zahllose eigene Erfahrungen und Erkenntnisse – alles weg! Dann glaube ich nicht mehr an mich, der Kopf rotiert, findet tausend Gründe, warum ich eine Niete bin und es nichts wird mit meinem nächsten Buch, meinem nächsten Songtext, meinem Auftritt vor großem Publikum.

Plötzlich sehe ich überall tolle Frauen, die selbstbewusst und mit Leichtigkeit Bücher schreiben, Preise gewinnen, in Talkshows eingeladen werden, originell, hübsch und witzig sind. Und ich komme mir dagegen vor wie das Aschenputtel im Kellerloch.

Ich habe aufgehört, dieses gefürchtete Gefühl mit aller Macht zu unterdrücken. Denn es lebt im Dunkeln weiter und kommt wie ein Vampir bei Dunkelheit hervor und saugt Leben aus mir heraus. Wenn ich es jedoch liebevoll zur Kenntnis nehme, meine Traurigkeit, meine Frustration, meine Selbstzweifel annehme, dann verliert es seinen Schrecken.

Es braucht ein wenig Zeit und Mitgefühl, und dann kann es weitergehen! Sei gut zu dir! Verdamme dich nicht für deine Schatten. Ich könnte Listen von bekannten Persönlichkeiten aufzählen: Schauspieler, deren Lampenfieber sich anfühlt, als verabreiche ihnen jemand Elektroschocks, Schriftsteller, die in Panik verfallen beim Anblick einer leeren, weißen Seite, Komponisten, die die Tasten ihres Klaviers anstarren und glauben, das war's, es kommt kein einziger Song mehr, und doch – es geht vorbei! Da draußen gibt es tausende Beispiele dafür, vielen Berühmtheiten ist es so ergangen.

Wie vieles im Leben hat auch der Zweifel seine guten Seiten. Er lässt uns genauer hinschauen und tiefer gehen. »Der Zweifel ist das Wartezimmer der Erkenntnis«, sagt ein indisches Sprichwort. Er spornt dich an bei der Suche nach deinem Weg.

6.
VERLORENE TRÄUME – IM FUNDBÜRO DER VERLORENEN TRÄUME HERRSCHT HOCHBETRIEB

*» Alle großen Leute sind einmal Kinder gewesen,
aber wenige erinnern sich daran!«*
Antoine de Saint-Exupéry

Wenn der Ernst des Lebens uns unserer Freude und Leichtigkeit der Kindheit beraubt, verlieren wir manchmal unsere Träume. Das geschieht meistens unmerklich, so wie ein altes Foto, das mit der Zeit seine Farbe verliert, wird unser Traum blasser. Die bunte Welt der Phantasie verschließt sich. Wir glauben nur noch, was wir sehen.

Bei vielen Menschen, denen ihre Träume unterwegs abhanden kamen, übernimmt irgendwann die Seele das Ruder, und sie sagt: »Jetzt reicht es mir! Dafür bin ich nicht hierhergekommen. Dazu ist mir das Leben zu schade! Jahrelang, jahrzehntelang hast du meine Stimme nicht gehört. Immer und immer wieder, unermüdlich habe ich dir zugeflüstert: Kehr um, kehr endlich um. Dein Weg führt ins Dunkel. Aber du hast mich nicht gehört im Lärm deines Lebens und im Gerede all derer, die dir sagen, wie du es machen sollst. Die dir haben weismachen wollen, dass sie besser wüssten, was gut für dich ist. Jetzt ist Schluss damit, das lasse ich nicht mehr durchgehen!«

Und dann kommt häufig das, was der Mensch als eine sehr schwere Zeit wahrnimmt. Denn die Seele greift gelegentlich zu drastischen Mitteln, damit ihr Weckruf gehört wird. Sie hat ja keine andere Wahl, sie will, sie muss sich Gehör verschaffen. Es geht schließlich um ihr Geburtsrecht!

Oft holt sie sich den Körper zu Hilfe, der dann eine Krankheit produziert. Sie sagt: »Hallo, Körper, ich sage diesem Menschen jetzt schon seit Jahren: Hör auf, so viel zu arbeiten, und das in einem Job, der dich überhaupt nicht erfüllt! Mach endlich deine Weltreise, von der du schon seit Jahren träumst, oder kümmere dich um dieses Kinderprojekt, das deine Gedanken nicht loslässt. Es wird dir so viel geben, es wird dich glücklich machen, dein Leben mit Sinn erfüllen! Aber der Mensch hört mich einfach nicht. Er entfernt sich immer weiter von mir und seinem Weg. Und er wird immer unglücklicher dabei. Bitte, Körper, du musst eingreifen, versuche du dein Glück!«

Der Körper übernimmt die Regie, und der Mensch wird durch eine Krankheit oder einen Unfall buchstäblich ausgeschaltet und aus seinem hektischen Verkehr gezogen. Er ist gezwungen, endlich ruhig zu werden, auszusteigen aus dem Rad der Überforderung oder Verdrängung, und muss sich mit sich selbst beschäftigen, weil ihm nun gar nichts anderes mehr übrigbleibt.

Bis sich der Mensch wieder selber spürt und fühlt, wonach er sich wirklich sehnt. Das ist die Chance, das Ruder herumzudrehen. Das ist der Weckruf, den wir manchmal brauchen, wenn im Alltag unsere innere Stimme zu einem fernen Flüstern geworden ist hinter dem Lärm unserer Gedanken und Sorgen. Das sind dann die Geschichten, von denen man oft hört. Wenn eine Krankheit, ein Unfall, eine Trennung von einem Partner das Leben eines Menschen vollkommen umkrempelt. Und manchmal blickt man dann zurück und fragt sich: Wie konnte ich nur? Wie konnte ich mich selbst nur so vergessen!

Wenn du also jeden Morgen aufwachst und dich fragst, was du da eigentlich tust, keine richtige Lust hast aufzustehen und zu einem Job fährst, der dir schon längst keinen Spaß mehr macht, wäre es gut innezuhalten und sich ernsthaft Gedanken zu machen, wie du das ändern kannst. Wenn du deine Zeit im Büro absitzt und alle paar Minuten auf die Uhr schaust, in der Hoffnung, dass der Tag endlich zu Ende gehen möge, dann wird es Zeit, dein Leben in die Hand zu nehmen. Trau dich, wage es, fang an, an deinen Träumen zu bauen. Dann wirst du sehr schnell merken, wie gut es sich anfühlt. Das Leben ist zu kurz, um immer nur davon zu träumen, was wäre wenn …

Oft wissen wir, spüren wir, dass eine Arbeit, eine Beziehung uns nicht guttut, und schrecken dennoch davor zurück, den Zustand zu verändern und zu gehen. Lieber im Gewohnten verharren als sich ins Unbekannte vorwagen. Bis wir mehr und mehr verkümmern. Die Seele will uns nichts Böses. Sie will uns helfen, das zu tun, was wir doch eigentlich selber wollen. Unser Leben, unsere Träume zu leben. Der zu werden, der wir wirklich sind, unserem Ruf zu folgen. Jeder, wirklich jeder hört seinen Ruf. Aber jeder hat auch die Möglichkeit, seinen Ruf zu überhören. Und dafür zahlst du immer einen Preis. Es kostet deine Lebensfreude, deine Begeisterung, dein Ja zum Leben.

Oft höre ich: Wenn das jeder täte, einfach seine Träume leben, nur tun, was einem Spaß macht, wo kommen wir da hin? Ja, wo kommen wir hin, wenn jeder glücklich wäre mit seinem Leben? Jetzt stell dir das mal vor! Es waren nie und zu keiner Zeit die Skeptiker mit dem erhobenen Zeigefinger, die die Welt weitergebracht haben. Sie sind nicht verantwortlich für die Entdeckung Amerikas oder die Erfindung des Telefons.

Natürlich sind wir nicht alle hier, um neue Kontinente zu entdecken, manchmal geht es einfach um eine kleine Insel in uns selbst. Ein Sinn, ein Glanz, den wir unseren Tagen verleihen.

*»Nenne dich nicht arm, weil deine Träume
nicht in Erfüllung gegangen sind: Wirklich arm
ist nur, wer nie geträumt hat.«*
Marie von Ebner-Eschenbach

Vor Kurzem las ich das sehr erfrischende Buch von Betsy Chasse »Wenn heilige Kühe ins Gras beißen«, und sie erzählt darin von einer Begegnung, die sie im Flugzeug mit einem jungen Soldaten hatte. Sie saß neben ihm, und da sie unter großer Flugangst litt, bat sie ihn, mit ihr zu sprechen, um sich abzulenken. So verwickelte sie den jungen Mann in ein Dauergespräch. Dabei erfuhr sie viel über sein Leben. Wie sich herausstellte, war er auf dem Weg in den Irak. Als er sie fragte, was sie beruflich mache, und sie ihm antwortete, dass sie Schriftstellerin sei, blieb es einen Moment still. Dann sagte er leise: »Ich wollte auch Schriftsteller werden. Ich schreibe Gedichte, seit ich buchstabieren kann.« Und als Betsy ihn fragte, warum er es nicht geworden sei, gab er diese Antwort: »Ich hatte Angst zu scheitern und dass meine Familie und meine Freunde dann von mir enttäuscht sein würden.«

Stattdessen ging er zur Armee und setzte sein Leben aufs Spiel. Was für ein Tausch! Als wäre das weniger beängstigend, als gesagt zu bekommen, dass das, was man schreibt, schlecht sei. Betsy wollte von ihm wissen, ob er etwas von seinem Geschriebenen dabeihabe. Natürlich hatte er, und so zog er schüchtern ein abgegriffenes, schwarzes Büchlein aus der Tasche. Was dann folgte, zitiere ich aus ihrem Buch:

»Er las mir seine Gedichte vor, in denen er seine tiefsten und dunkelsten Ängste preisgab, die unter seiner heldenhaften Uniform verborgen waren. Seine Worte waren wunderschön, unter die Haut gehend, ehrlich und freimütig. Mir kamen die Tränen, und ich sagte ihm, er sei tatsächlich ein erstaunlicher Schriftsteller und müsse nur noch eine einzige Angst besiegen. Diese Angst sei größer als die Angst vor dem Krieg, und die Gegner an dieser Front seien mächtiger als die, mit denen er es im Irak zu tun bekommen werde. Er müsse seine eigenen Dämonen besiegen, seine eigenen Überzeugungen von sich selbst. Denn wenn er es jetzt nicht tue, würde er es vielleicht nie tun, und seine Chance würde in weite Ferne rücken!«

Ich wünsche mir sehr, diese Geschichte hat ein Happy End und die Begegnung mit Betsy hat etwas in dem traurigen Soldaten ausgelöst. Es ist so schade um all diese Schätze, die die Welt niemals zu Gesicht bekommt.

Gerade hat mir das Leben eine weitere Geschichte zugespielt, die ich mit dir teilen möchte, weil sie so wunderbar passt. Solche Zufälle passieren übrigens öfter, wenn der Träumer sich einmal auf den Weg gemacht hat, so wie ich mit meinem Buch. Aber nun zu unserem Schweißer aus einem kleinen russischen Dorf, der schon sein ganzes Leben lang davon träumte, einmal ein eigenes kleines Flugzeug zu fliegen. Doch das Leben ist nicht so, dachte er sich, Träume bleiben Träume, ich muss arbeiten und Geld verdienen. So gingen die Jahre dahin, bis er eines Tages große Schmerzen in seiner Brust bekam. Als die nicht aufhörten, ging er zum Arzt. Der entdeckte einen faustgroßen Tumor und sagte ihm, er hätte nicht mehr lange Zeit zu leben. Der Schweißer saß ganz ruhig da – ein Moment, in dem das Leben kurz anhält. Seine Frau weinte. Sie wollte, dass er sich sogleich in die Krebsklinik einweisen ließ, doch er meinte nur, er hätte nun keine Zeit mehr zu verlieren.

Auf direktem Weg begab er sich zu einem riesigen Schrottplatz! Dort begann der todkranke Mann aus alten Schrottteilen ein Flugzeug zusammenzubauen. Tag für Tag schweißte, hämmerte und lötete er, und Tag für Tag wartete seine Frau ängstlich auf seine Rückkehr. Und eines Tages war es dann so weit, vor ihm stand ein kleines, funktionstüchtiges Flugzeug. Stolz und glücklich betrachtete er sein Werk. Dann war der große Moment gekommen, er stieg ein, warf den Motor an, die Propeller drehten sich, und er erhob sich in die Lüfte. Von hoch oben winkte er den Menschen seines Dorfes zu. Er war kein Mann vieler Worte, doch er strahlte über sein ganzes, von der lebenslangen, schweren Arbeit gezeichnetes Gesicht. Von nun an besuchte er sein Flugzeug in jeder freien Minute und flog eine Runde.

Er war überglücklich! Seine tödliche Krankheit hatte er dabei fast ganz vergessen.

Bei der nächsten Untersuchung konnte der Arzt nicht glauben, was er auf dem Röntgenbild sah: Der Tumor war geschrumpft, und zwar so sehr, dass keine Lebensgefahr mehr bestand. Ohne Krebsklinik, ohne Chemotherapie!

Ein Wunder? Vielleicht hat seine Träume zu leben eine viel größere Kraft, als wir je vermuten würden.

7.
DURCHHALTEN – DURSTSTRECKEN AUF DEM LANGEN WEG ZUR GETRÄNKEAUSGABE

»Ein Gewinner ist ein Träumer, der niemals aufgibt.«
Nelson Mandela

Doch es gab eine Zeit in meinem Leben, da dachte ich, Erfolg resultiere in erster Linie daraus, wie viel Talent und Begabung man mitbringt. Über die Jahre jedoch, als ich mir ansah, wer erfolgreich war und wer nicht, fand ich viele erfolgreiche Menschen mit augenscheinlich wenig Talent und beinahe noch mehr erfolglose, deren große Begabung im Schatten verkümmerte.

Wie viele tolle Sänger und Sängerinnen gibt es, die so manchen Chartstürmer in Grund und Boden singen und bestenfalls im Background-Chor landen. Und wie viele Blender mit selbstbewusstem Auftreten tummeln sich mit der größten Selbstverständlichkeit an der Spitze. Das gab mir zu denken. Es muss wohl noch an etwas anderem liegen, warum man es nach oben schafft.

Als ich das erkannte, bekam mein Leben einen völlig anderen Geschmack. Mein Weltbild war wie ein Puzzle, das ich zusammengebaut hatte und in dem einfach ein paar Teile nicht stimmten. Ich mischte alle Teile noch einmal und setzte sie neu zusammen. Und siehe da, es ergab plötzlich Sinn! Es gab noch eine andere, sehr wichtige Zutat: Hartnäckigkeit. Ich erkannte, der Traum muss größer sein als die Hindernisse. Dann kannst du wirklich alles schaffen!

Ich wünschte, ich hätte etwas mehr Beharrlichkeit besessen, hatte ich aber leider nicht. Ich hielt mich für eine gute Schreiberin, so lange, bis mich jemand vom Gegenteil überzeugte. Ich schrieb schöne Songs, die ich mit Herz und Seele sang, und ich sehnte mich danach, sie mit der Welt zu teilen, ließ mich aber dennoch immer wieder davon abbringen.

Ich hatte viele Jahre daran gefeilt, meine Gabe des Schreibens immer mehr zu verfeinern und zu verbessern. Und habe wirklich vieles versucht! Unzählige Manuskripte, Artikel und Drehbücher angeboten, die abgelehnt wurden. Ich habe Songs geschrieben, die niemand wollte, tolle Konzepte für neue Fernsehsendungen präsentiert, für die es angeblich keinen Markt gab. Und diese ständigen Rückschläge und Enttäuschungen, wenn ich, erst fliegend vor Begeisterung, dann doch wieder aufschlug auf den harten Beton der Realität, hatten mich mutlos werden lassen. Meiner Motivation, es wieder zu versuchen, ging mehr und mehr die Luft aus. Meine Begeisterung versickerte, aus dem Strom wurde ein Rinnsal. Ich zog mich in mein Schneckenhaus zurück und fand das Leben böse und ungerecht.

Aber von irgendetwas musste ich ja leben, also versuchte ich eine Zeit lang den sicheren Weg zu gehen und arbeitete als Redakteurin und Autorin für eine Produktionsfirma, die überwiegend Fernsehunterhaltung produzierte. Einer der Jobs, die meine Mutter so glücklich gemacht haben! Zunächst schien es auch eine gute Entscheidung zu sein. Endlich bekam ich ein regelmäßiges Gehalt, hatte Erfolgserlebnisse und das Gefühl, etwas zu tun, das gebraucht wird, und nicht nur Dinge für die Schublade zu produzieren.

Darüber hinaus lernte ich viel, die Arbeit im Team machte Spaß, und am Anfang beflügelte mich auch der Reiz des Neuen. Aber nach einigen Jahren änderte sich das. Die Abläufe wiederholten sich, viele der Inhalte erschienen mir zunehmend banaler, und ich fand es immer weniger lustig, Schenkelklopfer-Texte für Moderatoren zu schreiben, deren Humor mit dem Glauben an die eigene Bedeutsamkeit untergegangen war. Es war einfach nicht das, was mir auf die Dauer wirklich Freude bereitete. Wenn ich auf das Leben sah, war es nicht mehr bunt, sondern nur noch schwarzweiß. Abends zog ich meine Kiste aus dem untersten Regalfach und las in meinen alten Gedichten, hörte meine Songs, die ich geschrieben hatte, und trauerte um dieses alte, kreative Ich, das so tief gefühlt hat und das sich in so wunderschöner Weise ausdrücken konnte.

Es dauerte eine Weile bis ich begriff, dass ich meine Träume zu früh aufgegeben hatte und dass mir eine der wichtigsten Eigenschaften eines Träumers gefehlt hat: das Durchhalten!

Ein Traum in Aktion hat Ähnlichkeit mit einem Autotest. Autos werden, bevor sie auf den Markt kommen, unter schwierigsten Bedingungen getestet. In Alaska auf irgendwelchen zugefrorenen Seen, in der Wüste bei fünfzig Grad in der brennenden Sonne, auf Nadelöhr-Serpentinen in den Anden. Die extremsten Umstände werden gesucht, um sicher zu sein, dass das Auto höchsten Anforderungen standhält und somit viele Menschen von seiner Qualität überzeugt.

Auch ein Traum wird oft auf die Probe gestellt, in der Kälte des Eises und der Hitze der Wüste. Dem Träumer schlägt manches Mal ein rauer Wind entgegen. Ich habe in diesem Buch schon einiges von meinem Traum, Sängerin zu werden, erzählt. Viele Sommer lang saß ich in dunklen Kellerstudios und nahm Demos auf, anstatt baden zu gehen oder Eis zu essen. Ich rannte mit meinen Liedern, die mein größter Schatz waren, von einer Plattenfirma zur nächsten. Das waren teilweise Szenen, wie in einem Film. Ich wurde in ein riesiges Büro geführt mit Blick über die Dächer der Stadt. Der Plattenfirmenmanager saß in seinem Ledersessel und scannte mich von oben bis unten.

»Hm, hm, du bist also die Bea, na, dann wollen wir doch mal sehen …«

Mein Herz raste, schließlich stand für mich viel auf dem Spiel.

Es gab kein Gespräch, kein »Erzähl doch mal ein bisschen was von dir!«, time is money war der Wind, der hier wehte. Der Mann stand auf, nahm mein Demoband und legte es in die Anlage. Dann betrachtete er gelangweilt seine Finger auf der polierten Glastischplatte und spulte jeden meiner Song nach zehn Sekunden weiter. Oh Gott, er findet es so schlecht, dass er es nicht mehr weiter anhören will …, ich sterbe. Nach vier Songs, deren Anfängen er mit undurchdringlicher Miene gelauscht hatte, griff er plötzlich zur Fernbedienung und schaltete die Anlage aus.

»Sag mal, spielst du eigentlich Gitarre?«, fragte der Mann in die Grabesstille.

»Ich? Nein …, also ein bisschen, aber nicht gut genug für die Bühne«, antworte ich verwirrt.

»Schade, das wäre genau das, was wir auf dem deutschen Markt jetzt gut gebrauchen könnten, eine Sängerin, die deutsch singt, mit Gitarre.«

Ich dachte, ich hörte nicht richtig. Den interessierte gar nicht, was ich da sang, ich war ein Produkt, das man marketingtechnisch aufpäppeln musste. Geknickt und enttäuscht verließ ich den Glaspalast des Mannes, der mit Musik Geschäfte macht, und überlegte allen Ernstes, ob ich vielleicht Gitarrenunterricht nehmen sollte, nur damit endlich einmal eine Tür aufging.

In seiner stylischen Designer-Anlage mit Dolby-Surround steckte mein Herzblut. Mein tiefstes Innerstes. Ich sang von meinen Schmerzen, meiner Liebe, meiner Melancholie, er aber ging damit um, als seien das Werbejingles für Hamburger. War ich schlechter als andere? Ich glaube nicht. Doch so, wie die Dinge liefen, fühlte ich mich, als sei ich der letzte Trottel auf dieser Welt.

Ich starb bei jedem dieser Meetings einen leisen Tod und einmal war dann einmal zu viel. Ich gab auf, verpackte mein Herz stoßsicher und gründlich, mit der Aufschrift »Zerbrechlich, nicht berühren!«, und da ließ ich es erst einmal. Ich hielt nicht stand und ich hielt nicht durch. Erst viel später, als ich aufhörte anderen die Schuld für meinen gescheiterten Traum zu geben, konnte ich mir mein Versagen verzeihen und meinen eigenen Weg mit mehr Mitgefühl betrachten.

Es ist in Ordnung, etwas nicht zu schaffen. Es bringt nichts, sich zu zwingen und sich dabei selbst zu zerstören. Aber seinen Traum wegen der Meinung anderer zu begraben, ist auch keine Lösung, denn es macht dich nur einfach schrecklich traurig! Wenn du immer nur tust, was andere von dir erwarten, wird eines Tages auf deinem Grabstein sehen: Mein Leben hat allen gefallen, nur mir nicht!

Es war ja nicht so, dass man mich gar nicht wollte. Aber das »Produkt« sollte einfach stromlinienförmiger werden, dem entsprechen, was die vermeintlichen Experten für erfolgreich hielten. Deren Erfolgsquote entsprach etwa der eines Kondomverkäufers im Vatikan! Wenn ich anders singen, mich anders anziehen, mit Gitarre auftreten oder Teil einer Frauenband werden würde, dann würden wir ins Geschäft kommen. Nur so, wie ich war, das war anscheinend nicht genug oder nicht hip genug. Und das Schlimme war, dass ich das glaubte. Der große Plattenboss musste es schließlich wissen, deshalb war er ja der Boss!

Es hat viele Jahre gebraucht, bis ich verstand, dass viele der großen Plattenbosse nichts anderes sind als Lottospieler, die in einen Topf greifen, etwas herausziehen, eine neue Band, einen neuen Liedermacher, eine neue Sängerin, und dann wird ein Schein ausgefüllt. Und wenn das »Produkt« sich dann nicht von allein in Bewegung setzt, dann wird halt der nächste Schein ausgefüllt. Und alle, die du hörst und siehst, die an der Spitze stehen, haben oft jahre-, manchmal jahrzehntelang an verschlossene Türen geklopft oder sich in allen möglichen Situationen demütigen lassen. Egal ob Pink oder Madonna, Udo Lindenberg oder Rod Stewart, der sich als Schildermaler, Zaunbauer, Zeitungsausträger und Totengräber durchschlug, fast alle gingen einen sehr harten und oft auch sehr langen Weg an die Spitze. Darum ist durchhalten und sich durch nichts und niemanden abbringen lassen mindestens genauso wichtig wie Können oder Talent, wenn nicht noch wichtiger!

> *» Willst du fliegen, dann lerne, alles loszulassen,*
> *was dich runterzieht. «*
> Volksmund

Je größer dein Traum ist, desto höher der Gipfel und umso schwieriger der Aufstieg, das ist eine ganz einfache Gleichung. Niemand außer dir selbst kann dir sagen, ob dein Traum das Richtige für dich ist. Und besondere Vorsicht ist geboten bei Menschen, die mit deinem Traum Geld verdienen möchten. Denn in der Regel kannst du davon ausgehen, dass es ihnen weniger um deinen Traum geht als um ihre Bilanzen. Und dafür geht so mancher auch über Traumleichen! Und jeder, absolut jeder, der an deinem Traum herumnörgelt, während du genau weißt, dass du ihn leben möchtest, ist nur ein Stein auf deinem Weg. Und als das solltest du ihn betrachten und nicht als eine unüberwindliche Mauer.

Keiner kann wissen, warum du auf dieser Welt bist, außer dir! Manche Rückmeldung kann dich auf Schwächen in deinem Traum aufmerksam machen, dich inspirieren oder motivieren, aber nichts und niemand darf dich von dem Weg abbringen, der deiner ist. Halte durch, egal was passiert. Ob du einfach in deiner Freizeit malen möchtest, ob du eine Umweltorganisation gründen möchtest oder ein international erfolgreicher Sänger sein willst, nur du entscheidest. Niemand sonst. Und wenn du dich singend an den Bahnhof stellen willst oder auf den Tresen deiner Dorfkneipe, tu es! Fang an! Und halte durch!

Der einzige Weg, zum Gipfel zu gelangen, ist auf dem Weg zu bleiben. Dreh dich ab und zu um und klopfe dir auf die Schulter, dafür, wie weit du es schon geschafft hast. Schau bitte nicht nach oben, um zu sehen, wie weit es noch ist. Dieser Blick täuscht. Und so manches Mal tut sich hinter dem nächsten Felsvorsprung ein ganz anderer Weg auf. Setze einfach einen Schritt hinter den anderen. So wirst, so musst du ans Ziel kommen.

Ich habe mich damals abbringen lassen von der Musik, und ich kann diesen Schmerz noch heute in meinen Zellen fühlen. Ich erkannte aber zum Glück irgendwann, dass es nie zu spät ist, und so habe ich einfach wieder angefangen. Habe neue Lieder geschrieben, meine CDs aufgenommen in einem Alter, in dem man als Sängerin bestenfalls als Entertainer bei der Silvesterfeier im Altenheim landet. Ich bin da angekommen, wo ich früher schon sein wollte, in meiner kreativen Welt, und die lasse ich mir nie wieder ausreden oder miesmachen. »Was bedeutet schon Geld? Ein Mensch ist erfolgreich, wenn er zwischen Aufstehen und Schlafengehen das tut, was ihm gefällt.« Sagt Bob Dylan, einer der erfolgreichsten und geachtetsten Musiker dieses Jahrhunderts, der sich niemals kommerziellen Interessen gebeugt hat.

Es ist so leicht, etwas von außen zu beurteilen oder niederzumachen. Dazu fällt mir einer meiner Lieblingssprüche ein: »Lass dir nie von einem armen Mann erzählen, wie man reich wird!« Und lass dir deine Träume nicht vermiesen von Menschen, die ihre eigenen aufgegeben haben.

8.
ZU ALT? – ES IST NUR ZU SPÄT, WENN DU NICHT JETZT ANFÄNGST!

»Auch mit achtundneunzig Jahren noch
will ich lieben, will ich träumen,
will ich auf den Wolken reiten.«
Toyo Shibata

Wir kommen zu einem sehr beliebten und verbreiteten Thema aus der Träumeverhinderungs-Kiste. Ein Thema, das viele Menschen sehr beängstigend finden: das Alter! Nicht weil es an sich gefährlich wäre, oh, nein! Es ist das, was wir daraus machen. »Ich bin zu alt«, ist ein Satz, den ich wirklich oft zu hören bekomme. Nebenbei bemerkt sehr häufig von Menschen, die nicht einmal die dreißig erreicht haben. Ich kenne kaum eine deprimierendere Überzeugung.

Auch hier möchte ich den von mir oft und gerne als vorbildliches Beispiel angepriesenen Udo Lindenberg bemühen. Der legte mit zweiundsechzig erst so richtig los. Da machte er mit »Stark für zwei« das erfolgreichste Album seiner Laufbahn. Und zwei Jahre vor seinem siebzigsten Geburtstag, gab er die ersten Stadion-Konzerte seiner Karriere, vier an der Zahl, vor zweihunderttausend Leuten. Drei Stunden lang hüpfte er in seinen neongrünen Socken wie ein Flummiball über die Bühne, von Müdigkeit keine Spur. Im Gegenteil. Er war sichtlich glücklich und hatte einen Riesenspaß!

Es sollte mich nicht wundern, wenn er als nächstes mit dem Traum daherkommt, ein Konzert auf dem Mond zu veranstalten.

Von ihm habe ich den Satz: »Dafür bin ich zu alt!«, noch nie gehört. Jedes Mal, wenn wir uns sehen, erzählt er begeistert von neuen Plänen und Visionen, die er auch in der Regel in die Tat umsetzt. Udo ist neugierig und beweglich. Sein Lieblingswort: flexibel! Er ist immer dabei, irgendetwas Neues auszubaldowern, und umgibt sich mit Menschen, die seine Enkel sein könnten, denn er möchte ihn immer fühlen, den Puls der Zeit. Es ist nicht die Zahl, die etwas über den Menschen aussagt, es ist die Lebenseinstellung!

Unsere Gesellschaft ist ausgesprochen spießig, was das Alter angeht. Jedes Mal, wenn ein Journalist einem Musiker über sechzig die Frage stellt, wann er denn nun aufhört und sich zur Ruhe setzt, möchte ich ihn schütteln. Da ist einer, der etwas tut, was ihm eine Riesenfreude macht, und es gibt ein Publikum, das ihn offenbar immer noch gerne hört und sieht, also was soll die dumme Frage?

Und warum fragt das eigentlich niemand Karl Lagerfeld, der bereits über achtzig ist und zwanzigjährigen Hollywood-Stars ihren modischen Stil vorgibt?

»Zu alt«, das ist für mich lediglich eine Idee. Es ist keine Wahrheit. Und wie bei jeder Idee kann ich sie glauben oder auch nicht! Das habe ich schon so gehalten, als ich sechzehn war und jeder mich für älter hielt. Später dachte jeder, ich sei jünger als die Zahl in meinem Ausweis.

Was sagt mir das? Die Zahl ist irrelevant, und man ist definitiv so alt, wie man sich fühlt. Ich nenne mein Alter nie. Deshalb glauben viele, dass ich ein Problem damit hätte, hin und wieder werde ich richtig angegiftet. Der simple Grund ist der, dass ich, wenn ich ständig diese Zahl herbete, der Zahl mehr Gewicht gebe, als ihr zusteht.

Es ist so wie mit dem Thermometer im See. Jedes Mal wenn ich im See schwimmen war, werde ich von irgendwem gefragt, wie viel Grad das Wasser hätte. Es hängt ein Thermometer am Badesteg. Ich habe keine Ahnung, weil ich nie draufschaue. Denn was nützt es mir, wenn das Thermometer zwanzig Grad anzeigt und mir ist im Wasser klapperkalt? Oder umgekehrt? Mich interessiert, wie es sich anfühlt. Unsere Begeisterung, alles messen und beweisen zu wollen, hat sich mehr und mehr über die eigene Wahrnehmung gestülpt. Es nimmt der Welt ein wenig ihren Zauber.

> *»Du bist so jung wie deine Zuversicht!*
> *Erst wenn die Flügel nach unten hängen und*
> *das Innere deines Herzens vom Schnee*
> *des Pessimismus und vom Eis des Zynismus*
> *bedeckt sind, dann bist du wahrhaft alt.«*
> Albert Schweitzer

Vor einiger Zeit rief mich ein Mann an, der ein Coaching wollte, und wir vereinbarten einen Termin. Kurt, ein Beamter von dreiundsechzig Jahren, saß vor mir mit eingezogenem Kopf und unruhig umherschweifendem Blick, wie ein Eichhörnchen, das fürchtet, dass ihm jemand seine Nüsse wegnimmt. Nachdem wir ein paar Sätze gewechselt hatte, erfuhr ich, dass er in einer Arbeitsvermittlungs-Agentur arbeitete. In einem grauen Büro, dessen einziger Farbklecks das Grün einer Topfpflanze darstelle. Dann verstummte er. Ich fragte ihn aufmunternd, wie ich ihm helfen könne. Kurt druckste herum. Er hätte eigentlich gar nicht kommen sollen, denn wahrscheinlich sei es in seinem Fall sowieso Quatsch, sich in irgendwelche Vorstellungen hineinzusteigern, er wäre ja schließlich schon über sechzig, eigentlich lächerlich. Betreten sah er zu Boden. »Was ist denn Ihr Traum?«, unterbrach ich ihn schließlich. »Warum sind Sie zu mir gekommen?«

Er zupfte an seinem Mantel und antwortete mit kaum hörbarer Stimme: »Ich würde gerne Chansons singen und Gedichte, zu denen ich etwas komponiert habe!«

Er sagte es, als hätte er mir seine Pornosammlung gebeichtet.

»Ja, aber das ist doch kein Problem«, ich lächelte ihn an. »Das ist doch ein wunderbarer Traum!«

»Finden Sie?«

Er forschte in meinem Blick, ob ich mich über ihn lustig machte. Das tat ich keineswegs. Im Gegenteil. Ich wurde zum begeisterten Schatzsucher. Es stellte sich heraus, dass Kurt ein Keyboard besaß und eine ansehnliche Notensammlung französischer Chansons, aber auch italienische und alte deutsche Schlager waren darunter. Und ein paar seiner Lieblingsgedichte hatte er sogar selber vertont. Seit Jahren schon träumte er davon, einen Liederabend zu machen und seine Schätze vorzutragen. Ein Spaziergang auf dem Mars wäre ihm vermutlich einfacher erschienen.

Von dem Moment an, als er begonnen hatte, darüber nachzudenken, wie er so etwas umsetzen könnte, hat er sich total überfordert gefühlt und sich überdies für verrückt erklärt. Es erschien ihm unsinnig, dass er, Kurt, der Arbeitsvermittlungs-Beamte weit über sechzig, überhaupt auf so eine Idee gekommen war.

Ich beruhigte ihn und schlug ihm vor, einen Schritt-für-Schritt-Plan zu entwerfen. Das ist übrigens ein wunderbarer Weg, der Überforderung und den Zweifeln ein wenig die Luft herauszulassen. Und plötzlich wirkt das ganze Unterfangen machbarer.

Zunächst stellten wir ein Programm zusammen. Konzentriert suchte Kurt aus seiner Notensammlung seine Lieblingssongs und Gedichte heraus. Dann wollte ich mit ihm an seinem Auftreten arbeiten. Es hatte wenig Sinn, ihn auf ein Publikum loszulassen, so lange er so verschreckt wirkte, als hätte er gerade den Feueralarm gehört. Es war wichtig, dass er gerne dort war, wo er hin wollte, nämlich auf die Bühne!

Ich bat ihn, sich an mein Klavier zu setzen und für mich zu spielen und zu singen, wie er es zu Hause tat. Ganz ohne Anstrengung, wie nebenbei. Nachdem er seine Panik und seine Fluchtgedanken erfolgreich überwunden hatte, konnte ich beobachten, wie sich der graumausige Beamte in einen kleinen Charles Aznavour verwandelte. Er bewegte sich ganz anders als vorher, seine Haltung veränderte sich, er wirkte plötzlich größer, lebendiger, ja – jünger.

Es war unschwer zu erkennen, dass er viel geübt hatte, es fehlte ihm nur noch die Sicherheit und der Glauben daran, dass ihn überhaupt irgendjemand sehen und hören möchte, etwas, das er mit vielen anderen hoffnungsvollen Künstlern und Träumern teilt.

Es war schön zu sehen, wie er von Mal zu Mal sicherer wurde, und ich forderte ihn immer mehr heraus. Schließlich machte ich ein Video von ihm, ließ daraus ein paar Ausschnitte verschiedener Songs zusammenschneiden, half ihm, einen Flyer zu entwerfen und trug ihm auf, Adressen von Kleinkunstbühnen, Vereinshäusern und Cafés zusammenzutragen und abzutelefonieren.

Er verschickte seine Flyer und bei Nachfrage sein Video. Inzwischen hat er zwei bis drei Auftritte im Monat. Beflügelt von seinem Erfolg und dem Glücksgefühl, seinen Traum zu leben, hat er sein Programm um einen italienischen Abend erweitert, den er mit gegeltem Haar und Nadelstreifen-Anzug unterhaltsam präsentiert. Natürlich habe ich mir das angesehen, und ich war wirklich stolz auf Kurt, den erfolgreichen Träumer. Er verdient oft nur wenig oder gar kein Geld bei seinen Auftritten, aber das macht ihm gar nichts aus. Kann er doch endlich das tun, was er sich schon so lange gewünscht hat: seine Freude an diesen Liedern mit anderen zu teilen. Er ist überglücklich!

»Viele möchten leben, ohne zu altern,
und sie altern in Wirklichkeit, ohne zu leben.«
Alexander Mitscherlich

In einer Welt, in der das Durchschnittsalter der Modedesigner bei circa siebzig liegt, ein zwölfjähriger Junge Millionen Menschen auf der ganzen Welt dazu bringt, Bäume zu pflanzen, und ein Hundertjähriger Marathon läuft, sollte man das mit dem Alter doch wirklich ein wenig relativieren. Was uns auch meine nächste kleine Geschichte zeigt. Ich habe sie im Radio gehört, und sie hat mein Träumerherz höher schlagen lassen.

Der Mann aus Nepal, von dem sie erzählt, erreichte das stolze Alter von einhundertundsechs Jahren. Zu seinem Geburtstag gab es eine große Feier, und die Moderatorin eines großen Radiosenders kam zu ihm nach Hause. Nach den üblichen Fragen, wie er es geschafft hat, so alt zu werden und so fit zu bleiben, wollte sie von dem alten Mann wissen, ob er denn auch in seinem Alter noch Träume habe.

Dieser brauchte nicht lange nachzudenken. Einen gäbe es schon, antwortete er, er wäre noch nie in seinem Leben geflogen. Das war sein Traum, einmal in einem richtigen Flugzeug zu fliegen! Wie gut, dass ein Mitarbeiter einer Fluglinie sein Radio anhatte! Der witterte einen Werbegag, und prompt bekam der alte Mann von Yeti Airlines – ist das nicht ein herrlicher Name? – ein Flugticket geschenkt.

Mit einhundertundsechs Jahren trat er den ersten Flug seines Lebens an. Der Radio-Sender war danach natürlich sofort zur Stelle, denn jeder wollte wissen, wie es ihm gefallen habe.

»Einfach großartig!«, sagte der alte Nepalese, es sei ein wirklich aufregendes Erlebnis gewesen, und er sei sehr dankbar, dass er das noch erleben durfte.

»Was hat ihnen denn am besten gefallen?«, wollte die Moderatorin wissen.

»Die vielen, leckeren Knabbersachen, die es umsonst gab«, antwortete der Mann und grinste verschmitzt.

Doch meine absolute Lieblingsgeschichte zum Thema »Zu alt zum Träumen gilt nicht!« ist die folgende. Und ich hoffe von Herzen, dass sie in jedem, der sich zu alt für seine Träume fühlt, ein helles Feuer entzündet! Sie beginnt in Sun City, Arizona, einem Rentnerparadies. Hier hat man immer schönes Wetter und ein ruhiges Leben. Zu ruhig fand JoDina, damals noch ein Jungspund von gerade fünfzig Jahren. JoDina hatte einen, sagen wir mal, außergewöhnlichen Job, sie präparierte Leichen für ein Bestattungsunternehmen.

Doch selbst so etwas bringt Routine mit sich, und sie sehnte sich nach mehr Spannung und Abenteuer in ihrem Leben. JoDina ging auf die Pirsch, schaute sich um in den Punkclubs von Phönix und stellte fest, dass sie diese Musik »erfrischte«, wie sie es nannte.

»Die konnten alle nicht singen«, sagt sie, »und schlecht singen kann ich auch gut. Also beschloss ich, selber eine Punkband zu gründen.«

Per Zeitungsanzeige (»Ältere Musiker gesucht!«) fand sie den Trommler Gino Costa, zweiundsiebzig, der unbedingt dabei sein wollte, weil er der Meinung war, er würde als Trommler einer Rockband leichter »chicks« aufreißen, als wenn er ihnen am Rollator hinterherpfiff. Sein Markenzeichen: eine Lederjacke auf der stand: »Elvis lebt!« Dazu kam Gitarrist Danny Walters, dreiundsiebzig, der die Band allerdings schon nach zwei Jahren unfreiwillig wieder verlassen musste. Seine Frau war stinksauer, weil eine junge Frau Danny ihren BH auf die Bühne geworfen hatte! Einzig der Keyboarder war mit seinen damals sechsundvierzig Jahren eigentlich ein bisschen zu jung. Auch der Bandname war schnell gefunden, und der war wahrhaftig Programm: »One foot in the grave«, »Ein Fuß im Grab«. Da soll noch mal einer sagen, im Alter sei das Leben nicht mehr lustig!

Die neu gegründete Punkband probte im Altersheim, und dort hatten sie auch ihre ersten Auftritte. Und da ging dann mal richtig die Post ab! Vorbei mit Scrabble und Tanztee.

Die Senioren saßen gespannt auf ihren Stühlen und verfolgten das ganze Konzert. Sie meinten dann, die Texte fänden sie ziemlich gut, nur von der Musik bekämen sie Ohrenschmerzen!

Es dauerte nicht lange, bis man auch außerhalb der Seniorenfestung von den wilden Musikern Wind bekam. Nach einer Weile wurden sie sogar für Tourneen in Europa gebucht! Die Konzertveranstalter stellten den Oldie-Punkern hin und wieder ein paar Flaschen Doppelherz neben den Bourbon. Auch für den Titel ihres ersten Albums ließen sie sich etwas einfallen, liegt vielleicht an Jo-

Dinas beruflicher Vergangenheit: »Lookin' Good! Who's Your Embalmer?«, »Du siehst gut aus, wer ist dein Einbalsamierer?« Das zweite nannten sie dann kurz und knapp »Old Farts«, »Alte Fürze«. Mit Songs wie »Chainsaw Mama« und »Golf car drivers from hell«, »Kettensägen Mama« und »Golfcar-Fahrer aus der Hölle!« Also ich würde sagen, das klingt nach mehr Spaß, als am Plastiktisch Dame zu spielen und abends um sieben ins Bett zu gehen. Keine Rede von Stützstrümpfen, Krankheiten und dritten Zähnen. Der Drummer Gino Costa sagte, die Band sei sein Jungbrunnen.

»Ich brauche Action! Wenn ich nur auf der Couch sitzen und über Krankheiten quatschen würde, läge ich bald in der Gruft!«

Die Fans der wilden Senioren-Punkband sind zwischen zwanzig und siebzig. Die Jungen finden sie total cool, aber es gibt auch viele, die kommen, weil sie nicht glauben können, dass es »One foot in the grave« wirklich gibt. Ihr Motto, laut Gründerin JoDina, ist nach echter Punk-Manier: »Wir spucken in das Gesicht von Ruhestand und konservativem Alte-Leute-Lifestyle!« Zu der Zeit hatte die quietschfidele Punksängerin einen achtundzwanzig Jahre jüngeren Millionär als Lover.

Auf YouTube findet man ein Video aus dem Jahr 2010, da sieht man JoDina in langen schwarzen Lederstiefeln mit Nietengürtel auf der Bühne, inzwischen vierundsiebzig, und die Band fetzt, was das Zeug hält, zu einem Song mit dem Titel »Menopause«! Seit fünfundzwanzig Jahren steht die unermüdliche Punkerin mit ihrer Band nun auf der Bühne und hat noch immer jede Menge Spaß!

»Ich liebe es, auf der Bühne zu stehen und Leute zu unterhalten«, schwärmt sie, »erst, wenn sich die hübschen, knackigen, jungen Männer richtig amüsieren, fühle ich mich pudelwohl.«

Ich liebe diese Geschichte. Sie zeigt, was alles möglich ist, wenn man wirklich brennt für seinen Traum und wenn man nicht so viel gibt auf das, was die Gesellschaft denkt oder für machbar hält!

Auch Toyo Shibata aus Japan findet das Leben im hohen Alter noch lebenswert. Mit zweiundneunzig beginnt sie, sich jeden Tag

ein wenig Zeit zu nehmen, ihre Gedanken und Gefühle niederzu-
schreiben.

Eines Tages sind so viele Seiten zusammengekommen, dass sie
beschließt, ein Buch daraus zu machen. Einfach nur so, für ihre
Familie und Freunde. Als Toyo Shibata ihr erstes Buch drucken
lässt, ist sie einhundert Jahre alt! Alle sind begeistert, und viele
Bücher werden weitergeschenkt.

So fällt es auch einem Verlag in die Hände, der davon so angetan ist, dass er es herausbringt. Prompt stürmt das Buch der späten
Schriftstellerin die Bestsellerlisten. Toyo Shibata, die sich auch mit
einhundert Jahren noch jeden Tag hübsch macht und Lippenstift
auflegt, auch dann wenn sie keiner sieht, wird in ihrer Heimat zur
Berühmtheit. Sie hat mit ihren Gedichten und Gedanken ganz Japan tief bewegt. So auch mich, als ich das Buch in den Händen
hielt. Ihre Worte sind einfach und doch sehr gefühlvoll. Sie strei-
chen über dein Herz wie ein warmer Wind. Die Japanerin versteht
die seltene Kunst, auch dem Unscheinbaren einen Zauber zu verleihen. Und noch immer feiert sie das Leben!

Toyo Shibata wird von ihren Landsleuten als weise Frau ver-
ehrt, sie gibt ihnen Hoffnung. Täglich bekommt sie viele Briefe
von Menschen, jung und alt, die Rat suchen, oder sich dafür bedanken möchten, dass Toyo ihnen neuen Lebensmut gab. »Du bist
nie zu alt, um glücklich zu sein«, ist der Titel ihres Buchs und das
Motto der erstaunlichen Dame!

Mit über neunzig Jahren erst
wurde ich zur Dichterin
das gibt mir
jeden Tag aufs Neue
Grund zu leben
dürr und klapprig bin ich nun
doch meine Augen blicken noch
den Menschen ins Herz

Mit einhundert Jahren sein Debüt als Autorin vorzulegen! Wenn das nicht zeigt, dass man nie zu alt ist, seine Träume zu verwirklichen! Es ist nur dann zu spät, wenn du nicht jetzt damit beginnst, egal, wie alt du bist.

Die Diskussion, ab wann man zu alt ist für seine Träume, führe ich oft, daran merke ich immer, wie sehr die Menschen ihr Altern bewegt und welche Grenzen es ihnen setzt. Eines habe ich dabei glasklar erkannt: Die größten Begrenzungen sind die in unseren Köpfen. Man muss den Menschen nur einmal zuhören, wenn sie argumentieren, warum sie sich für zu alt halten für ihre Träume. Sie sind davon so felsenfest überzeugt, dass es kein Wunder ist, wenn es auch genauso eintrifft! Ich muss dann immer an den Spruch denken: »Wenn du denkst, dass du es nicht schaffst, hast du recht, und wenn du denkst, dass du es schaffst, hast du recht!«

Bei der Überzeugung »Ich bin zu alt!« bleibt kein Platz für den kleinsten Funken Hoffnung oder für ein wenig Phantasie, für das Was-wäre-wenn-Spiel. Es ist, als hätte man mit dem Leben bereits abgeschlossen. Natürlich werde ich mit achtzig keine Ballerina mehr werden. Aber ich werde in jedem Fall jemanden finden, der mich darin unterrichtet, wie eine Ballerina zur Musik zu tanzen, im Rahmen meiner körperlichen Möglichkeiten.

Dieses Kapitel ist lang, weil ich dieser traurigen Überzeugung, dass es ein Verfallsdatum für Träumer gäbe, viel entgegenzusetzen habe. Sich zu alt zu fühlen, um noch zu träumen, das ist wie lebendig gestorben zu sein. Und es gibt kaum etwas Dümmeres als die Volksseuche, zu recht Jugendwahn genannt. Frauen werden zu Karikaturen ihrer selbst, indem sie ihre Gesichter zu Masken verunstalten lassen, sodass ihre wahre Persönlichkeit gar nicht mehr zu erkennen ist. Jugend wird zum allein seligmachenden Prinzip erhoben, als wäre es ein auf unglaublich schwere Weise erworbenes Verdienst. Das hat dazu geführt, dass Menschen, vor allem Frauen, begonnen haben, sich für ihr Altwerden zu schämen, anstatt sich an ihrer größeren Gelassenheit und Weisheit zu erfreuen. Was stimmt nicht mit unserer Kultur, dass wir alte Menschen abwerten? Warum spielen wir dabei alle mit?

In der Fernsehsendung »The Voice of Germany« sagte Smudo, einer von der Band »Die Fantastischen Vier«, etwas sehr Schönes zu einem Ü50-Sänger, von dem er zu Tränen gerührt war: »Bei dir hört man deine ganze Biografie, dein gelebtes Leben, wenn du singst. Das hat ein Zwanzigjähriger nicht!«

Ganz genau! Denn das kann er nicht haben. Und ist das etwa nichts? Das soll weniger wert sein als ein faltenfreies Gesicht? So viele Menschen lassen sich das durch die Medien einreden.

In jedem dämlichen Interview mit einem weiblichen Hollywood-Star kommt unweigerlich die Frage: »Wie schaffen Sie es nur, so unglaublich jung zu bleiben?«

Bisher hat jedenfalls noch keine geantwortet: »Da fragst du am besten Dr. X, meinen Schönheitschirurgen!« Stattdessen kommt in der Regel dieser Unsinn von viel Mineralwasser und gesunder Ernährung.

Ich kann nur sagen, träumen hält jung und zwar innen und außen! Was sagt eine Zahl über mich aus? Es ist doch viel wichtiger, wie ich mich fühle, wie ich lebe und was ich mir von diesem Leben noch wünsche.

Wenn wir uns mehr damit beschäftigen würden, wie es unserer Seele geht, statt unsere Jahre zu zählen, wäre das Innen wieder genauso wichtig wie das Außen. Das würde eine Menge verändern in dieser Welt. Bitte, gib das Träumen nicht auf wegen einer Zahl in deinem Ausweis. Solange wir auf dieser Welt sind, gibt es immer wieder die Möglichkeit, sich etwas aus der großen Wundertüte zu nehmen, die man Leben nennt!

»Nicht das Alter ist das Problem,
sondern unsere Einstellung dazu.«
Marcus Tullius Cicero

9.
SECONDHAND-TRÄUME –
DEN TRAUM EINES ANDEREN LEBEN

Eine sehr wichtige Frage, die man sich im Leben öfter stellen sollte, ist die: Welchem Lebensplan folge ich? Ist es mein eigener oder der eines anderen? Ist es mir wichtig, wie zufrieden ich mit meinem Leben bin, oder möchte ich jemand anderen zufriedenstellen?

Mein Freund Fred, ein reicher Unternehmer, war früher Musiker. Nicht gerade riesig erfolgreich, aber er machte seine Musik mit viel Herz. Er spielte Keyboard in verschiedenen Bands und hatte sein Auskommen. Doch sein strenger Vater wollte mehr von seinem Sohn, jedenfalls das, was er für mehr hielt. Etwas, das in der Gesellschaft mehr hermacht als ein Keyboarder, der so gerade eben über die Runden kommt. Fred liebte seinen Vater, wie ein Junge seinen Vater liebt, auch wenn der immer sehr kühl und streng zu ihm war. Und er wünschte sich nichts sehnlicher, als von ihm Anerkennung zu bekommen. Er sehnte sich danach, ein einziges Mal zu hören: »Mein Sohn, ich bin stolz auf dich!« Oder auch nur: »Das hast du gut gemacht!« Doch stattdessen bekam er nur Kritik zu hören und Verachtung zu spüren für seinen »Hungerleider-Job«. Das tat Fred sehr weh. Vielleicht würde es sich ändern, wenn er tat, was sein Vater sich von ihm wünschte, dachte sich Fred und hängte schweren Herzens die Musik an den Nagel.

Er gründete ein Unternehmen, das sehr erfolgreich wurde. Fred verdiente viel Geld und war beliebt, wie man eben beliebt ist bei Menschen, die von Erfolg und Macht angezogen werden. Doch das, was er sich am meisten ersehnte, weshalb er diesen Weg überhaupt beschritten hat, passierte dennoch nicht. Er hörte immer noch nicht die Worte »Ich bin stolz auf dich, du machst es gut mein Sohn!« von seinem Vater.

Denn der war einfach in seinem eigenen Gefängnis eingeschlossen und konnte nicht über seinen Schatten springen und seine Liebe zeigen. Fred kaufte sich ein teures Auto nach dem anderen. Wenn ein Haus fertig war, in das er einzog, um dort zu leben, kaufte er schon das nächste. Seine Kleidung ließ er aus London einfliegen, er wollte zeigen, was er hatte, weil ihm das kurzfristig Anerkennung verschaffte. Doch er blieb ruhelos und unerfüllt und brauchte immer mehr Ersatzbefriedigung, die ihm jedoch keine Befriedigung verschaffte.

Fred wurde immer müder und antriebsloser und hatte ständig Rückenschmerzen. Als er es kaum noch aushalten konnte, ging er zum Arzt. Die Diagnose riss ihm den Boden unter den Füßen weg: Er hatte Krebs! Von einer Sekunde zur anderen blickte er dem Tod ins Gesicht, und wenn der die Bühne betritt, dann gibt es nur noch schwarz oder weiß, entweder oder. Das ist die Stunde der Wahrheit. Willst du wirklich leben? Oder hast du akzeptiert, dass du schon gestorben bist? Du blickst mit dem Vergrößerungsglas auf dein Leben. Siehst jede vergeudete Minute, spürst jeden Moment, in dem du nicht gelebt hast, so wie du es wolltest. Du erkennst, dass du dich entschieden hast, jemand zu sein, der jemand anders gefallen möchte. Und begreifst, dass diese Entscheidung eine Entscheidung gegen dein Herz war. Und nur wenn du großes Glück hast, kannst du alle Karten noch einmal neu mischen.

Fred wurde am Rücken operiert, und er musste lange bewegungslos im Krankenhausbett liegen, eine Folter für diesen ruhelosen Menschen. So hatte er zwangsläufig viel Zeit zum Nachdenken. Nachdenken über sein Leben. Wenn er jetzt sterben würde, dachte er, dann hätte er gar nicht sein eigenes Leben gelebt, sondern das seines Vaters. Er hat sein Leben verpasst. Diese Erkenntnis traf ihn mit großer Wucht.

Es hat lange gedauert, doch er überwand seinen Krebs und schwor sich, endlich das Leben zu leben, das er sich wirklich wünschte und seinen Traum in Angriff zu nehmen: ein Leben mit Musik. Diese zweite Chance wollte er nicht vergeuden.

Er setzte einen Geschäftsführer in sein Unternehmen und konnte so weiter gut davon leben. Ja, es stimmt, er genoss eine komfortable Ausgangssituation durch sein vieles Geld, doch er hatte auch einen hohen Preis dafür bezahlt, der nun doch noch zu etwas gut sein würde. Er baute ein Studio, produzierte Musiker, die ihm gefielen, erlebte in vielen Momenten, wie sein Herz aufging, wenn Menschen zusammen Musik machen, die voller Begeisterung sind und lieben, was sie tun.

Fred hat seinen Weckruf erhalten und ihn erhört. Freds Vater starb und nahm alle ungesagten Worte mit ins Grab. Seine Anerkennung würde Fred nicht mehr erhalten, aber das war nun ohnehin nicht mehr seine Triebfeder. Denn was nützt dir die Anerkennung eines anderen, wenn du nicht glücklich bist mit dem, was du tust?

Wie oft spüren wir, dass eine Arbeit, eine Beziehung uns nicht guttun, und schrecken dennoch davor zurück, den Zustand zu verändern und zu gehen. Bis wir mehr und mehr verkümmern. Jeder, wirklich jeder hört seinen Ruf. Aber jeder hat auch die Möglichkeit, seinen Ruf zu überhören. Und dafür zahlst du immer einen Preis.

Die Welt ist voll von Menschen, die immer mehr wollen. Mehr Geld, mehr Macht, mehr Jugend. Gier ist ein ganz typischer Versuch, Löcher zu stopfen, eine Leere zu füllen, die durch mehr von etwas, was ich ohnehin nicht brauche, sicher nicht zu füllen ist. Tatsächlich stellen Menschen, die ihre Träume leben, fest, dass sie immer weniger brauchen!

»Wenn du liebst, was du tust,
wirst du nie wieder in deinem Leben arbeiten.«
Konfuzius

10.
DIE ANGST – EIN WICHTIGER TANZPARTNER

Als die Welt noch ein Ort voller Wünsche war, die vom Himmel fielen, stellten wir unser Potenzial nie infrage. Wir taten einfach das, was uns in den Sinn kam, und wenn es nur in unserer Phantasie war. Wenn du als Kind Feuerwehrmann gespielt hast, dann warst du Feuerwehrmann! Bis die ersten Verletzungen uns vorsichtiger werden ließen. Sie waren der Dünger für den Zweifel an uns selbst und an der Verlässlichkeit des Lebens. Von da an ging es hauptsächlich darum, diese Verletzungen und die daraus resultierenden Schmerzen zu vermeiden, und die Angst kam ins Spiel. Wir luden sie ein in unser Leben, damit sie uns warnt, falls wieder einmal Gefahr im Verzug war.

Ja, du hast richtig gelesen. Wir wollten, dass die Angst in Zukunft für uns da ist, als eine Art Bewegungsmelder für sich nähernde Gefahren. Wir haben sie erschaffen, um Situationen, die uns wehtun, zu vermeiden. Und ich sage es gleich vorweg, wir haben die Angst aufgefordert, also müssen wir auch mit ihr tanzen. Sie da stehen zu lassen, während die Musik weiterspielt, wird uns nicht weiterbringen. Mit der Angst zu tanzen heißt, zu akzeptieren, dass sie Teil unserer Geschichte ist.

Angst ist ein wichtiger Teil unseres Lebensspieles. Mach sie dir zum Feind, und sie wird dein Feind sein. Behandle sie als Freund, und sie wird dir nützlich sein – oder manchmal auch einfach verschwinden, weil sie merkt, dass du sie nicht mehr brauchst, weil die Sehnsucht nach deinen Träumen größer ist als dein Wunsch, Verletzungen zu vermeiden.

Da unsere Träume und die Angst sehr oft zusammen auftreten, widme ich der Angst ein eigenes Kapitel. Denn niemand von uns ist frei davon!

Ich habe mich inzwischen mit ihr angefreundet. Nach jahrelangen, ach, was sage ich, jahrzehntelangen ermüdenden Kämpfen habe ich erkannt, dass sie mir nichts Böses will. Sie ist wie ein unliebsamer Verwandter, den man auch zum Familienfest eingeladen hat, weil er zur Familie gehört, aber keiner mag ihn so richtig. Oft habe ich gesagt, mein Gott, das Leben ist wahnsinnig anstrengend. Und das war es auch. Weil ich so viel gekämpft habe. Und zwar am meisten dort, wo es überhaupt nichts bringt. Gegen meine Ängste, gegen meine Schwächen, gegen Umstände, die mir nicht gepasst haben. Und das kostet sehr viel Energie.

Je wacher ich wurde, umso mehr habe ich begriffen, dass es überhaupt nichts bringt, irgendetwas wegschieben zu wollen, weil es zwar für den Moment den Raum verlässt, aber nicht wirklich weg ist. Bei jeder sich bietenden Gelegenheit taucht es wieder auf und noch etwas: Es wächst mit der Zeit! Wie ein aufsässiges Kind, das man ruhigstellen möchte und das dann umso mehr plärrt.

Ich habe anfangs schon darüber gesprochen: Als ich ein kleines Mädchen war, wollte ich mich zeigen, wollte gesehen und gelobt werden, wie alle Kinder und Erwachsene übrigens auch. Doch meine Eltern hatten keine Zeit, keine Energie für mich. Sie waren mit sich selbst beschäftigt, hatten ihre eigenen Probleme. Es hieß immer nur: Sei still, ich kann jetzt nicht, hör auf damit, geh spielen! Das war sehr schmerzhaft für mich. Ich fühlte mich, als wäre ich gar nicht da. Also habe ich eine große Sehnsucht entwickelt, unbedingt gesehen und wahrgenommen werden zu wollen.

Und wo wird man am meisten gesehen? Auf der Bühne! Ich ging also zur Schauspielschule. Dass ich gleichzeitig auch das Programm abgespeichert habe, dass sich zeigen und mitteilen wollen zu Zurückweisung führt, war mir nicht bewusst. So hatte die Sehnsucht bereits einen Partner: die Angst vor dem Schmerz, abgelehnt zu werden.

Die Unterrichtsstunden, die mit dem Körper zu tun hatten, fand ich großartig. Singen, sprechen üben, atmen, ganz neue, spannende Erfahrungen. Auch mich in eine Rolle hineinzuarbeiten, den Text auswendig zu lernen, mich mehr und mehr so zu fühlen wie der zu spielende Charakter, war aufregendes Neuland. Aber sie vor dem Lehrer zu spielen, mit ihm daran zu arbeiten, war eine Tortur für mich. Ich starb jedes Mal tausend Tode.

Ich wurde genauestens beobachtet, was mich lähmte, und noch dazu wurde ich kritisiert. In einer Schauspielschule ein völlig normaler Vorgang. Doch Sätze wie: »Das war jetzt aber aufgesetzt und äußerlich, da kam nichts rüber«, ließen mich dann endgültig zu Staub zerfallen. Emotionslos betrachtet – und dazu bin ich heute Gott sei Dank in der Lage –, spielte sich einfach Folgendes ab: Um den Schmerz des kleinen Mädchens, wenn es sich zeigen wollte, nicht mehr zu erleben, war die Angst vor der Ablehnung entstanden. Ich hatte diese Angst als Sicherheitsmechanismus eingebaut, sie sollte mein Bodyguard sein. Ich will mich zeigen, dann kommt die Angst daher und sagt: Lieber nicht, das führt zu Ablehnung, und die tut dir dann wieder weh, also lass es lieber! Die Gleichung war ganz einfach: je mehr zeigen, umso mehr Angst! Das kann in Härtefällen dazu führen, dass jemand ein ganzes Leben hinter einer Mauer verbringt, damit er bloß nicht wieder verletzt wird.

Es gibt aber auch noch diese andere Institution in uns, ich nenne sie Seele. Das was uns ausmacht, die Summe unseres Seins. Und die lässt sich von der Angst nicht so leicht beeindrucken, weil sie die Zusammenhänge durchschaut. Und wenn unsere Seele findet, wir sollten uns zeigen, dann wird sie keine Ruhe geben. Es arbeiten also zwei Mächte in unserer Brust, die Goethe beide Seelen nannte, was ja auch irgendwie stimmt, denn sowohl die Angst als auch die Sehnsucht, das sind ja beides wir!

Schauen wir uns noch einen Moment die hypernervöse Schauspielschülerin an. Es gab ein paar wenige Momente, in denen ich es schaffte, so mit meiner Rolle zu verschmelzen, dass ich die Angst vergaß. Ich war die verzweifelte Königin, die ihre wahre Liebe nicht vergessen konnte. Und spürte den Druck der ganzen Welt auf mir, weil genau das von ihr verlangt wurde. Dann war es still im Raum, denn die Wahrheit hatte gesprochen. Meine Lehrerin sah mich an und nickte nur. Das war ein Glücksgefühl für mich, und es war die Karotte, die den Esel weiter vorantrieb, sich diese Wahrheit ganz zu eigen zu machen. Aber noch war die Angst mein Tanzpartner. Und ich kämpfte gegen sie, denn ich wusste es nicht besser.

Ganz schlimm wurde es, wenn wir Aufführungen hatten vor allen Lehrern und allen Semestern. Dann wollte ich die Schule schmeißen, davonrennen, sterben, mich in Luft auflösen. Die Angst wurde unerträglich.

Und ich werde mich hier und jetzt mit einem Rezept outen, das ich niemandem empfehlen möchte, da es kein bisschen zur Lösung des Problems beiträgt, sondern es nur für kurze Zeit vertuscht.

Vor jeder dieser Aufführungen kaufte ich mir, damals für eine Mark, ein winziges Fläschchen Jägermeister. Es war genau ein Schluck darin, und der dämpfte meine Panik ein wenig, sodass ich mich überhaupt auf die Bühne traute. Aber wie gesagt, geändert hat sich dadurch gar nichts, es hat meine Auseinandersetzung mit der Ursache meiner Angst nur hinausgezögert. Heute bewundere ich mich fast dafür, wie tapfer ich wieder und wieder dagegen angerannt bin.

Es wurde dann keine Schauspielerin aus mir, weil ich erkannte, dass mir das Spielen zwar sehr große Freude bereitete, dass es aber andere Dinge gab, die mir mehr bedeuteten, nämlich das Schreiben und die Musik. Aber es war ungeheuer wichtig, dass ich es so gründlich ausprobiert hatte. Noch heute spiele ich kleine Szenen nach, die ich im Fernsehen oder im Kino gesehen habe, wie jemand, der ab und zu ausprobiert, ob er noch Spagat kann. Und wenn der Tag ein paar mehr Stunden hätte, wäre ich wahrscheinlich in einer Theatergruppe. Na, wer weiß, was das Leben noch so auf dem Tablett hat für mich. Doch zurück zu der nun nicht mehr zukünftigen Schauspielerin.

Durch eine Fügung der Ereignisse wurde ich Moderatorin und zwar im Radio, das war ein hervorragender Kompromiss, denn ich hatte immer Musik um mich, und ich musste mich nicht zeigen. Aber wie gesagt, die Seele arbeitet immer im Hintergrund mit, und die wollte mich nicht in dieser Komfortzone lassen, denn da gab es ja noch die Angst, die auch gesehen werden wollte. Also folgte bald eine Zeit, in der ich zu Castings eingeladen wurde. Im Radio war ich inzwischen ziemlich erfolgreich, und man hielt mich auch für recht ansehnlich, somit war der Schritt vor die Kamera nur logisch. Und tatsächlich ergatterte ich einige Fernsehjobs.

Dort ging das große Zittern dann weiter. Ich weiß bis heute nicht, wie ich es geschafft habe, dass es keiner gemerkt hat. Mein Herz raste, ich hatte Schweißausbrüche, und über all das pinselte ich ein breites Lächeln mit dem schön geschminkten Mund. Denn auch hier spielte ich die souveräne Moderatorin nur, das kleine, verschreckte Mädchen versteckte sich weiterhin erfolgreich.

Dann kam die Wende. Ich stand im Studio einer Produktionsfirma, die eine Moderatorin für ein Boulevardmagazin suchte. Ich hatte mir inzwischen äußerlich ein selbstbewusstes Auftreten zugelegt, damit keiner auf die Idee kam, dass ich ängstlich war wie ein ausgesetztes Kätzchen, und so tat ich so, als wäre das alles gar kein Problem. Das glaubte mir auch jeder, denn im Radio war ich bekannt dafür, frech und schlagfertig zu sein, es sah mich ja keiner.

Der Regisseur erklärte mir, was ich zu tun hätte. Ich sollte durch die Tür kommen, in die Kamera sehen, eine Begrüßung für das Fernsehpublikum improvisieren und ein bisschen was zu der neuen Sendung erzählen. Und dabei natürlich sympathisch und kompetent wirken.

In meinem blassrosa Moderations-Jackett sah ich aus wie eine Lieblingsschwiegertochter. In der Maske wurde ich fernsehgerecht aufgehübscht. Da stand ich nun, eine spießige, oder sagen wir, seriösere Ausgabe meiner selbst. Ich hatte mir ein paar Sätze zurechtgelegt, die ich in meinem Kopf wieder und wieder abspulte. An sich war das Ganze ja nicht so schwer, doch mein Adrenalinpegel stieg unaufhörlich. Hoffentlich merkte das keiner. Wenn die wüssten, wie es tatsächlich in mir aussah! Mir stand der Schweiß auf der Oberlippe, ich musste immer wieder nachgepudert werden.

Jemand rief: »Alles auf Anfang!« Ich verschwand hinter der Tür, der Regisseur rief: »Action«! Schwungvoll öffnete ich die Tür, gleißendes Scheinwerferlicht empfing mich, und ich strahlte mit einem künstlichen Lächeln in die Kamera, als wollte ich ein Waschmittel anpreisen. In meinem schicken rosa Jackett, das mich als Moderatorin verkleidete, fühlte ich mich wie auf dem Präsentierteller. Alle starrten mich an. Und das Fatale war, auch ich beobachtete mich. Ich war da, wo ich überhaupt nicht sein sollte, nämlich neben mir! Und was ich sah, gefiel mir überhaupt nicht. Viel zu verkrampft und unnatürlich, schimpfte der kritische Teil in mir, während der andere Teil versuchte, den Text aufzusagen.

»Guten Abend und herzlich willkommen zu unserem neuen Magazin Spotlight! Neuigkeiten aus der Welt der Stars, Neuigkeiten aus der Welt des Films und der Musik. Spotlight ist für sie live dabei, wenn, äh, wir haben die Stars auf dem roten Teppich … Also es wird auf jeden Fall spannend, sehr spannend … Seien sie gespannt auf fünfundvierzig Minuten Neues aus der Welt …« Ich brach ab und lachte gekünstelt. »Sorry, hab den Faden verloren. Ich mach's noch mal«, damit verzog ich mich schnell wieder hinter die Tür. Mein Herz klopfte bis zum Hals, die Maske wartete schon mit dem Puder. Meine Nervosität stieg.

Dabei war das bis hierher eigentlich gar nicht schlimm, so etwas passierte auch anderen. Die Produktionstruppe hinter der Tür fand bestimmt gar nichts dabei. Ich jedoch durchlitt Höllenqualen, und ich sprach zu mir wie ein Folterknecht: »Alle haben es gesehen, wie du dich zum Affen machst. Bist du zu blöd, dreißig Sekunden Moderation aus dem Ärmel zu schütteln? Du, als Profi!« Aufmunterung sieht anders aus.

»Kamera ab«, hörte ich die autoritäre Stimme des Regisseurs. Mit Schwung griff ich zur Klinke, nichts bewegte sich, die Tür klemmte. Die Kamera surrte, die Linse blickte auf eine geschlossene Tür, so wie alle anderen auch. Ich rüttelte, endlich gab die Tür nach, flog mit Schwung auf und …, ich flog hinterher. Fast hätte ich die Kamera umgerissen.

»Entschuldigung!«, murmelte ich peinlich berührt und kehrte ganz schnell wieder um.

Was mein innerer Folterknecht mir jetzt erzählte, lasse ich hier lieber weg. Inzwischen war ich total verspannt und zutiefst verunsichert. Doch es half nichts, gleich musste ich da wieder raus. Steif und verschreckt wie ein Reh im Licht eines Autoscheinwerfers stand ich da und sah die Gesichter der anderen aus dem Augenwinkel.

Ich zwang mich, meinen Blick in die Kamera gerichtet zu lassen, auch wenn ich am liebsten den Kopf gedreht hätte, um genauer zu sehen, wie all diese Leute guckten. Schauten sie kritisch oder sogar missbilligend? Ich hatte das ungute Gefühl, sie würden mich wie ein Insekt durch eine Lupe betrachten.

Mein Gesicht verkrampfte sich vor lauter innerer Anspannung, und ich verlor wieder den Faden, versuchte zum Thema zurückzufinden, redete unzusammenhängenden Blödsinn. Meine Sätze waren wie lose Fäden, die irgendwie nicht zusammengehörten. Meine Wangen glühten, und der Schweiß lief mir den Rücken hinunter. Das berühmte Erdloch tat mir auch nicht den Gefallen, sich aufzutun.

Erneut schloss sich die Tür hinter mir. Ich war das Lamm, das auf die Schlachtbank wartete. Ich versuchte zu atmen. Der Text.

Wie war noch mal der Text? Fieberhaft kramte ich in den leeren Karteikästen meines Gehirns. Jemand riss die Tür auf. »Wo bleibst du denn?«

Vor lauter verzweifeltem Suchen nach den verlorengegangenen Worten hatte ich das Kommando des Regisseurs überhört. Auch das noch. Ich hielt den ganzen Betrieb auf, die waren bestimmt schon total genervt.

»Jetzt reiß dich mal zusammen!«, schimpfte mich meine innere Stimme in militärischem Ton, ohne jedes Mitgefühl.

Wieder hieß es »Kamera ab!«, und ich bekam gerade noch die Begrüßung heraus. Bitte, lieber Gott, hol mich hier raus! Ich hatte das Gefühl, als ob alle unangenehm berührt zu Boden sahen. Schnell verschwand ich wieder hinter der vermaledeiten Tür, bloß niemanden ansehen. Was mochten die jetzt von mir denken? Wie konnte ich nur so versagen? Wie ging der verdammte Text, den ich mir zurechtgelegt hatte? Genau genommen war der sowieso viel zu langweilig, vielleicht sollte ich noch einmal überlegen …

Mein Kommando riss mich aus meinen Gedanken. Ich stand vor der Kamera, verzweifelt grinsend, und mein Gehirn war so leer, wie die Verkaufstresen bei Apple nach Einführung des neuen iPhones. Da war nichts mehr, kein Wort, kein Gedanke, Blackout. Kurzschluss im Gehirn, Licht aus, Stecker raus, Ende der Vorstellung. Fassungslos starrte ich in das schwarze Loch der Kameralinse. Niemand sagte ein Wort.

Ich weiß gar nicht mehr genau, wie ich dort hinausgekommen bin. Ich fühlte mich wie ein geprügelter Hund, schlich nach Hause, legte mich ins Bett und heulte Rotz und Wasser. In selbstquälerischer Weise hielt ich mir noch einmal jeden Moment meines Versagens vor Augen und beschimpfte mich für diese grauenvolle Vorstellung. Das Schlimmste, was du dir selbst antun kannst! Du liegst am Boden und trittst noch hinterher. Tja, dachte ich verbittert, ich bin eben doch nicht gut genug, ich bin ein Versager, ein Pechvogel, vom Leben gestraft.

Was war passiert? Heute ist mir bewusst, dass ich über lange Zeit versucht habe, meine Angst mit aller Macht zu unterdrücken, sodass alle Systeme kollabiert sind. Dass es nirgendwohin führt, alles unter den Teppich zu kehren, das wusste ich damals noch nicht. Ich dachte, wenn ich es weit genug wegschiebe, ist es weg. Doch wenn etwas immer schlimmer wird, musst du dich irgendwann damit auseinandersetzen, dich deinen Dämonen stellen.

Ich spielte die Lustige, Souveräne und überspielte damit meine immer schlimmer werdende Nervosität. Bis die Panik so groß war, dass sie sich nicht mehr verdrängen ließ und wie ein Tsunami alles andere unter sich begrub. Das war ein herber Rückschlag, und ich habe lange gebraucht, um mich davon zu erholen.

Als ich genug geheult hatte, stand ich auf und beschloss, wenn ich mich nicht sofort umbringe, dann muss etwas geschehen. Ich holte mir Hilfe, besuchte ein Seminar, in dem ich beleuchten konnte, wo diese Angst herkam, denn der Zusammenhang war mir ja damals überhaupt nicht bewusst. Und um etwas zu verändern, was immer es auch ist, muss ich es erst einmal kennen, muss mir meiner selbst bewusst sein, sonst bin ich nur ein Automat, der auf bestimmte Dinge automatisch reagiert, scheinbar ohne dass ich etwas daran ändern kann.

Und ich lernte etwas, das mein Leben für immer verändern sollte, dass ich nämlich nur eine Chance habe: Wenn ich mir die Angst zum Freund mache, mit ihr tanze.

Unsere tiefsten Ängste sind wie Drachen,
die unsere größten Schätze bewachen.
Verfasser unbekannt

Es gibt einen Raum in jedem von uns, den ich das Schattenzimmer nenne. Dort wohnen sie alle, all die ungeliebten Eigenschaften, die wir nicht wollen, all die Ängste, die immer wieder ins obere Stockwerk kommen, hervorgerufen durch Situationen, mit denen sie verknüpft sind. Und es gibt kein Schloss auf dieser Welt, das diese Tür für immer verschließen könnte.

In diesem Schattenzimmer wohnt die Angst vor Ablehnung, der mangelnde Selbstwert, das nagende Ich-bin-nicht-gut-Genug, die Existenzangst, das Sich-ungeliebt-Fühlen, die Angst zu versagen, sie alle hausen dort, weil wir sie einmal eingeladen haben, da wir dachten, sie zu brauchen.

Wenn dir das klar wird, dann ist das der Anfang zur großen Veränderung. Und der einzige Weg, mit der Angst umzugehen, ist, sich ihr zu stellen. Sieh ihr ins Gesicht. Warum ist sie da? Was ist ihre Aufgabe? Du wirst erkennen, dass sie nicht böse ist. Sie ist nicht gegen, sie ist für dich! Und wenn wieder eine Situation da ist, in der sie kommt und mit einer kalten Hand nach deinem Herzen greift, dann fühle sie. Du wirst nicht untergehen, du wirst nicht sterben. Und dadurch, dass du sie nicht wegschiebst, wirst du spüren, dass sie an Ladung verliert. Sie wirft dich nicht mehr so aus der Bahn. Manchmal verliert sie sogar so viel Ladung, dass sie verschwindet. Ihr Zweck hat sich erfüllt. Du hast dich mit dem Thema auseinandergesetzt, sie braucht dich nicht mehr zu warnen oder vor Schmerzen zu schützen!

Es gibt aber auch ein paar ganz pragmatische Hilfsmittel, und ich sagte ja schon, ich mag die praktischen, im Alltag anwendbaren Dinge.

Ein wunderbarer Trick ist es zum Beispiel zu atmen. Unser Körper reagiert auf die Angst oft damit, den Atem anzuhalten oder sehr flach zu atmen. Wenn du bemerkst, die Angst kommt, und dein Atem stockt, dann hole tief Luft und atme langsam ein und aus. Stelle dir vor, du atmest in dieses Angstgefühl hinein. Je kräftiger die Angst, umso kräftiger solltest du atmen. Du kannst richtig übertreiben, als wärst du aus einem tiefen Tauchgang aufgetaucht, und du wirst merken, die Zange löst sich, der Druck wird weicher.

Du wirst spüren, dass dein Atem sich im Körper mit jedem

Atemzug ein wenig mehr ausbreitet. Das Gefühl tut sehr gut, es beruhigt dich. Der Körper reagiert auf das Signal. Aha, sie atmet tief und ruhig, also Entwarnung und alle aufgeschreckten Zellen können sich beruhigen. Wenn die Angst recht groß ist, kann sein, dass du es ein paar Mal wiederholen musst, aber es ist sehr wirksam!

Natürlich gibt es auch Ängste, die aus traumatischen Erfahrungen resultieren. In dem Fall würde ich immer dazu raten, sich die Hilfe eines Coaches oder Therapeuten zu holen. Ich persönlich habe damit sehr gute Erfahrungen gemacht. Wir müssen nicht alles allein schaffen, auch wenn wir das oft glauben. Ohne meine liebevollen, weisen, phantastischen Helfer hätte ich Jahre länger gebraucht, endlich frei zu werden von all den Lasten, die ich mit mir herumtrug, oder einfach besser mit denen umzugehen, die noch eine Weile brauchen. Und es tut auch einfach mal gut, ein Stück des Wegs jemanden an der Seite zu haben, sich anlehnen zu können und zu sagen, hilf mir, ich kriege das allein nicht hin.

Ich habe im Lauf meines Lebens dann noch viele Bühnen betreten, und das wohlgemerkt ohne Jägermeister, und die Angst kam auch manchmal wieder. Aber ich fühlte mich dann nicht mehr so ausgeliefert. Ich wusste, ich würde nicht sterben, denn man überlebt auch Momente des Versagens und der größten Scham. Vor meinen Auftritten überließ ich mich der Angst, atmete tief und lange, und dann betrat ich die Bühne. Und wenn die Angst blieb, redete ich darüber.

Ich sagte den Leuten: »Wow, ich bin ganz schön aufgeregt, könnt ihr hören wie mein Herz klopft?«

Auch das hilft. Nicht wegschieben und überspielen und hoffen, dass es keiner merkt. Im Gegenteil. Ich habe Angst, das ist okay! Aber ich freue mich trotzdem, hier zu stehen! Und schon bin ich im Fluss, bin bei mir, und die Angst ist weg. Weil sie merkt, sie wird nicht mehr gebraucht. Ein wenig Lampenfieber habe ich immer noch, das halte ich für ganz normal. Ich betrachte es als Wachmacher, eine Art geistiger Red Bull. Aufmerksamkeit und

Konzentration sind auf diese Weise hochgefahren. Wenn ich zu entspannt bin, schlaffe ich ab. Das ist meine Überzeugung, es gibt aber auch Leute die behaupten, sie seien vor Auftritten überhaupt nicht nervös.

Thomas Gottschalk, mit dem ich einige Zeit zusammengearbeitet habe, machte sein Warm-up, sein Aufwärmen des Publikums, oft selbst. Er sprang aus dem Auto, lief auf die Bühne und war mit den paar hundert Leuten genauso locker wie später vor dem Millionenpublikum. Und genauso war er auch in der Cafeteria oder mit seinen Mitarbeitern. Er war einfach tiefenentspannt er selbst. Andere stehen kurz vor ihrem Auftritt bleich und zitternd hinter der Bühne, und man darf sie auf keinen Fall ansprechen. Thomas dagegen grinst dich an und macht noch schnell im Hinauslaufen einen Scherz. Beneidenswert! Aber jeder ist anders.

Viele von uns lassen sich durch ihre Ängste davon abhalten, ihre Träume zu leben. Wie oft in deinem Leben tust du etwas nicht, weil du Angst hast? Du tanzt nicht, weil du glaubst, es sähe lächerlich aus. Du schreibst nicht, weil du glaubst, du seiest nicht gut genug, du malst nicht, weil die Kinder in der Schule dich ausgelacht haben, und so weiter.

Unser Gehirn lernt sehr schnell und lässt unsere Angst Geschichten über uns erzählen, die zur Gebetsmühle werden. Dabei unterscheidet es nicht einmal zwischen dem, was es erzählt, und dem, was tatsächlich passiert. Das hat die Gehirnforschung inzwischen tatsächlich herausgefunden. Die Synapsen im Gehirn feuern Signale ab, und der Körper reagiert, als ob es wirklich gerade so abläuft. Wir kennen das alle. Ein Gedanke folgt auf den nächsten, immer wahrscheinlicher wird das Horrorszenario, unser Puls beschleunigt sich, unser Herz klopft schneller, wir haben einen Knoten im Magen, uns wird warm, und wir beginnen zu schwitzen. Alles wegen einer Phantasie über etwas, das gar nicht da ist und mit hoher Wahrscheinlichkeit niemals eintreten wird!

Mir persönlich hat diese Synapsengeschichte sehr geholfen. Es gibt wunderbare Bücher darüber von Dr. Joe Dispenza, und im IV. Teil im Kapitel 17 »Gewohnheitstiere umgewöhnen« habe ich das Thema etwas genauer beschrieben. Es ist wirklich faszinierend, und man kann die Lebensdramen einmal aus einer ganz anderen, viel sachlicheren Perspektive betrachten. Ich glaube, das kennen wir alle, dass man sich mit seinen angstvollen Gedankenschleifen regelrecht in etwas hineinsteigern kann. Seit ich Dr. Dispenzas Bücher gelesen habe, kann ich mir schneller sagen: Hey, das ist eine chemische Reaktion im Gehirn, hör einfach auf damit und befeuere lieber neue Synapsen! Das braucht manchmal ein bisschen Zeit, denn auch unser Gehirn ist ein Gewohnheitstier, aber es lohnt sich.

Ich möchte dir nur immer wieder sagen: Lass dich durch deine Angst nicht von deinen Träumen abhalten! Nimm sie in den Arm. Du hast sie geboren. Sie ist dein ungeliebtes Kind, das wie alle ungeliebten Kinder alles mögliche anstellt, um von dir gesehen zu werden. Sie hat nicht vor, dich umzubringen, sie hat nicht einmal vor, dich abzuhalten. Sie sagt nur immer wieder: »Vorsicht! Dies ist der Bereich, in dem es für dich schmerzhaft werden kann! Kümmere dich darum!« Sie ist ein Elektrozaun. Ein unermüdlicher Beschützer. Erkenne sie, umarme sie, und bald wird die Angst merken, dass sie nicht mehr gebraucht wird, und eine große Erleichterung stellt sich ein. Ich habe am Ende des Buches ein paar Methoden aufgeführt, die dir helfen können, mit deinen Ängsten umzugehen. Und zwar nur solche, die ich selber ausprobiert habe.

»Hab keine Angst, der Schatten
ist nur ein Bruder des Lichts!«
Beatrice Reszat

Ich hatte viele Ängste. Teilweise so schlimm, dass es Zeiten gab, in denen ich dachte, ich würde meine Träume niemals verwirklichen können. Zum Glück waren sie mir stets so kostbar, dass ich es nicht übers Herz brachte, sie aufzugeben. In meinem Schattenzimmer ist heute Licht. Natürlich wohnen dort noch immer Schatten und Ängste, ich glaube, niemand von uns ist ganz frei davon. Aber es sind viel weniger geworden und ich kenne sie nun besser, wir leben in Nachbarschaft, und ich akzeptiere ihr Vorhandensein. Ich bekämpfe sie nicht mehr, und das hat mein Leben unendlich erleichtert und meine Träume beflügelt. Ich weiß jetzt, dass nichts sie aufhalten kann, nichts und niemand außer mir!

Nelson Mandela, ein großer Träumer und weiser Mann, hat in seiner Antrittsrede zu seiner Präsidentschaft in Südafrika etwas über die Angst gesagt, das sich seither auf der ganzen Welt verbreitet hat, und viele tausend Menschen haben es gelesen. Seine Worte haben große Kraft, weil er direkt in unser Herz zu blicken scheint. »Jeder Mensch ist dazu bestimmt, zu leuchten! Unsere tiefgreifendste Angst ist nicht, dass wir ungenügend sind, unsere tiefgreifendste Angst ist, über das Messbare hinaus kraftvoll zu sein.

Es ist unser Licht, nicht unsere Dunkelheit, die uns am meisten Angst macht. Wir fragen uns, wer ich bin, mich brillant, großartig, talentiert, phantastisch zu nennen? Aber wer bist du, dich nicht so zu nennen? Du bist ein Kind Gottes.

Dich selbst klein zu halten, dient nicht der Welt. Es ist nichts Erleuchtetes daran, sich so klein zu machen, dass andere um dich herum sich nicht unsicher fühlen. Wir sind alle bestimmt, zu leuchten, wie es die Kinder tun.

Wir sind geboren worden, um den Glanz Gottes, der in uns ist, zu manifestieren. Er ist nicht nur in einigen von uns, er ist in jedem Einzelnen. Und wenn wir unser Licht erscheinen lassen, geben wir anderen Menschen die Erlaubnis, dasselbe zu tun.

Wenn wir von unserer eigenen Angst befreit sind, befreit unsere Gegenwart automatisch andere.«

11.
SELBSTWERT – DU BIST NICHT DEIN KONTOSTAND!

Du denkst, du musst es haben, damit du es wert bist. Nein! Du musst es wert sein, und dann wirst du es haben!

Die wichtigste Beziehung, die es im Leben zu klären gilt, ist die zu dir selbst!

Alles in diesem Universum ist Energie. Und wenn ich der Meinung bin, dass ich nichts wert bin, strahle ich genau das aus und fordere andere geradezu dazu auf, mich wie einen Putzlappen zu behandeln.

Ich glaube, jeder ist in seinem Leben schon einmal einem Menschen begegnet, den ich als »Knöpfedrücker« bezeichne. So ein Mensch hat ein großes Ego, eckt überall an, ist aber dennoch erfolgreich, weil er so stark von sich selbst überzeugt ist. Sein ganzes Auftreten ist eine einzige Provokation. Er hat viele Feinde, und er zieht Opfer an wie der Hundehaufen die Fliegen.

Dieser Mensch schafft es, so viel Wut und Ohnmacht in dir zum Kochen zu bringen, dass du es schier kaum aushältst. Dein Kopf ist den ganzen Tag nur von einem einzigen Thema erfüllt: Was du ihm am liebsten alles sagen würdest, wenn du dich nur trautest!

Kennst du diese herrlichen Filme, in denen der kleine Angestellte eines Tages dem Big Boss die Meinung geigt, ihm sagt: »Sie können mich mal!«, und das Büro und seinen Job verlässt? Das erzeugt ein solches Hochgefühl in jedem einzelnen Zuschauer, weil so gut wie jeder Missachtung, Unterdrückung und das Gefühl, ein Nichts zu sein, schon einmal erlebt hat.

Ich hatte einen solchen Big Boss, er war Produzent und Komponist und fand sich selbst unübertrefflich. Er walzte durch das Leben wie einer dieser Monster-Trecker mit den Riesenreifen. Überall hinterließ er Spuren, überall auch plattgefahrenes Gras. Ich arbeitete für ein sehr überschaubares Gehalt sieben Tage die Woche, meistens zehn bis vierzehn Stunden lang täglich. Ab und zu lobte er mich, und dann wieder faltete er mich zusammen, genau die Mischung, die es brauchte, um mich bei der Stange zu halten, denn so gut ich auch war in meinem Job, damals hatte ich überhaupt kein Selbstbewusstsein.

Seine Firma war neu, und ich war eine Art Mädchen für alles. In diesem Job habe ich dort aus dem Nichts viel aufgebaut, auf das ich heute noch stolz bin, dennoch war es eine extrem herausfordernde Zeit, weil ich die ganze Zeit das Neonschild »Ich bin nicht gut genug, ich bin es nicht wert« auf meiner Stirn trug. Und er, der Herrscher über dieses Reich, bediente meine Knöpfe vortrefflich.

Auch bei den anderen Mitarbeitern wendete er die bewährte Taktik an: Erst wurden sie für ihre tollen Leistungen in den Himmel gelobt, um sie kurz darauf wieder herunterzuputzen und kleinzumachen.

Sein Verhalten führte dazu, dass die Stimmung im Team schlechter und schlechter wurde und sich alle bei mir ausheulten. Als ich das ihm gegenüber einmal andeutete, war das natürlich alles nicht seine Schuld. Es lag ausnahmslos an den anderen. Es änderte sich also nichts, ich hörte meine Kollegen weiter wehklagen, tröstete hier, beschwichtigte dort, bis ich selbst vor lauter Frust zehn Kilo zu viel hatte auf den Hüften und keine Energie mehr. Alles aufgezehrt. Kein Wunder, nachdem ich neben meinem Fulltime-Job noch eine Rund-um-die-Uhr-Therapie-Station eingerichtet hatte.

Ich versuchte, mich mit seiner besten Freundin zu beraten, zu der ich einen ganz guten Draht hatte. Die kannte ihn lange, und ich hoffte, sie hätte eine Idee, wie man mit dieser verfahrenen Situation umgehen könnte. Aber die hatte nichts Besseres zu tun, als ihm das Ganze brühwarm zu erzählen.

Am nächsten Tag flog ich raus, und am übernächsten bekam ich eine Lungenentzündung. Ich war so wütend auf diesen Mann! Ich verdiente von einem Tag auf den anderen kein Geld mehr und bekam auch kein Arbeitslosengeld, da ich keinen Arbeitsvertrag hatte. Ich war drei Monate krank und ohne Einkommen. In jedem negativen Gedanken spielte mein Ex-Boss die Hauptrolle, er wurde mein Staatsfeind Nummer eins.

Ich war nie in meinem Leben gewalttätig, aber sein Foto hätte ich gerne auf einen Sandsack geklebt und mit Boxhandschuhen bearbeitet. Das ging eine lange Zeit so. Auch noch, als ich mich längst wieder erholt hatte. Diese Erfahrung klebte an mir wie ein unangenehmer Juckreiz.

Ich bekam das nur los, als ich endlich meine eigene Verantwortung für diese unselige Geschichte erkannte. Eines Tages hat es »Bäng« gemacht, und wie beim Flippern, wenn man den Ball lange genug drin behält und immer wieder gegen die Hindernisse haut, gingen bei mir überall die Lichter an: Ich habe das alles zugelassen! Ich habe Ja gesagt zu diesem Job, er hat mich nicht mit vorgehaltener Pistole dazu gezwungen. In meinem Buch »So spricht die Liebe« gibt es den Satz: »Das Orchester kann spielen, aber du musst nicht dazu tanzen!«

Ich habe Ja gesagt zu den Arbeitszeiten, und ich habe Ja dazu gesagt, mich wie einen Baumwollpflücker behandeln zu lassen. Ganze zwei Jahre lang. Und ich habe es auch zugelassen, dass ich meinen Körper all seiner Kräfte beraubt habe. Das alles für einen Menschen, der anderen gegenüber wenig Wertschätzung zeigte, weil er so viel mit sich und seinem Ego beschäftigt war. Wie auch immer, den schwarzen Peter für meinen Zustand konnte ich ihm nicht in die Schuhe schieben. Ich hätte einfach gehen sollen und darauf vertrauen, dass das Leben diesen Schritt mit einer schöneren Aufgabe belohnt. Aber ich war noch nicht so weit, denn diese Lektion wollte gelernt werden!

Mittlerweile bin ich diesem Produzenten dankbar. Ich wollte es ihm sogar schon einmal schreiben, wie gut er meiner weiteren Karriere getan hat, denn abgesehen davon, dass ich mich wegen ihm endlich einmal um meinen angeschlagenen Selbstwert gekümmert habe, habe ich diese Erkenntnisse oft auch in meine Texte einfließen lassen. Es sind gute Texte geworden, und ich habe gut damit verdient. Ganz zu schweigen davon, was das in meinem Leben verändert hat. Denn von jetzt an war ich sensibilisiert und achtete darauf, wie ich mich in einem Arbeitsumfeld verhielt. Es war auch nicht von einem Tag zum anderen vorbei mit meinem mangelnden Selbstwertgefühl, aber ich konnte darauf achten und daran arbeiten!

Heute betrachte ich mein Gegenüber in solchen geschäftlichen Situationen als wertvollen Spiegel für mein Selbstwert-Thermometer. Wie behandelt er mich? Respektvoll oder herablassend? Was für eine Gage bietet er mir an? Ist es gut oder wenigstens akzeptabel, oder ist es unter aller Kanone?

Dann – und das ist das Wichtigste – werde ich nicht sauer auf diesen unhöflichen, arroganten Ausbeuter, oder soll ich sauer sein auf mein Spiegelbild? Ich kehre sofort zu mir zurück, mache eine Bestandsaufnahme, und wenn ich das Gefühl habe, ich stehe noch nicht voll in meinen Schuhen, dann arbeite ich daran. Ich werde niemals Wertschätzung erhalten, wenn ich sie mir und meiner Arbeit nicht selber zolle. Damit beginnt alles, und das ist auch das Benzin für unsere Träume.

Egal, was die Welt darüber denken mag, meine Wertschätzung haben sie. Und ich bin es mir wert, meine Träume zu verwirklichen!

»Es wird immer jemanden geben,
der das braucht, was du ihm gibst!«
Frank Korablin

12.

VERGLEICHE – IMMER SIND DIE ANDEREN SCHÖNER, KLÜGER, REICHER

Wenn du etwas suchst, womit du dir erfolgreich die Energie und die Lust am Träumen nehmen kannst, dann sind es Vergleiche. Ich weiß, wovon ich spreche, und ich muss noch immer aufpassen, mich davor zu hüten, um mich nicht jedes Mal wieder infrage zu stellen.

Wie oft habe ich in meinen Coachings auf meine Frage, was hält mein Gegenüber davon ab, seinen Traum zu leben, gehört, wenn er oder sie eine Kindheit gehabt hätte wie X oder eine Ausbildung wie Y oder so viel Geld wie Z, ja dann hätte er oder sie es geschafft.

Ist Heidi Klum eine atemberaubende Schönheit? Ich finde sie eher durchschnittlich schön. Aber sie wäre sicher nicht da, wo sie ist, wenn sie auch nur einen Gedanken daran verschwendet hätte, dass sie nicht so lange Beine hat wie Giselle Bündchen und nicht so eine tolle Figur wie »The Body« Elle Macpherson. Wenn Udo Lindenberg gedacht hätte, ich bin kein Sänger, was er ja auch nicht ist, und die Karel Gotts und Roy Blacks dieser Welt für viel bessere Sänger gehalten hätte als sich selbst, dann hätten wir heute eine deutsche Legende und an die siebenhundert geniale Songs weniger. Das Gegenteil war der Fall: Er höchstpersönlich hat sich den Untertitel »Nachtigall« verpasst. Udo vergleicht sich nie, weil er weiß, dass er ein Original ist, einzigartig und höchst originell. Es gibt den schönen Spruch von Oscar Wilde, auch so ein herrlicher Exzentriker: Sei du selbst, alle anderen sind bereits vergeben!

Wenn ich Songtexte von Kollegen höre oder lese, besonders dann, wenn ich gerade selber an einem sitze, muss ich immer aufpassen, nicht zu denken, wow, die sind ja viel besser als ich. Sie sind viel origineller, haben bessere Ideen und eine schönere Sprache als ich. Ich merke dann förmlich, wie die Kraft und die Motivation aus mir herausfließen wie aus einem löchrigen Eimer.

Als ich mein Buch »So spricht die Liebe« schrieb, dachte ich zunächst, eigentlich ist das eine totale Schnapsidee! Es gibt so viele Bücher über die Liebe, es gibt Goethe und Shakespeare, was will ich, Beatrice Reszat, denn dazu, bitteschön, noch Weltbewegendes erzählen? Ich kam auf die Idee, diese Frage in meinem Buch der Liebe zu stellen. Und in der Antwort kam eine Gegenfrage: Wie viele Maler malten bereits Blumen? War je ein Bild dem anderen gleich? Es gibt unendlich viele Blumenbilder, und dennoch hat ein jedes eine ganz eigene Seele!

Ja, das stimmt. Es gibt die Vase mit Kornblumen und Klatschmohn von van Gogh, eines der teuersten Gemälde der Welt, es gibt den Blumenstrauß mit Hand von Picasso, die Blumenvase am Fenster von Gauguin, hätten danach alle anderen Maler aufhören sollen, Blumen zu malen? Auf keinen Fall!

Auch du bist ein Unikat, und dein Traum ist einzigartig. Selbst dann wenn es ihn vielleicht Millionen Mal gibt, träumst du ihn und lebst du ihn auf deine Weise. Niemand ist wie du. Darum sind Vergleiche so müßig. Es ist viel sinnvoller, diese Energie zu sich zurückzuholen und sie dazu zu benutzen, deine eigene Einzigartigkeit zu entwickeln. Hier gibt es kein Besser oder Schlechter, hier gibt es nur Wahrhaftigkeit! Wer immer nur den anderen hinterher läuft, hinterlässt keine eigenen Spuren. Lebe deinen Traum, wie nur du ihn leben kannst. Weil du du bist!

»Denken Sie immer daran: Wenn Menschen
Fähigkeiten haben, die Sie nicht haben,
warum sollten Sie keine Fähigkeiten haben,
die andere nicht haben?«
Wolfgang J. Reus

13.
ZEITPUNKT – DAS RICHTIGE ZUR FALSCHEN ZEIT

Dein Traum ist es, ein berühmter und erfolgreicher Schriftsteller zu werden, und eines Tages hast du eine richtig gute Idee. Sie lässt dir keine Ruhe, arbeitet in dir, beschäftigt dich die ganze Zeit, bis du dich hinsetzt und sie zu Papier bringst. Tag für Tag, Woche für Woche sitzt du am Abend nach deinem Acht-Stunden-Job und schreibst. Es fließt, die Worte wollen so schnell heraus, dass du kaum nachkommst. Was für ein großartiges Gefühl. Das muss etwas bedeuten!

Wenn das Buch fertig ist, suchst du einen Verlag. Und tatsächlich, du kannst dein Glück kaum fassen, ein kleiner, aber feiner Buchverlag veröffentlicht dein Buch und du wähnst dich am Ziel deiner kühnsten Träume. Du siehst dich schon bei Lesungen vor Hunderten von Menschen, siehst deinen Namen ganz oben auf den Bestsellerlisten, denkst dir Antworten aus für die zahlreichen Interviews, die kommen werden. Denn du hast sie gespürt, die Magie beim Schreiben, das Gefühl, dass hier etwas entsteht, das große Kraft hat. Und dann … Dann steht dein kleines Buch im Regal wie festgetackert, und du verstehst die Welt nicht mehr. Wie kann es sein, dass du dich so getäuscht hast? Du warst dir doch so sicher.

Das ist ein klassisches Beispiel für einen richtigen Traum zum falschen Zeitpunkt. Und das passiert vielen, es widerfuhr auch einem der erfolgreichsten Schriftsteller der Welt, der eines der am meisten verkauften Bücher dieser Welt geschrieben hat: »Der Alchimist«!

Paulo Coelho wollte Zeit seines Lebens ein berühmter Schriftsteller werden. Das erzählt er in seiner autorisierten Biografie. Er setzte alles daran, sich diesen Traum zu erfüllen. Aber auch er hatte viele Schwierigkeiten auf seinem langen Weg. Machte Umwege, litt unter seinen Misserfolgen, und eine Menge Spötter säumten seinen Weg (die übrigens bis heute zahlreich vorhanden sind). Auch er war manches Mal nah davor aufzugeben. Dass das mitunter am Ende einen Sinn ergibt, sieht man an seinen Millionen von Lesern. Könnte Paulo Coelho so hilfreiche und weise Bücher schreiben, wenn er den ganzen Schmerz des Scheiterns, der Sinnlosigkeit und Vergeblichkeit nicht selbst in jeder Zelle gefühlt hätte?

Nachdem was mit seinem Alchimisten geschehen war, zweifelte er an allem, war ernüchtert und entmutigt. Von wegen berühmter Schriftsteller … Und dann geschah das Wunder. Sechs Jahre später übernahm ein kleiner Verlag sein Buch, und der Rest ist, wie man so sagt, Geschichte. Der Alchimist wurde das am meisten verkaufte Buch nach der Bibel!

Ja, ich weiß, wir sind nicht alle Paulo Coelho, und natürlich braucht es dafür auch ein Buch, das Millionen von Menschen so tief und nachhaltig begeistert. Aber bei dieser Geschichte geht es mir um zwei Dinge:

Erstens: Alles ist möglich! Siehst du eine Welt der Hindernisse, und du wirst Hindernisse erleben. Siehst du eine Welt der Möglichkeiten, dann wirst du Möglichkeiten erleben.

Zweitens: Die Hindernisse, die du überwindest, und die Rückschläge, die du überstehst, ohne aufgeben, setzen ungeheure Kräfte frei!

Manchmal ist man einfach zu früh dran mit einer Idee und vielleicht auch einmal zu spät. Auch das gehört dazu! Ich kenne das Gefühl so gut, du machst etwas, in meinem Fall schreiben, und spürst genau, es ist gut, es hat Kraft und ein tiefes Gefühl! Du bietest es an, bist dir ganz sicher, einen Schatz in den Händen zu halten, und nichts geschieht!

Wie gut, dass ich nicht aufgegeben habe, denn seit ich das Gesetz vom richtigen Zeitpunkt kenne, lege ich das Werk ruhig in meine Schatzkiste, und ich weiß, etwas, das sich so richtig anfühlt, kann nicht falsch sein. Der richtige Moment, der richtige Sänger, der richtige Verlag wird kommen, und so manches Mal ist es genau so geschehen. Wenn dir dein Traum wirklich etwas bedeutet, wirf ihn nicht weg, wenn er nicht gleich seinen Weg findet. Vielleicht gibt es einfach nur einen besseren Tag!

»Man kann der Invasion einer Armee widerstehen,
doch nicht einer Idee, deren Zeit gekommen ist.«
Victor Hugo

14.
AUSREDEN – TAUSEND GUTE GRÜNDE, DIE DAGEGEN SPRECHEN

> *» Wenn man etwas will, sucht man Wege.*
> *Wenn man etwas nicht will, sucht man Gründe.«*
Verfasser unbekannt

Es gibt Menschen, Träumer wie du und ich, die Zeit ihres Lebens wehmütig von ihren Träumen erzählen. Diese Geschichten beginnen meistens mit: »Ich könnte ja, wenn …« oder »Es geht nicht, weil …«. Und dann wird aufgezählt, welche Hindernisse so unüberwindlich sind, dass es unmöglich ist, ihren Traum zu leben. Die Kinder müssen erst aus dem Haus sein, ich brauche eine Ausbildung, mein Mann hat etwas dagegen, ich muss Geld verdienen, ich habe keine Zeit, was ich kann, will sowieso keiner, ich schaffe es nicht allein und so weiter. Der Mensch wird immer dann besonders kreativ, wenn es um die Ausreden geht. Ganze Bücher gibt es über die sogenannten Schweinehunde, die uns Gründe einflüstern, etwas nicht zu tun, was uns doch eigentlich guttut. Besonders der mutlose Träumer hat davon eine ganze Palette zusammengestellt.

Im Grunde genommen kennen wir alle unsere Ausreden. Und so manches Mal denke ich an die weltberühmte Rede von Nelson Mandela, in der er davon spricht, dass es nicht unsere Dunkelheit, sondern unser Licht sei, das uns Angst macht. Diese denkwürdige Rede geht unter die Haut, weil er so vielen Menschen aus der Seele sprach! Es gibt niemanden, der so gut und nachhaltig deine

Träume verhindern kann, wie du selbst. Du kennst dich am besten, du weißt genau, wie du dich am gründlichsten entmutigst und dir den Wind aus den Segeln nimmst. Und das Ganze kommt dann getarnt als guter Grund daher. Hier hilft nur Wachsamkeit! Und Ehrlichkeit zu sich selbst. Wie viele Menschen gibt es, die immer wieder darüber reden, was sie eigentlich tun wollen, aber ... Oder was sie irgendwann einmal tun werden, wenn ...

Es gibt nur eine einzige Möglichkeit, deinen Traum zu erreichen, und die heißt, sich auf den Weg zu machen. Willst du ein Buch schreiben? Schreibe jeden Tag zwei Seiten, und eines Tages wird es fertig sein. Du wärest gerne Fotograf? Nimm dir jede Woche ein paar Stunden, in denen du mit deiner Kamera herumläufst und dich einzig und allein mit dem beschäftigst, was du siehst, was du mit deiner Linse einfangen möchtest. Hänge deine Fotos auf bei deinem Lieblings-Italiener. Fang an, damit du dir selber wieder glaubst! Fang an, damit diese Energie aus Leidenschaft und Lebendigkeit in dir wachsen kann, die entsteht, wenn ein gefangener Traum befreit wird. Du hast tausend Gründe, die dagegen sprechen? Es reicht ein guter Grund, der dafür spricht!

»Fang heute an, kühn zu handeln! In dem Moment,
wo du dich einer Sache wirklich verschreibst, rückt
der Himmel in deine Reichweite.«
Johann Wolfgang von Goethe

Als Verfechter und Hüter der Träume und auch als Coach habe ich unzählige »Wenn« und »Aber« gehört in meinem Leben. Aber zum Glück habe auch ich ein schlagkräftiges »Aber« parat, denn ich kann für jeden dieser Gründe, die scheinbar dagegensprechen, immer eine passende Geschichte aus dem Hut ziehen, in der Menschen genau diese Hindernisse überwunden haben.

Oder ich biete eine andere Perspektive auf dieselbe Situation an. Manchmal hat sich jemand schon so festgebissen in seinen

Standpunkt, hat ihn schon so oft wiederholt, sodass er sich anfühlt wie eine unumstößliche Wahrheit. Wenn du dich immer nur über die Mülltonne vor deinem Haus ärgerst, siehst du vielleicht die blühenden Kastanienbäume daneben nicht mehr. Wichtig ist, dass dir auffällt, wie du denkst!

Höre dir zu, wenn du deine Schweinehunde mobilisierst. Und wenn du wieder einmal »aber ...« sagst, versuche doch spaßeshalber, deine eigene Ausrede zu entkräften. Was würde jemand sagen, den dein »Aber« nicht überzeugt? Es ist ein interessantes, aufschlussreiches Spiel. Vielleicht bringt es dich sogar zu einer neuen Sichtweise.

Höre auch deinen Gefühlen zu, wenn es um deine ungelebten Träume geht. Verspürst du einen Stich im Herzen, wenn es jemand anderes mal wieder geschafft hat und da ist, wo du gerne wärest? Verdrängst du sofort dieses Gefühl? Lenkst du dich ab, bringst dich zur Raison, schiebst es beiseite? Was würdest du dem traurigen Teil von dir sagen? Wie könntest du ihn ermutigen?

Jede Gabe, die uns gegeben wurde, soll auch gegeben werden! Es gibt einen Grund für deine Träume, du hast sie nicht umsonst. Sich da herauszureden wäre sehr schade!

> *» Wenn man mit Flügeln geboren wurde,*
> *sollte man alles dazu tun,*
> *sie zum Fliegen zu benutzen!«*
> Florence Nightingale

Ich habe lange versucht, meinen Träumen davonzulaufen. Heute weiß ich, dass ich viele Ängste hatte, von denen ich mich davon abbringen ließ, meiner Sehnsucht zu folgen. Die Angst, nicht mehr dazuzugehören, wenn ich Wege verfolgte, die unüblich und riskant sind. Oder dass ich belächelt und ausgelacht werden würde, wenn ich mich offiziell in eine Spinnerin verwandelte. Wenn ich jemandem meine Songs vorspielte, entschuldigte ich mich für meinen Gesang. Wenn ich meine Texte zeigte, quälte ich den anderen mit stundenlangen Erklärungen, warum das alles noch nicht so richtig gut war.

Meine Kreativkiste mit Ideen und Projekten wurde immer größer, und im echten Leben täuschte ich mich selbst, indem ich mir weismachte, es spräche zu vieles dagegen, sie zu verwirklichen. Ich hatte ja schließlich genug Beweise, wie ich meinte, durch meine Niederlagen! Manchmal fing ich an und gab wieder auf, oder ich ließ mich unterwegs entmutigen. Du siehst, ich habe einige der Hindernisse sehr erfolgreich am eigenen Leib ausprobiert.

Und ich habe herausgefunden, dass ich obendrein eine Riesenangst hatte, mit meinen Träumen zu scheitern und statt mit einer im Licht funkelnden, schwebenden Seifenblase nur mit ein paar Tropfen Spülmittel dazusitzen. Doch was war die Alternative? Zu Menschen dazugehören zu wollen, mit denen ich gar nichts gemein hatte? Von denen anerkannt zu werden, die ich in Wirklichkeit gar nicht respektierte? Dinge zu tun, die mich nicht erfüllten?

Ich habe sehr lange mitgespielt. Gelacht, wenn ich es nicht lustig fand, auf Partys herumgestanden, auf denen ich nicht sein wollte, Menschen zugehört, die mich langweilten, den Mund gehalten, wo ich Angst vor Konsequenzen hatte, und einen Erfolg gelebt, der, obwohl er so groß und glamourös war, mich nicht glücklich machte.

Ich kenne die Leere, die Motivationslosigkeit, die Traurigkeit eines Lebens, in dem man seine Träume begraben hat. Gott sei Dank! Denn nun weiß ich, dass jede Mühe sich lohnt, dass es jedes Risiko wert ist, seine Träume zu leben. Auch wenn ich am Ende nur sagen kann, ich bereue nichts, denn ich habe alles versucht!

15.
AUFSCHIEBERITIS – MORGEN FANGE ICH GANZ BESTIMMT AN!

»Du kannst noch so lange auf das Meer blicken,
so wirst du es nicht überqueren.«
Verfasser unbekannt

Die berühmte und gefürchtete »Aufschieberitis« ist eine sehr weit verbreitete Krankheit unter Träumern! Sie hat es sogar bis in die Lieblingszeitschrift meiner Mutter geschafft, in die sogenannte Rentner-Bravo, die Apotheken-Rundschau!

Wir kennen es alle, das Verschieben auf morgen, das Warten auf bessere Umstände, auf mehr Geld, auf die Rente, wenn die Kinder aus dem Haus sind, und so weiter! Was wir dabei selten bedenken ist, dass dieser Tag, auf den wir warten, vielleicht gar nicht mehr kommt.

Darum fange ich gleich mal mit einer Geschichte an, weil es in ihr genau darum geht. Sie stammt aus dem wundervollen Buch »5 Dinge, die Sterbende am meisten bereuen«, welches ich dir auch ans Herz legen möchte als wunderbares Träumerfutter. Es sind alles wahre Geschichten.

Bronnie Ware beschreibt ihre Begegnung mit Menschen, die den Tod vor Augen hatten und die sie bis zu ihrem endgültigen Abschied begleitet hat. Die Geschichten haben mich tief berührt, denn dadurch, dass Bronnie ihre Schützlinge und ihre Leben detailliert und sehr liebevoll beschreibt, habe ich eine Beziehung zu ihnen aufgebaut, und ihre Traurigkeit geht mir nahe.

Es erweist sich, dass es stimmt, was die Weisen sagen: Nicht das, was wir getan haben, bereuen wir, sondern das, was wir nicht getan haben!

Eine meiner Lieblingsgeschichten handelt von einem Mann, der sein ganzes Leben lang viel gearbeitet hat. Er war Chef einer Firma, trug eine Menge Verantwortung, und er war der Meinung, dass der Laden ohne ihn nicht läuft. Seine Frau hingegen, die er aufrichtig liebte, träumte seit Jahren davon, mit ihm eine Weltreise zu unternehmen. Jahr um Jahr fragte sie ihn, ob sie sich nicht endlich die Zeit nehmen könnten. Und jedes Mal sagte ihr Mann, er müsse noch ein wichtiges Geschäft abwickeln oder einen neuen Kunden gewinnen oder ein Gebäude dazukaufen, aber dann, versprach er ihr, würden sie fahren, und seine Frau fügte sich traurig seiner Planung.

Doch es kam der Tag, da wollte sie nicht mehr warten. Sie ging ins Reisebüro, ließ sich eine Route für eine Weltreise ausarbeiten und Preise nennen, und am Abend sagte sie zu ihrem Mann: »Nun ist es gut. Die ganzen Jahre habe ich Rücksicht auf dich und deine Arbeit genommen. Jetzt bin ich mal dran. Jetzt will ich meine Weltreise machen!«

Er erkannte, wie ernst es ihr war, und versprach, noch im selben Jahr alles in der Firma darauf vorzubereiten und ihr dann ihren großen Traum zu erfüllen. Wenige Tage später ging seine Frau zum Arzt und bekam eine niederschmetternde Diagnose: Sie war an Krebs erkrankt.

Schon bald darauf starb sie, ohne ihren großen Traum, ihre Weltreise, jemals erlebt zu haben. Und ihr Mann? Der musste viele Jahre damit leben, dass er es seiner Frau, die er liebte, versagt hatte, ihr ihren großen Traum zu erfüllen. Nun war es zu spät!

Es hat sich sicher noch nie jemand beim lieben Gott beklagt, dass er mehr Zeit im Büro hätte verbringen sollen! Man sagt: »Morgen ist auch noch ein Tag!« Was, wenn es nicht so ist?

Ich sitze auf meinem Sofa, die Kerzen brennen, und ein gewaltiger Sturm tost um mein Haus. Wütend erfasst er Bäume und Büsche und schleudert sie hin und her. Ich höre Nachrichten, und eine Meldung rüttelt mich auf. Der Sprecher sagt, dass der Sturm bereits ein Todesopfer gefordert hat: Ein Mann hatte sein Haus verlassen und wurde von einer umstürzenden Betonmauer erschlagen. Tausende Male vorher war er so durch seine Tür getreten, und dann passierte das, was so undenkbar ist. Das, was man manchmal im Scherz sagt, wenn einen jemand übervorsichtig vor etwas warnt. »Ja, ja, ich kann auch auf der Straße von einem Ziegelstein erschlagen werden!«

Dieser Mann wird nie wieder in sein Haus zurückkehren, und ich frage mich, welche Träume liegen dort in seiner Schublade? Und was hätte er anders gemacht, wenn er von diesem jähen Ende gewusst hätte?

»Während man es aufschiebt,
verrinnt das Leben.«
Seneca

16.
KEINE ZEIT – WER FÜHRT DEIN ZEITKONTO?

Mit deiner Zeit ist es wie mit deinem Geld. Du hast auf deinem Konto einen bestimmten Betrag zur Verfügung, und du entscheidest, wie du es ausgibst. Wofür möchtest du deine Zeit verwenden?

Die Mutter sagt, ich habe keine Zeit, ich muss mich um meine Kinder kümmern. Wer hat entschieden, dass sie Mutter geworden ist? Der Geschäftsmann sagt, ich habe keine Zeit für meine Träume, ich muss in meinem Job zu viel arbeiten. Wer wollte, dass er eine Führungsposition bekleidet? Unzählige Male schon habe ich gehört, ich habe keine Zeit für meine Träume, ich muss arbeiten, denn ich muss schließlich essen und meine Miete bezahlen.

Das ist im Prinzip alles richtig, nur wer trifft in deinem Leben die Entscheidungen für das, was du tun musst? Dieses »ich muss!« klingt immer so, als säße hinter dir jemand mit einer Knute, der dir höchst unliebsame Befehle erteilt.

Als ich für eine beliebte Fernsehsendung schrieb, habe ich eine Zeit lang mit Hera Lind zusammengearbeitet. Sie ist eine Frau, die polarisiert, und es wurde viel in der Presse über sie hergezogen. Ich habe sie als warmherzige Frau kennengelernt, die sich stets bemüht hat, sich einen positiven Blick auf das Leben zu bewahren. Hera wollte immer Kinder, das gehörte zu ihrem Lebenstraum.

Aber sie hat auch eine Riesenfreude am Singen und am Schreiben. Also traf sie zwei Entscheidungen: Erstens Kinder zu bekommen und zweitens das Schreiben und das Singen nicht aufzugeben. Während ihrer vier Schwangerschaften entstanden vier ihrer Bücher. Sie musste es zwangsläufig ruhiger angehen lassen und nutzte die Zeit, um sich jeden Tag ein paar Stunden hinzusetzen und zu schreiben. Und auch als die Kinder da waren, trat sie weiterhin als klassische Sängerin auf.

Das erforderte einiges an Organisation, und sie holte sich auch Hilfe. Wie jede berufstätige Mutter hatte sie oft ein schlechtes Gewissen, aber sie wusste, würde sie ganz zu Hause bleiben, wäre sie unglücklich. Das wäre auch für ihre Kinder nicht die beste Lösung, denn die haben mehr von einer gutgelaunten Mutter, die nicht ständig da ist, als von einer unzufriedenen, die sie immer um sich haben.

Als die Kinder größer wurden, ging der Fahrdienst los, etwas, das vielen Eltern nicht fremd ist. Klavierstunden, Fußballtraining, Nachhilfe, Judo, ständig ging es von hier nach da. Bei vier Kindern kommt da schon einiges zusammen. Da es sich oft nicht lohnte, für die eine Stunde wieder nach Hause zu fahren, blieb Hera, wo sie war, und wartete auf ihr Kind. In dieser Zeit schrieb sie das Programm für eine One-Woman-Show, mit der sie später sehr erfolgreich auf Tour ging. Ich war schwer beeindruckt von so viel cleverem Zeitmanagement.

Sie hätte mehr als genug Gründe gehabt zu sagen: »Bei vier Kindern habe ich keine Zeit zum Bücherschreiben oder Singen!« Und jeder hätte vollstes Verständnis dafür gehabt und sie darin bestärkt.

Dieses Beispiel von Hera Lind brachte mich dazu, mir selbst fortan genauer zuzuhören, wenn ich behauptete, für irgendetwas keine Zeit zu haben. Auch das ist ein Thema, bei dem man einfach ehrlich sein sollte zu sich selbst. Habe ich wirklich keine Zeit, oder ist mir etwas anderes einfach wichtiger?

Während ich an diesem Buch schreibe, sitze ich im Haus einer Freundin auf La Palma. Unter mir breitet sich bis zum lichtblauen Horizont der Atlantik aus. Die Palmen wiegen sich sanft im

Wind, und bis auf morgendliches fröhliches Vogelgezwitscher und das Knacken der alten Holzbalken ist alles still. Mein Traum war es immer, an schönen Orten zu schreiben. Inspiriert von einem Blick auf das Meer und den blauen Himmel, oft konzentrierter als zu Hause, weil es nicht die alltäglichen Sorgen und Tätigkeiten gibt. Schon allein meinen Schreibtisch mit hundert noch zu erledigenden Dingen nicht zu sehen, öffnet mein Gesichtsfeld für mehr Kreativität.

Zudem bin ich wacher durch neue Eindrücke, neue Menschen und die Schönheit der Landschaft um mich herum. Diese Insel hat es mir wirklich angetan. Die zirka achttausend Deutschen, die hier leben, wirken auf mich entspannt, entschleunigt und scheinen mit einem relativ einfachen Leben zufrieden zu sein. Hier ticken die Uhren anders.

Selbst die, die größere Häuser haben, laufen immer leger gekleidet herum, kümmern sich um ihre Gärten, besuchen einander, man trifft sich zum Kochen, zur Vollmond-Party, auf dem Wochenmarkt, und ab und zu spielt in irgendeinem Café oder auch mitten auf dem Marktplatz eine Band. Und das alles bei einem immer milden und meistens sonnigen Klima. Für mich sieht es so aus, als ob es hier einige gibt, die ihre Träume leben.

Es klingelt. Erstaunt schaue ich auf die Uhr, es ist neun Uhr morgens. Wer kann das sein? Ich öffne die Tür. Da steht ein junger Mann mit freiem Oberkörper und braunen Locken, die ihm auf die Schultern fallen, er sieht mich mit leuchtend blauen Kinderaugen an.

»Hallo, ich bin Tommy, ich soll Sarahs Auto abholen!«

»Oh, äh …«, ich muss mich kurz von meiner Verblüffung erholen. »Sarah ist nicht da, sie ist zum Einkaufen gefahren, ich weiß nicht, wann sie wiederkommt.«

Er wirkt kein bisschen enttäuscht oder verärgert, weil sie die Verabredung offenbar vergessen hat. Ich möchte ihn nicht wegschicken, also frage ich ihn, ob er Lust auf eine Tasse Tee habe.

»Ja gerne, super!«, strahlt er mich an, als hätte ich ihm Hummer und Champagner in Aussicht gestellt. Wir setzen uns, und wie immer tauscht man als erstes die »Wo kommst du her und was machst du sonst so?«-Fragen aus. Und Tommy, der braungebrannte, fröhliche Freigeist mit den meerblauen Augen und der Natur eines staunenden Kindes, erzählt mir bereitwillig seine Geschichte.

Vor dreizehn Jahren ist er mit seiner damaligen Freundin nach La Gomera in Urlaub gefahren und war sofort hin und weg. Hier erschien ihm alles so viel schöner und entspannter als in Deutschland. Hier wollte er leben! Und anders als die meisten setzte er diesen nicht gerade unbedeutenden Entschluss auch sofort in die Tat um.

»Weißt du, in Deutschland wollen sie alle immer was von dir, das Finanzamt, die GEZ, der Chef, die Versicherung, mir war das alles zu stressig!«, sagt er lächelnd. So als würde er sich immer noch wundern, wie man so leben kann.

»Ich bin dann zurück, hab alles verkauft, und drei Wochen später war ich mit meinem Saxophon und meinem riesigen Seesack wieder hier. Tja, und davon hab ich das meiste noch verteilt, das war immer noch viel zu viel Zeug. Wer soll das alles schleppen?«

Wenn der wüsste, denke ich mir, und sehe vor meinem geistigen Auge meinen XL-Koffer, voll bis oben hin für gerade mal zwei Wochen. Als sich auch noch das Bild von meinem vollgestopften Kleiderschrank dazugesellt, sagt er gerade:

»Man braucht ja nichts. Ist doch alles Quatsch, was die einem erzählen. Hier brauche ich gar nichts!«

Fast werde ich neidisch.

»Und wo wohnst du?«, will ich wissen.

»Ich hab 'nen Bus, einen weißen Sprinter. Da leb ich drin.«

»Auf irgendeinem Campingplatz?«, frage ich ihn sehr deutsch, wie mir im selben Moment auffällt.

»Nein!«, ruft er empört. »Ich bleib immer da stehen, wo es mir grad gefällt. Sesshaft will ich noch nicht werden! Na ja, vielleicht überkommt's mich ja später mal.«

Tommy häuft sich den Löffel voll Zucker, lässt ihn gemächlich in den Tee rieseln und streift sich die Flip-Flops von den Füßen. Ich hätte nie gedacht, dass bei jemandem sogar Flip-Flops nach zu viel Kleidung aussehen könnten.

»Ja«, lache ich, »wenn du dann vierzig bist!«

»Da bin ich schon drüber«, lächelt er verschmitzt, und die Sonne tanzt in seinen Augen. »Ich bin fünfundvierzig!«

Und er liefert auch gleich Geburtsdatum und Sternzeichen mit Aszendent hinterher. Ich kann es nicht fassen. Ich hätte ihn allerhöchstens auf fünfunddreißig geschätzt. Und wieder einmal finde ich bestätigt, dass eine Zahl nichts über das wahre Alter sagt. Sein Blick ist offen und kindlich. Und so geht er auch an sein Leben heran. Voller Freude und Neugierde, was alles so passieren wird. Und hat dabei alle Zeit der Welt. Ich brauche ihn eigentlich gar nicht zu fragen, ob er Deutschland vermisst.

»Ach nee, ich bin auch nur ganz selten wieder da gewesen, hauptsächlich wegen Zahnarzt und so.«

»Und deine Eltern?«

»Ach die, die sind irgendwie auf 'nem andern Trip!«

Natürlich möchte ich wissen, wovon er lebt, denn essen muss ja selbst ein ausgemachter Lebenskünstler.

»Wenn ich Geld brauche, jobbe ich, repariere Autos, verkaufe Früchte, was mir gerade so unterkommt.«

Ich kenne seine dunklen Stunden nicht, von denen ich glaube, dass sie jeder ab und zu hat. Aber dieser Mann lebt seinen Traum, so viel ist sicher. Er holt eine Mango aus der Tasche und beginnt umsichtig und konzentriert, sie zu schälen. Dabei erzählt er Geschichten von der riesigen Wasserschildkröte, die ihm neulich beim Schwimmen entgegengekommen ist, und von dem Mondfisch, der nur ein großes Auge hat.

»Weißt du, das Land hat ja schon viel zu bieten hier, aber wenn du erst mal im Meer bist, da geht's ja dann richtig los!«, er strahlt mich an und hält mir ein Stück Mango hin.

Tja, denke ich mir, eine Tasse Tee, eine frische Mango und ein Bett in einem fahrenden Zuhause, mehr braucht man tatsächlich nicht. Wenn ich ihn anschaue, diese Unbeschwertheit, diese blauen Augen, mit denen er der Welt entgegenlächelt, dann wirkt das alles so einfach. Er hat ein ganz anderes Zeitempfinden als ich. Nichts drängt ihn. Wenn ich sage, ich habe keine Zeit, meine ich doch eigentlich in der Regel: Ich nehme mir jetzt dafür keine Zeit! Denn ich möchte mir jetzt Zeit für etwas anderes nehmen. Das ist die eigentliche Wahrheit! Und die Frage ist, ob das, wofür ich gerade keine Zeit habe, wirklich unwichtiger ist als das, was ich glaube, tun zu müssen.

Meine Freundin fragt mich: »Kommst du mit ans Meer?« Ich sage: »Ich habe keine Zeit! Ich muss schreiben!« Übersetzt heißt das: Ich möchte meine Zeit jetzt mit Schreiben verbringen, denn ich möchte zum Abgabetermin fertig sein.

Auch hier geht es wieder um die Verantwortung für die Entscheidungen, die ich treffe. Denn wenn ich weiß, dass ich das entscheide, wofür ich Zeit habe und wofür nicht, kann ich es auch immer wieder neu infrage stellen und verändern. Sage ich, ich habe keine Zeit, denn ich muss das und das tun, klingt es wie die Strafarbeit, die mir eine unbekannte Macht auferlegt hat und gegen die ich nichts tun kann. Du bist der Regisseur deines Lebens. Es ist immer derselbe Ablauf: Gefühle werden zu Gedanken. Gedanken werden zu Entscheidungen, und Entscheidungen werden zu Taten.«

Manchmal gerät man unmerklich in eine nicht enden wollende Ich-muss-Schleife. Dann ist Vorsicht geboten, denn mitunter geht es dadurch der Lebensfreude an den Kragen. Wie oft habe ich zu meinen Freunden gesagt: Ich kann nicht, ich muss … Egal ob Einladungen zum Abendessen, Spaziergänge, oder Kinobesuche, ich war getrieben von dem Druck, irgendetwas nicht zu schaffen. Das hatte nur leider mit Spaß nichts mehr zu tun. Im Spiegel sah ich eine Frau, deren Mundwinkel verdächtige Ähnlichkeit mit denen von Angela Merkel aufwiesen. Zum Glück habe ich das bemerkt und dem Einhalt geboten.

Buddha sagt, für eine gesunde Harmonie von Körper, Geist und Seele brauchst du genauso viel Beschäftigung mit deinem Innern wie mit deinem Außen. Davon sind wir alle weit entfernt. »Ich habe keine Zeit«, ist das Mantra unserer hektischen Gesellschaft geworden. Aber immer nur brennen, führt eben zum Ausbrennen. Und wenn ich stets getrieben bin, habe ich keine Verbindung mehr zu meinem Herzen, dem Ort, an dem unsere Träume wohnen.

Dieser Tommy hat jeden Tag ein volles Zeitkonto, so fühlt es sich zumindest für ihn an. Er hat sich entschieden, ein Leben zu führen, in dem er nicht um Stunden und Minuten feilschen muss. Lass mich davon kosten, denke ich, gib mir einen Geschmack davon, wie es sich anfühlt.

Jeder Mensch ist anders, jeder hat andere Bedürfnisse und braucht andere Dinge, um sich wohlzufühlen im Leben. Aber das hier ist zumindest möglich, denke ich, es ist ein realistisches Modell, schließlich sitzt Tommy hier als lebendes Beispiel vor mir. Das zu wissen, tut irgendwie gut.

»Dann muss ich dir ja unbedingt die ganzen tollen, geheimen Plätze zeigen«, unterbricht er meine Gedanken. »Wie wär's morgen mit Schnorcheln?«

Eines habe ich jedenfalls nicht gesagt: »Ich habe keine Zeit!«

»Das einzige Mittel, Zeit zu haben, ist,
sich Zeit zu nehmen.«
Bertha Eckstein

17.
PERFEKTIONISMUS – WENN DEIN BESTES NIE GUT GENUG IST

Zu »Perfektionismus« fand ich eine interessante Definition bei Wikipedia: Perfektionismus ist ein psychologisches Konstrukt, das versucht, übertriebenes Streben nach möglichster Perfektion und Fehlervermeidung zu erklären!

Perfektionisten haben sich einen harten Weg gewählt, denn sie jagen etwas, das es nicht gibt. Du bist niemals fertig, es ist nie vollkommen! Jeder Musiker weiß, dass er einen Abgabetermin braucht, sonst käme er nie aus dem Studio heraus. Du hörst abends deine Aufnahmen und denkst: Das ist es! So können wir es lassen! Und am nächsten Morgen fallen dir schon wieder alle möglichen Stellen auf, die du verbessern möchtest. Das Leben ist Veränderung, immer und überall. Perfektionismus hieße, an dem perfekten Punkt zu verharren, aber der, wie gesagt, existiert nicht, weil es kein Stehenbleiben gibt!

Es gibt Menschen, die schreiben an einem Buch und werden nie fertig, weil es ihnen nie gut genug erscheint. Oder sie schreiben es gar nicht erst, weil sie glauben, sie würden ihren eigenen Ansprüchen nie genügen. Wenn du nur akzeptierst, was perfekt ist, wird am Ende nichts übrig bleiben!

> *»Ein Mensch würde nie dazu kommen, etwas zu tun,*
> *wenn er stets warten würde, bis er es so gut kann,*
> *dass niemand mehr einen Fehler entdecken könnte.«*
> John Henry Newman

Ich hatte einen Kollegen, den ich sehr schätzte. Georg ist in meinen Augen ein brillanter Autor, hat das aber nie wirklich gelebt. Auch er schrieb für das Fernsehen, träumte jedoch heimlich davon, ein Buch zu schreiben. Nur seine Vorstellung von einem Buch ist dermaßen perfektionistisch, dass er glaubt, dem niemals gerecht werden zu können. Er zitiert ganze Passagen fehlerfrei aus Goethes Faust oder anderen Klassikern, und er hat zu jeder Situation einen wunderbaren Aphorismus parat. Jeden Morgen, wenn er ins Büro kam, blieb er auf dem Weg zu seinem Schreibtisch bei mir stehen und gab mir eine pointierte und mit intelligentem Humor gespickte Zusammenfassung der Ereignisse des letzten Tages. Er kommentierte Fernsehsendungen und Weltereignisse druckreif. Ich bewunderte ihn dafür und tue es heute noch.

In dem Maß, wie ich es bedaure, dass er sich des Schreibens nicht für würdig hält. Er könnte ein moderner Kishon sein oder ein spitzfedriger Kolumnist einer großen Zeitung. Wenn die Welt wüsste, was ihr da verloren geht! Georg bezeichnet sich selbst als nicht glücklich und hält Glücklichsein für nicht erreichbar. Vermutlich haben Perfektionisten auch am Glück immer etwas auszusetzen. Als ich ihn einmal fragte, warum er nicht längst ein Buch geschrieben hätte, antwortete er, er sei nicht gut genug. »Du bist weit besser als die meisten, die ich kenne«, widersprach ich. Und ich glaube, dieses Buch zu schreiben, würde dir sehr gut tun.

Er hörte mir traurig zu und ließ mich dann wissen, dass er absolut keinen Sinn in diesem Dasein entdecken könne und endete seufzend mit der Bemerkung: »Ach ihr Träumer, ihr redet euch alles Mögliche ein, nur damit es euch gut geht!«

Ich musste lachen, weil er das Wort Träumer wie ein Schimpfwort benutzte, und antwortete ihm freundlich: »Lieber Georg, selbst wenn wir einmal annehmen, dass ich mir all das einrede und es mir gut dabei geht, ist es mir doch tausendmal lieber, als an gar nichts zu glauben, außer an mein Hirn – und dabei kreuzunglücklich zu sein!«

Für mich wäre es das allerschönste Geschenk, würde es mir gelingen, diesen Menschen, der das Leben wie eine Last auf seinen Schultern trägt, ein wenig mitnehmen zu können in meine Welt des Träumens, in der so vieles möglich ist.

Seine spöttische Herablassung machte mir nichts aus, so etwas erlebt man als bekennender Träumer immer wieder. Was mir wirklich etwas ausmachte, waren seine traurigen Augen, die von diesem Leben nichts mehr erwarteten. Als Resultat von dem Zerlegen der Welt in das Erklärbare, von Tausenden von Stunden der Analyse und Bewertung, dieser unendlich traurige Blick? Was sollte daran erstrebenswert sein? Sicher, den Weg des Herzens zu gehen, bringt auch Schmerzen mit sich. Aber nur so haben wir die Möglichkeit, die Liebe kennenzulernen. Das schafft der Verstand nicht, er ist ein wertvoller Mitarbeiter, aber das Leben wirklich verstehen kann er nicht. Und am Perfektionismus muss der Verstand zerschellen. Den perfekten Moment, die perfekten Voraussetzungen, das perfekte Buch wird es nie geben.

Auch wenn Georg seine Träume aufgegeben hat, ich habe Georg nicht aufgegeben. Immer wenn ich ihn sehe, freue ich mich, und das lasse ich ihn auch spüren. Wir diskutieren viel miteinander, und ich zeige mich, so wie ich bin. Immerhin, er hört mir zu, und vielleicht hinterlässt mein unerschütterlicher Glaube an das Träumen und den Sinn des Lebens irgendwann ein klein wenig Sternenstaub auf seinem Ärmel, der dann aus Versehen in seinem Herzen landet. Ich hoffe es!

»Lebe das Leben, das du liebst,
und liebe das Leben, das du lebst.«
Bob Marley

18.
GEHEIMGEDANKEN – ES IST VIEL LOS IM SCHATTENKABINETT

Wir haben nun schon einige Hindernisse, die zwischen dir und der Erfüllung deiner Träume stehen können, genauer betrachtet. Das waren die offensichtlichen Hürden. Es gibt aber auch solche, die man oft erst auf den zweiten oder dritten Blick erkennt, sie sitzen tiefer. Ich nenne sie Geheimgedanken, weil diese Gefühle, Ängste und Erfahrungen etwas hervorrufen, was wir gar nicht mehr bemerken. Aber sie haben Kraft. So viel Kraft, dass sie unsere Träume verhindern können.

Sabine hat als Kind die Erfahrung gemacht, was immer sie auch tat, es war ihren Eltern nie gut genug. Kam sie mit einer Zwei nach Hause, tadelten sie sie, dass es keine Eins war. Half sie bei der Hausarbeit, und es zerbrach ein Teller, wurde sie als ungeschickt und unfähig getadelt. Lernte sie schwimmen, hätte sie es eigentlich schon ein Jahr früher können müssen, vor den anderen Kindern.

Als Erwachsene zog Sabine weit weg von ihren Eltern, um endlich ihr eigenes Leben führen zu können. Was immer sie tat, sie gab bei allem ihr Bestes. Doch nun war ihr Bestes ihr selbst nie gut genug. Was war geschehen? Sabine hat im Keller ihres Herzens eine Kiste, in der sind alle negativen Bewertungen ihrer Eltern aufbewahrt. Und natürlich bleibt das nicht ohne Folgen, denn die Überzeugung, die in Sabine herangereift war, war die, nie gut genug zu sein. Und da nützte es auch nichts, dass sie ihre Eltern weit

hinter sich gelassen hatte, Sabine hätte auf den Mond ziehen können, diese Kiste würde sie auch dorthin begleiten.

Sabines Traum war es eigentlich, Goldschmiedin zu werden. Sie
liebte Schmuck und bastelte für ihre Freundinnen wunderschöne
Ketten und Armreifen. Alle lobten sie für ihre Kreativität – doch
das drang gar nicht zu ihr durch! Sie blickte auf ihre Schmuckstü-
cke und fand sie kein bisschen herausragend. So etwas reichte doch
nicht aus, um Goldschmiedin zu werden. Nach vielen Jahren und
einigen frustrierenden Jobs kam Sabine endlich dahinter, woher ihr
vernichtendes Urteil über sich selbst tatsächlich kam.

Es ist die allerwichtigste Voraussetzung, dass du dir bewusst
bist, wer du bist und was in dir vorgeht, wenn du etwas ändern
möchtest, denn du kannst nur ändern, was du kennst. Genau das
ist mit der Tempelinschrift vom Orakel von Delphi gemeint: »Erkenne dich selbst!«

Sabine bekam von ihren Freunden immer wieder die Rückmeldung, dass sie sich doch einmal darüber freuen sollte, wenn man
ihren Schmuck lobte. Und sie sagten ihr, dass sie nicht verstünden,
warum sie ihre schöne Arbeit immer so niedermachte. Die Ehrlichkeit von Freunden kann sehr hilfreich sein. Sabine spürte, dass
ihre Freunde recht hatten, dass da etwas war, das in ihr ständig
gegen sie arbeitete.

Sie machte eine psychologisch begleitete Aufstellung zu ihrem
Thema, übrigens eine wunderbare Methode, um einmal hinter die
Kulissen der Seele zu blicken. Und ihr wurde klar, dass sie die
Kritteleien ihrer Eltern einfach übernommen hatte. Sie hatte sie als
Wahrheit abgespeichert, denn wenn ihre Eltern so fest davon über-
zeugt waren, musste es ja stimmen.

Sabine arbeitete noch eine Weile mit einer Therapeutin an dem
Thema, und die riet ihr zu versuchen, mit ihren Eltern Frieden zu
schließen. Dabei hilft es manchmal, wenn man sich näher mit der
Geschichte seiner Eltern beschäftigt. Wie war ihre Kindheit? Warum sind sie so hart geworden? Oft ist es den Eltern, als sie klein

waren, ganz ähnlich ergangen, und dann wird daraus eine Geschichte, die immer weitergetragen wird. Wenn du erkennst, dass deine Eltern ähnlich gelitten haben wie du, kannst du Mitgefühl entwickeln. Mitgefühl führt zu Verständnis, und sofort wird die Last leichter. So konnte Sabine endlich eine wohlwollendere Beziehung zu sich selbst aufbauen. Wie eine Blume, die sich nach einem langen Winter der Sonne öffnet, konnte sie sich endlich über Komplimente freuen und auch ihre Kreativität wertschätzen. Es war ihr, als würde sie ihren Schmuck mit ganz neuen Augen sehen.

Mein größter Wunsch als kleines Mädchen war der, den viele kleine Mädchen haben, ich wollte so furchtbar gerne reiten. Wir hatten wenig Geld, und Reitstunden waren eigentlich nicht mit drin. Eines Tages bekam mein Vater einen Bauern als Kunden. Er hatte einen Hof am Stadtrand, viel Weideland und Pferde.

Als mein Vater mich zu ihm mitnahm, geriet ich völlig aus dem Häuschen. Der Bauer, dem vorne ein Zahn fehlte, lachte mich an, sodass Unmengen von Fältchen seine Augen wie Sonnenstrahlen umtanzten, und sagte: »So, so, du möchtest also reiten lernen!«

Und er hob mich mit festem Griff hoch und setzte mich auf ein Pferd. Ich war im Himmel. Stolz und glücklich sah ich aus dieser ungewohnten Perspektive auf das Gras und die Bäume, während der Bauer das Pferd am Halfter führte. Ich schaukelte auf dem bloßen Pferderücken im Kreis herum, und kein Gold der Welt hätte mich glücklicher machen können.

Als wir den Hof verließen, sagte mein Vater: »Nächsten Samstag kommen wir wieder her.« Mein Herz hüpfte vor Freude.

Die Woche wollte einfach nicht vorbeigehen, ich zählte jede Stunde. Endlich war der so sehr herbeigesehnte Samstag da. Schon seit Sonnenaufgang war ich wach und wartete, dass wir endlich losfuhren. Als ich morgens ins Wohnzimmer lief, war niemand da. Meine Mutter, die kurz darauf vom Einkaufen wiederkam, wusste nicht, wo mein Vater steckte. Ich zog mich fix und fertig an, sodass wir gleich aufbrechen konnten, wenn er endlich käme, doch in meinem Bauch lauerte eine furchtbare Ahnung.

Mein Vater kam an jenem Tag erst am Nachmittag nach Hause. Ich hatte immer Angst, ihn zu verärgern, und fragte ganz vorsichtig: »Wann fahren wir denn, Papa?«

»Fahren, wohin fahren?«, antwortete er mürrisch und ohne mich anzusehen.

»Na, zu dem Bauern mit den Pferden! Das hast du doch versprochen!«

Mein Herz raste, es ahnte schon, was kommen würde.

»Wir fahren nirgendwohin!«

Wie vom Blitz getroffen stand ich da. Es war, als hätte mich jemand mit voller Wucht in den Magen geboxt. Ich hatte eine Woche lang auf diesen Moment hingefiebert. Hatte mich gesehen, wie ich mit fliegenden Haaren über die Wiesen galoppierte, wie ich das Pferd mit Karotten fütterte, wie ich ihm den Hals klopfte und es lobte, weil es so brav war. Ich würde auf Reitstiefel sparen, und später, ja später würde ich ein eigenes Pferd haben. Und jetzt?

Mein schöner Traum lag in Trümmern. Er bemerkte überhaupt nicht, was er angerichtet hatte. Und ich wurde nie aufsässig, dazu hatte ich viel zu viel Angst vor ihm.

Ein paar Wochen später fuhren wir wieder zu dem Bauern, und ich saß auch wieder glücklich auf dem Pferd. Doch es wiederholte sich noch einige Male, dass mein Vater mir den Reitausflug versprochen und es sich kurz vorher anders überlegt hatte.

Was macht ein Kind in einer solchen Situation? Es versucht sich vor diesem übermächtigen Schmerz der Enttäuschung zu schützen! Ich malte mir meine Reitstunden nicht mehr aus, und ich hütete mich, mich darauf zu freuen. Wenn es dann schiefging, tat es wenigstens nicht mehr so weh. Etwas war zerbrochen.

Es gab dann später noch andere Vorkommnisse dieser Art, freudige Erwartungen, denen die Flügel brachen. Das führte dazu, dass in meinem tiefsten Inneren eine geheime Überzeugung zu wachsen begann. Die Überzeugung lautete: »Hör lieber auf, dir etwas zu wünschen, sonst wirst du bitter enttäuscht werden!«

Später las ich viele Bücher darüber, wie man Wünsche realisiert, und immer hieß es, man solle sich alles genau vorstellen. Wie es aussieht, wie es sich anfühlt, das würde dazu führen, dass sich der Wunsch realisiert. Ich versuchte es, wieder und wieder. Doch ich sah und fühlte gar nichts. Ich sah mich nie auf einer Bühne vor jubelnden Fans stehen und singen. Ich sah mich nicht vor einer Schlange von wartenden Menschen sitzen und Bücher signieren. Ich malte mir nicht das Haus aus, in dem ich gerne leben würde.

Stattdessen hatte ich bei allen Wünschen ein mulmiges Gefühl, als lauerte etwas Ungutes im Hintergrund. Denn es hatte sich eine geheime Überzeugung eingenistet, die mir signalisierte, dass meine sehnlichsten Wünsche sowieso nicht in Erfüllung gehen würden, und wenn ich mir etwas wünsche, werde ich am Ende enttäuscht werden.

Das hat viele Jahre im Verborgenen gewirkt und mir die Türen in das wunderbare Land der Phantasie versperrt. Es war nicht leicht, sich diesem alten Schmerz zu stellen, das kleine, tief enttäuschte Mädchen aus seiner Ecke hervorzulocken und sein Vertrauen zurückzugewinnen. Es macht so viel Spaß, sich seine Träume auszumalen, es fühlt sich so lebendig an. Und reiten gehe ich übrigens auch wieder ab und zu!

Viele folgenschwere Gelübde und Beschlüsse stammen aus der Kindheit. Wenn die Kinderseele Schmerz erlebt, wird sie sich das sehr gut merken. Und es bilden sich die ersten Schatten im sonnigen Kindheitsparadies. Diese Schatten gilt es zurück ans Licht zu holen. Sonst werden auch deine Träume ein Schattendasein führen.

»Ohne Tränen hätte die Seele keinen Regenbogen.«
Blaise Pascal

19.
BEWERTUNGEN – WENN ALLES EIN PREISSCHILD BEKOMMT

Es gibt Studien, dass achtzig Prozent unserer Kommunikation nonverbal stattfindet, also sozusagen zwischen den Zeilen. Nun verstehst du, warum deine innere Haltung zu der Situation oder deinem Gegenüber von so großer Bedeutung ist. Diese Haltung kann entweder nützlich oder kontraproduktiv sein!

Ich bekam eine Anfrage für ein Projekt, das mich reizte, denn es ging um Kinder. Ich sollte ein Konzept und Songs für eine Fernsehsendung für Kinder entwickeln. Das war Neuland für mich, und ich mag neue Herausforderungen. Und ich mag Kinder! Da es einige Zeit in Anspruch nehmen würde, handelte ich mit dem Fernseh-Produzenten einen Vorschuss aus. Wie gut, dass ich nicht ahnte, dass dieser Job für mich noch schlimmer werden würde als eine Wurzelbehandlung beim Zahnarzt. Dieser Mann, nennen wir ihn Anton, war ein reicher und ziemlich cholerischer Geschäftsmann.

Ich muss zugeben, er schüchterte mich ein. Mein strenger Vater hat mir eine gewisse Angst vor sehr autoritären Personen hinterlassen, die gerne bei solchen Begegnungen zum Vorschein kommt. Was früher dazu geführt hat, dass ich versuchte, nett zu sein und den Weg des geringsten Widerstandes zu gehen.

Ich lächelte freundlich, wenn er von seiner Autosammlung erzählte, die mich null interessierte. Und ich schwieg, wenn er von Ideen sprach, die mir nicht gefielen. Das konnte aber seine oft geringschätzige Behandlung und seine gelegentlichen Wutausbrüche auf die Dauer nicht wirklich verhindern. Und seine Empfindlichkeit, was seine eigene Person anging. Wenn er sich kritisiert fühlte, machte er dich zur Schnecke. Und er hatte eine weitere unangenehme Eigenschaft: Anton schien zu glauben, dass er sich einen Menschen, den er bezahlte, quasi gekauft hatte.

Er rief mich spät abends an, um mich zu fragen, wann er endlich die nächsten Songs bekäme.

»Da geht ja anscheinend gar nichts mehr vorwärts!«, blaffte er, »ich habe schließlich einen Haufen Geld dafür gezahlt!«

Jedes Mal, wenn wir uns trafen, dachte ich vorher, oh Gott, jetzt muss ich diesen schrecklichen Menschen wieder sehen. Warum habe ich mich bloß darauf eingelassen? Was wird er noch alles anstellen, um mich niederzumachen? Er geht mir so auf die Nerven!

Wenn meine Freunde mich fragten, wie es mir geht, was eine gut gemeinte, harmlose Frage war, ließ ich Schimpftiraden los auf den bösen, ausbeuterischen Produzenten. Als gäbe es kein anderes Thema auf dieser Welt. Ich fühlte mich ausgeliefert und ohnmächtig und redete unablässig darüber, weil ich keinen Ausweg wusste.

Aus heutiger Sicht würde ich sagen, ich verbrauchte ständig Unmengen von meiner Energie für Ablehnung und Konfrontation. Wenn wir also glauben, weil wir lächeln, merke der andere unsere Antipathie nicht, ist das ein Trugschluss. Vielleicht ist es ihm nicht bewusst, aber er spürt es, und in der Regel reagiert er auch darauf. Und womit? Auch mit Ablehnung und Konfrontation. Eine kriegerische Pattsituation.

In einem Seminar haben wir einmal eine Übung gemacht. Wir sollten versuchen, an jedem Menschen, dem wir begegnen, etwas Gutes, Liebenswertes zu entdecken. Oft reagieren wir automatisch auf unser Gegenüber. Etwas missfällt uns, der Verstand beginnt es zu registrieren, zu benennen und auszumalen. Wie sieht der denn aus, was für eine blöde Frisur. Oh je, ist die dick, das ist ja furchtbar! Was für ein arroganter Schnösel und so weiter. Wir merken es gar nicht, das läuft ganz automatisch ab.

Wenn ich mich aber ganz bewusst entschließe, nur das Positive wahrzunehmen oder es zu suchen, wenn es sich mir nicht gleich zeigt, lege ich den Hebel um und setze etwas anderes in Gang. Und es passierte etwas Wundersames. Nicht nur, dass mir bei dieser Übung der andere Mensch plötzlich viel sympathischer wurde, er begegnete auch mir ganz anders.

Dann bekam ich von Anton eine richtig böse E-Mail, weil ich mich mit den letzten Songtexten verspätet hatte, was eigentlich gar nicht meine Art ist und sicherlich auch meinem Widerstand gegen ihn und die ganze Situation geschuldet war. Erfinde du mal tolle Songtexte, wenn du gleichzeitig so wütend bist, dass der Schornstein raucht! Er beschimpfte mich nach Strich und Faden, und ich war drauf und dran, es ihm nun aber so richtig zu zeigen! Mit Worten kann ich umgehen, dachte ich mir, und wenn ich einmal böse werde, dann werden sie zu kleinen Seziermessern! In meinem Kopf begann ich bösartige und verletzende Dinge zu formulieren, ich kochte.

Als ich ansetzte, mein ganzes Waffenarsenal in einer Antwort-Mail in Stellung zu bringen, wurde mir plötzlich bewusst, was ich da tat: Ich goss Öl in ein bereits hochloderndes Feuer, und vor allem, ich schadete mir selbst damit. Ich verzichtete auf das Hochgefühl, jemandem, der mich schon so lange ärgerte, einen Kinnhaken zu verpassen, und entschloss mich zu einer ganz anderen Vorgehensweise. Ich schloss die Augen und kramte in meinen Gedanken, was ich an Anton mochte.

Und ich stellte fest, da gab es durchaus einige Dinge. Er liebte gutes Essen und lud mich und andere Leute oft in ein schönes Restaurant ein. Als die Tochter einer Freundin von ihm sich ihre Klassenfahrt nicht leisten konnte, übernahm er die Kosten. Seine Liebe zur Musik und zu Kindern war aufrichtig. Er konnte lustig sein. Und wenn ich alles Negative beiseite ließ, spürte ich sein

Herz. Und die Unsicherheit und Verletzbarkeit, die ihn so aufbrausend und teilweise böse werden ließ. Lieber wollte er angreifen, als selber verletzt zu werden. Ich fing noch einmal ganz von vorne an und schrieb eine sachliche und freundliche E-Mail. Auf seine Beschimpfungen ging ich überhaupt nicht ein. Ich erklärte die Verzögerung und entschuldigte mich dafür. Ich schrieb ihm in neutralem Ton die Dinge, die mir an ihm nicht gefielen, und schrieb ihm auch das, was ich an ihm schätzte.

Zwanzig Minuten später rief er mich an und sagte: »Weißt du was, lass uns einfach den ganzen Streit vergessen, und wir fangen noch einmal neu an!«

Ich konnte es kaum glauben.

»Es ist nicht unsere Aufgabe, einander näherzukommen, so wenig wie Sonne und Mond zueinanderkommen oder das Meer und das Land. Unser Ziel ist es, einander zu erkennen, und einer im anderen das zu sehen und ehren zu lernen, was er ist: des anderen Gegenstück und Ergänzung.«
Hermann Hesse

Darum ist es für einen Träumer ungeheuer nützlich, seine wahre Haltung zu kennen zu Menschen, mit denen er zu tun hat. Wenn ich von Haus aus eine Aversion gegen »diese aufgeblasenen Businesstypen« habe, wäre es gut, wenn ich das neutralisiere, bevor ich mit ihnen verhandle. Wenn Banker für mich Verbrecher sind, und ich will von ihnen einen Kredit für mein Geschäft, sollte ich die emotionale Seite noch einmal einem Feintuning unterziehen. Und ganz nebenbei bemerkt: Es ist generell ein schöneres Leben, auf das zu achten, was mich mit anderen Menschen verbindet, als was mich von ihnen trennt. Wenn du in einem anderen Menschen seine guten Seiten siehst, gibst du ihm die Chance, sie dir auch zu zeigen. So wie der Bildhauer in einem groben Stein ein feines Antlitz erkennt.

20.
EINSATZ – HAT WIRKLICH ALLES SEINEN PREIS?

Stimmt es tatsächlich, dass alles seinen Preis hat? Ich mochte diese Redensart nie. Es klingt nach etwas Teurem, das man sich nicht leisten kann. Ich würde es anders formulieren: Alles braucht einen Einsatz! Ein paar simple Beispiele: Wer schwimmen möchte, muss an einen See oder an das Meer fahren. Wer Klavier spielen möchte, braucht Unterricht und Übung. Viele Jungs in den Slums von Südamerika träumen davon, große Fußballer zu werden, das bedeutet ungeheuer viel Training und dass man zunächst auf sehr vieles verzichten muss. Das ist genau der Grund, warum es am Ende nur einer von zehn Millionen schafft.

Der Träumer neigt dazu, nur die süße Seite seines Traums zu betrachten. Wie ein Verliebter, der am Anfang immer eine rosa Brille trägt und lediglich die Vorzüge seines Partners bemerkt. Es hilft, sich darüber klar zu werden, was der Einsatz ist, weil es einen dann nicht irgendwann kalt erwischt.

Sonja erzählte mir seit Jahren, sie würde so gerne ein Buch schreiben.

»Tu's«, antwortete ich regelmäßig. »Setze dich hin, und tue es einfach!«

Als dann über die Jahre alle Ja-Abers aus dem Weg geräumt waren – ich habe keine Zeit, ich muss Geld verdienen, ich bin vielleicht nicht gut genug, wie finde ich einen Verlag – setzte sie sich tatsächlich hin und war zu Recht bärenstolz, als das Manuskript vor ihr lag. Ich lobte sie nach Kräften, weil ich mich wirklich sehr für sie freute und auch ein bisschen für mich, ist es mir doch immer ein Anliegen, ein Hüter der Träume zu sein. Und jeder Traum, der dann das Licht der Welt erblickt, erfüllt mich mit aufrichtiger Freude!

Sonja bat mich, ihr Buch zu lesen und ihr ein Feedback zu geben. Ich tat ihr den Gefallen und hatte jede Menge Anmerkungen. Was bei einem Anfänger ja auch nicht ungewöhnlich ist. Vor allem dauerte es zu lange, bis sie in die Geschichte hineinkam und alles Biographische darin war etwas zu ausführlich, abgesehen von einigen sprachlichen Schwächen. Als ich ihr das sagte, schaute sie mich betroffen an.

»Aber das ist ja fast so, als ob ich noch einmal von vorne anfangen muss, wenn ich das alles korrigieren soll!«

»Ja klar«, antwortete ich, »das ist ganz normal. Der Flow, wenn es auf das Papier fließt, das ist die Kür. Und dann kommt das Handwerk, der Feinschliff, die Pflicht sozusagen! Was glaubst du, warum Verlage Lektoren beschäftigen?«

Diese Phase der Überarbeitung dauert manchmal Wochen bei mir. Und ich kann nicht sagen, dass ich dabei einen Heidenspaß habe. Ich würde eher sagen, es geht mir sehr schnell auf den Keks! Aber es hilft ja nichts.

Sonja verstummte. Es war, als hätte ich einem Kind einen Legoturm, den es gerade mühsam aufgebaut hat, umgekippt, und nun sah es betrübt auf die herumliegenden Steine. Das Ende vom Lied war, dass Sonja ihren Legoturm erst mal nicht wieder aufbaute. Sie wollte nur den Spaß am Schreiben. Ihr Traum, eine Schriftstellerin zu werden, galt nur dem Teil, in dem sie inspiriert und gut gelaunt ihre Gedanken zu Papier brachte. Dass kein Schriftsteller auf dieser Welt im ersten Wurf ein druckreifes Buch schreibt, war ihr nicht bewusst.

Zum Glück hat Sonja sich dann doch noch aufgerafft. Denn ihr Traum nagte weiter an ihr, und das unfertige Manuskript ließ sie nicht los. Es dauerte zwar eine ganze Weile, sie hat Stück für Stück gekürzt, gefeilt und umformuliert und ziemlich oft darüber gejammert, doch sie kam ans Ziel! Und selbst, als die Verlage nicht ansprangen, ließ sie sich nicht abbringen und brachte ihr Buch schließlich im Eigenverlag heraus. Immerhin, es wurde wahr! Und das ist spätestens der Moment, in dem man merkt, dass sich der Einsatz lohnt!

Ich zum Beispiel bin sehr gerne allein. Ich liebe es, in meiner Wohnung mit meinen Katzen auf dem Sofa zu kuscheln, zu schreiben, neue Ideen zu spinnen, zu lesen oder stundenlang Filme zu schauen. Jeder Besuch einer Veranstaltung oder Party kostet mich Überwindung. Mein Job als Autorin und Songtexterin treibt mich aber immer wieder aus dem Haus. Ich fliege herum, treffe viele Menschen, und manchmal wird es ganz schön turbulent. Dann sehne ich mich nach der Stille meines Wohnzimmers mit dem Blick in den Park mit den alten Bäumen, nach dem Schnurren meiner beiden glücklichen Stubentiger. Aber ich bin dennoch sehr dankbar, meinen Traum leben zu dürfen.

Manchmal wache ich morgens auf und denke: Stell dir bloß mal vor, du kannst vom Schreiben leben, was für ein Privileg! Und darum verlasse ich immer wieder gerne meine Komfortzone, weil es zu meinem Traum dazugehört. Ich stelle mich der Hektik, dem oft enormen Termindruck, auch der manchmal harten Kritik, und versuche all dem das Beste abzugewinnen. Kein Traum wird einem vierundzwanzig Stunden am Tag Spaß machen. Aber es hilft sehr, wenn man sich auch an dem, was nicht so viel Spaß macht, erfreuen kann, weil man weiß, wofür man es tut!

Und hin und wieder heißt der Einsatz auch Verzicht. Als ich in meiner Zeit als hoffnungsvolle Sängerin im Auto zu einem der Kellerstudios fuhr, draußen blühte bunt der Sommer, sah ich ein wenig neidisch fröhliche Menschen in Eiscafés sitzen oder im Park Frisbee spielen. Meine Freundinnen fuhren in den Urlaub ans

Meer und ich in ein dunkles Kellerstudio, um meine Lieder aufzunehmen, bis die Sonne untergegangen war.

Während andere draußen lachten und Cocktails tranken, feilte ich an Melodien und zerbrach mir den Kopf über Textzeilen. Doch ich bekam dafür magische Momente geschenkt.

Und manchmal, wenn ich ein Lied gesungen hatte, hing für einen Moment der Zauber in der Stille wie ein Versprechen. Der Staub tanzte im Licht der Scheinwerfer, der Musiker und ich sahen uns an, keiner sagte ein Wort, beide hatten wir Tränen in den Augen. Das war es, warum ich auf so vieles andere verzichtete. Das war mein Traum! Weit entfernt von Konzertsälen oder Charterfolgen sang ich einfach meine Lieder, mit meinem ganzen Herzen! Und fühlte das ganze Leben in meinen Adern.

Aber auch sich von seinen Träumen abzuwenden, hat seinen Preis, das sollte man nicht unterschätzen. Roy Black zum Beispiel, ein hochtalentierter und sensibler Sänger, hat seinen Traum vom Rocksänger begraben, weil er mit seinen Schlagern so unglaublich erfolgreich war. Er wollte das Risiko nicht eingehen, sein Publikum zu verlieren und womöglich wieder in der Bedeutungslosigkeit zu versinken.

Eine Weile ging es gut, der Erfolg ist ein Pflaster, doch er ist ein Pflaster auf einer Wunde, die nicht heilt. Der Alkohol sollte ihm helfen, weil er einen Vorhang zuzieht und das Herz in einen gnädigen Nebel senkt. Leider nur nicht für lange, dann kommt die Wahrheit immer ungnädiger ins grelle Tageslicht. Noch jung an Jahren ist er daran zerbrochen und starb einsam und deprimiert an seinem gebrochenen Herzen.

»Vieles geht verloren, weil wir es verloren geben.
Wir scheuen den Einsatz.«
Paul Schibler

Also überlege dir, was dein Traum an Einsatz verlangt, und frage dich ehrlich und aufrichtig, ob du dazu bereit bist, diesen Einsatz zu bringen. Warum das so wichtig ist? Weil viele Menschen erzählen, sie seien sehr traurig, weil sie ihren Traum nicht leben können. Dabei ist es oft so, dass sie sich nicht eingestehen wollen, dass es nicht an dem bösen Leben liegt, das sie nicht unterstützt. Sondern dass es an ihrer eigenen fehlenden Bereitschaft liegt, alles Erforderliche dafür zu tun. Wir neigen dazu, bei Menschen, die ihre Träume leben, immer auf den rosigen Teil der Angelegenheit zu schauen, und so mancher denkt sich, das hätte ich auch gerne. Was alles dazu gehört, um dorthin zu gelangen, ist uns oft nicht bewusst. Ich habe sehr viel gelernt von den erfolgreichen Menschen, mit denen ich zusammenarbeiten durfte. Für diese Lektionen bin ich sehr dankbar, sie sind Gold wert. Eine davon war, dass besonders das, was so leicht und wie aus der Hüfte geschossen aussieht, oft viel Blut, Schweiß und Tränen gekostet hat.

Ein Balletttänzer, der scheinbar schwerelos über die Bühne fliegt, hat unzählige blutige Ballettschuhe verschlissen und Schmerzen weggesteckt, um uns mit seiner Leichtigkeit zum Träumen zu bringen. Und die Moral von der Geschichte? Sei dir einfach darüber im Klaren, dass du es bist, der entscheidet, wie viel Einsatz dir dein Traum wert ist.

21.
FLÜGELLAHM – WAS TUN,
WENN DICH DER MUT VERLÄSST?

Oftmals ist es so, dass wir uns aufmachen, unseren Traum zu leben, und dann kommt der Gegenwind. Wir versuchen etwas, es klappt aber nicht, wir versuchen es wieder, und es geht wieder schief, und nach einer Weile verlieren wir den Mut. Und ganz langsam wächst in uns die Überzeugung: »Das klappt ja sowieso nicht. Andere haben eben mehr Glück, ich bin halt doch nicht gut genug!« Wir alle kennen das.

Wir glauben, die Niederlagen und die Rückschläge seien der Beweis dafür, dass unser Traum ein aussichtsloses Unterfangen ist. Oft führt es dazu, dass du mit einer großen Traurigkeit im Herzen deinen Traum begräbst, und du spürst sehr wohl, dass das Leben dadurch seinen Glanz verliert. Es ist als würde man einem Frühlingstag die Farbe nehmen. Du gibst die Hoffnung auf, anscheinend soll es nicht sein, sonst hätte es ja irgendwann einmal geklappt.

Sei versichert, diese Niederlagen, diese Rückschläge sind niemals ein Beweis dafür, dass der Traum falsch war! So lange der Traum in dir brennt, will er leben! Die Rückschläge oder Niederlagen sind vielleicht nur Prüfungen für unsere Standhaftigkeit, es sind Erfahrungen, die wir brauchen für unseren Weg. Wir brauchen sie, damit sie uns stärker machen, bis wir eine gewisse Unerschütterlichkeit, ja sogar Gleichmut erlangen für die Stürme, die immer wieder kommen werden. Vielleicht ist es auch ein Hinweis, dass es an unserem Traum noch etwas zu verbessern gibt, dass ihm noch etwas fehlt. Aber es ist auf keinen Fall ein Beweis dafür, dass dein Traum es nicht wert ist, gelebt zu werden.

> *» Wir müssen immerfort Deiche des Mutes bauen*
> *gegen die Flut der Furcht. «*
> Martin Luther King

Es gehört zu meinen größten und wichtigsten Aha-Erlebnissen, dass ich in vielen Biografien entdeckte, dass alle diese Menschen, egal wie erfolgreich oder mächtig sie heute sind, auf ihrem Weg gewaltige Rückschläge und Niederlagen erlitten haben. Dass auch sie unterwegs ihren Mut verloren haben. Und das in einigen Fällen sogar mehr als einmal.

Erstaunlich häufig kamen diese Personen aus sehr ärmlichen und eingeschränkten Lebensumständen. Sie wurden ausgelacht und verspottet für ihre Träume, mussten sich allein durchbeißen und waren oft die Einzigen, die an sich geglaubt haben.

Es war für mich ungeheuer wichtig zu erkennen, dass es nicht nur mir allein so geht! Da draußen gibt es Millionen, die träumen wie ich und die scheitern wie ich. Und wenn man sich diese Geschichten anschaut, die Lebensumstände, die Schicksalsschläge, die endlosen gescheiterten Versuche, dann merkt man, es stimmt am Ende des Tages eben doch: Jeder kann es schaffen!

Darum ist es ein gutes und hilfreiches Rezept, wenn man seinen Mut verliert, sich solche Geschichten zu Gemüte zu führen. Man findet sie in Büchern, Dokumentationen, in einem Zeitungsartikel, wenn man die Augen offen hält, sind sie plötzlich überall. Sie sind wie der Zaubertrank bei Obelix, sie verleihen Kräfte und entkräften deine Mutlosigkeit. Sie relativieren deine eigenen Niederlagen.

Ich mag die drastischen Geschichten. Die so beginnen, als wäre es schier unmöglich, dass ein Mensch aus so einer Situation herauskommt, dass er jemals nach oben kommen kann.

So wie die Lebensgeschichte von Nelson Mandela, der als Freiheitskämpfer während der Apartheid siebenundzwanzig Jahre seines Lebens im Gefängnis verbrachte. Er saß in einer winzigen Zelle, als Bett diente ihm eine dünne Sisalmatte, die auf dem nasskalten Steinboden ausgerollt wurde. Zu Essen gab es eine ungenießbare Maispampe. Tag für Tag mussten die Gefangenen Schwerstarbeit im Steinbruch leisten. Er wurde täglich geschlagen, erniedrigt und misshandelt. Es ist unglaublich, aber ein Gedicht hat ihm dabei geholfen, durchzuhalten. Er las es jeden Tag, wieder und wieder, und es gab ihm Kraft, denn es sagte ihm, dass er der Meister seines Schicksals sei.

Es kann auch dir die Kraft und Freiheit deiner Seele vor Augen führen, darum habe ich es auf der nächsten Seite zitiert. Als ich es zum ersten Mal las, war es, als würde es direkt in mein Blut fließen. Diese Worte berühren unseren tiefsten Kern.

Nelson Mandela hat nie daran gezweifelt, dass er dieses Martyrium überlebt, denn sonst hätte er schlicht und ergreifend nicht durchgehalten. Zweifel ließ er nicht zu, auch wenn er sie hatte. Statt zu resignieren, begann er für die Rechte der Häftlinge zu kämpfen, mit unfassbarer Beharrlichkeit. Er wurde den brutalen Wärtern gegenüber nie ausfällig, war immer höflich und hatte sogar stets ein freundliches Wort für sie übrig. Egal, was sie ihm antaten. Dadurch verschaffte er sich nach und nach Respekt, und man hörte ihm zu.

Wie schafft man es, Menschen, die dich quälen und misshandeln, so freundlich gegenüberzutreten? Du musst an etwas glauben, das größer ist als du! Mandelas Traum war die Freiheit seiner Landsleute, und er war nur von dem einen Gedanken beseelt: Ich komme hier wieder heraus, und ich werde weiter gegen den Rassismus und für die Freiheit der Schwarzen kämpfen!

Das südafrikanische Regime hat diesen großen Mann nicht brechen können. Und das erste, was er tat, als er sein Gefängnis tatsächlich lebend verließ, war, es denen zu verzeihen, die ihm das angetan hatten. Das machte ihn zu dem Mann, der die Welt verändert hat und der unzählige Menschen inspirierte und ermutigte. So wie mich.

Das Gedicht, das ihm in dieser Zeit so viel bedeutet hat, sagt es! Man kann dir alles nehmen, aber niemals deine Seele. Du bleibst immer der Captain deiner Seele! Es ist ein Gedicht von William Ernest Henley, einem englischen Schriftsteller aus dem 19. Jahrhundert:

INVICTUS – Unbezwungen
Aus dieser Nacht, die mich umhüllt,
von Pol zu Pol, schwarz wie das Grab,
dank' ich welch immer Gottes Bild
die unbezwung'ne Seel mir gab.

Wenn grausam war des Lebens Fahrt,
habt ihr nie zucken, schrein mich sehn!
Des Schicksals Knüppel schlug mich hart –
mein blut'ger Kopf blieb aufrecht stehn!

Ob zornerfüllt, ob tränenvoll,
ob Jenseitsschrecken schon begann:
das Grauen meines Alters soll
mich furchtlos finden, jetzt und dann.

Was kümmert's, dass der Himmel fern
und dass von Straf mein Buch erzählt,
Ich bin der Herr von meinem Stern,
Ich bin der Captain meiner Seel'!

Es gibt noch eine andere Lebensgeschichte, die wie ein Blitz in meinen Alltag einschlug und an die ich mich immer wieder erinnere, wenn ich mal wieder glaube, dass das Leben mir gerade übel mitspielt. Ich fand sie im Internet. Das sind Momente, in denen ich merke, dass wir in diesem weltweiten Netz wirklich alle miteinander verbunden sind. Durch Zufall – man könnte auch sagen, mir fiel im richtigen Moment das Richtige zu – stieß ich auf das Video eines jungen Mannes. Ich sah ein nettes, sympathisches Gesicht mit einem offenen Lächeln. Ein fröhlicher Mann um die dreißig, der in die Kamera strahlte, erzählte, dass er gerne schwimmt, surft und reitet und dass er das Leben liebt. Das glaubte ich diesem lachenden Gesicht sofort.

Die Kamera zieht auf, und ich dachte, mich trifft der Schlag: Dieser junge Mann hat keine Arme und keine Beine! Der Kopf mit dem fröhlich lachenden Gesicht sitzt auf nichts als einem Rumpf. Als Folge einer seltenen Fehlbildung wurde Nick Vujicic so geboren. Lediglich an seinem linken Oberschenkel hat er zwei kleine Zehen, die ihm Hände und Füße ersetzen müssen.

Seine Kindheit war grausam. Die anderen Kinder machten Scherze über seine Behinderung, verspotteten ihn. Wer wollte denn mit so einem spielen? Einer, der nicht laufen, nicht Fußball spielen, keine Bälle fangen kann. Der nur herumkriecht wie ein tollpatschiger Seehund. Seine Eltern liebten ihn, sie litten aber dennoch unter seinem Los.

Kein Wunder, dass Nick ein zutiefst unglückliches Kind war, er litt unter Depressionen, und als er zehn Jahre alt war, versuchte er, sich das Leben zu nehmen. Der Junge mit dem schweren Schicksal sah keinen Sinn, keine Freude mehr darin, auf dieser Welt zu sein. Zum Glück ist es ihm nicht gelungen, zum Glück für ihn und viele andere Menschen, deren Leben er später bereichern sollte.

Eines Tages betrachtete er sich traurig im Spiegel, und da, für einen kurzen, erhellenden Moment, sah er etwas, das er nie zuvor gesehen hatte, und er sagte zu sich selbst: Auch an mir ist etwas Liebenswertes, auch mich liebt Gott, so wie ich bin. Ich bin nicht ohne Grund so auf die Welt gekommen. Ich soll etwas daraus machen aus diesem Leben, mit all seinen Einschränkungen. Und das werde ich von nun an auch tun! Dieses Versprechen gab sich der junge Nick an jenem Tag, und er löste es ein.

Nick Vujicic fing an, seine Behinderung nicht mehr als Begrenzung zu betrachten, die ihm alles unmöglich machte, sondern er begriff sie als Herausforderung. Was kann man mit so einem Körper bewältigen? Wie weit kann man gehen? Und er lernte schwimmen, er lernte reiten, surfen und golfen, er fand immer einen Weg, wie es auch für ihn möglich ist. Und er fand Freunde. Dieser Mann reist heute um die ganze Welt und hält Vorträge über Lebensmut und Liebe, und sein großer Wunsch ist es, Menschen darin zu bestärken, sich ihre Träume zu erfüllen. Er nennt sich »Personal-Trainer für ein unverschämt gutes Leben!«, denn er findet, dass er genau so ein Leben führt. Das muss man sich einmal auf der Zunge zergehen lassen!

Ich sah ihn vor einer großen Gruppe von Schulabsolventen sprechen. Junge Erwachsene, die sich so oft mit Problemen herumschlagen wie: Warum bin ich nicht schlanker, warum guckt mich dieser Typ nicht an, warum kann ich mir die Designer-Jacke nicht leisten? Ich sah ihre fassungslosen Gesichter, ihr anfängliches Entsetzen bei Nicks Anblick, der so groß wie ein Kleinkind auf einem Tisch stehen musste, um gesehen zu werden. Doch er leuchtete, er empfand sich selbst kein bisschen als traurig oder minderwertig. Er hatte eine Botschaft, eine Fackel, die er hochhielt. Lebe dein Leben! Mach das Beste daraus! Du kannst das Unmögliche erreichen. Sieh mich an!

Das Entsetzen seiner Zuhörer verwandelte sich in Bewunderung und in Ehrfurcht. Das hier würden sie nie mehr vergessen. Sie würden aus diesem Saal herausgehen und nicht mehr die sein, die sie vorher waren. Am Ende des Vortrags standen sie still in der Schlange, jeder einzelne wollte Nick umarmen. Mit lächelnder Geduld ließ er es geschehen, und diese coolen Heranwachsenden lagen in seinen Armen und weinten hemmungslos.

Ganz ehrlich, was für ein Leben hättest du für einen Menschen wie ihn prophezeit?

Er hat geträumt, einen Traum, so viel größer als das, was das Leben für ihn bereithielt. Und er sagt heute, seine größten Träume sind in Erfüllung gegangen und sogar noch viel schöner und großartiger, als er es sich je vorgestellt hatte. Doch einer war dabei, der schien sogar ihm unerreichbar, denn es war seine größte Sehnsucht, eine Frau zu finden, die ihn liebte, mit der er eine Familie haben könnte! Aber dass eine Frau einen Mann wie ihn lieben könnte, mit ihm zusammenleben wollte, das erschien Nick Vujicic völlig unmöglich. Er sollte sich täuschen. Wie in einem echten Märchen traf er tatsächlich ein wunderschönes Mädchen, in das er sich Hals über Kopf verliebte. Am 12. Februar 2012 heiratete er seine Verlobte Kanae Miyahara. Am 13. Februar 2013 wurde ihr gemeinsamer Sohn geboren.

Er kann es immer noch kaum glauben. Wenn man die beiden zusammen sieht, wird man demütig. Es scheint, als hätte das Schicksal von dem Moment an, als Nick begann sein Los zu akzeptieren, die große Schatzkiste über ihn ausgeschüttet. Nicht auszudenken, wenn er sich damals als kleiner Junge umgebracht hätte. Wie vielen Menschen hätte er keinen Lebensmut schenken können, wie viele Träume, zu denen er Menschen inspiriert und ermutigt hat, würden ungeträumt bleiben. Er hat einen großen, mächtigen Traum verwirklicht. Er hat die Welt zu einem besseren Ort gemacht!

Solche Geschichten brauchen wir. Solche Menschen brauchen wir! Sie erteilen nicht mit erhobenem Zeigefinger irgendwelche Ratschläge, sie sind lebende Beispiele für die ungeheuren Kräfte, die in uns allen wohnen. Sie füttern unseren Glauben, lassen dein eigenes Dilemma, das eben noch erdrückend war, viel weniger wichtig erscheinen. Sie geben dir Auftrieb und neuen Mut. Sammle diese Geschichten, lege dir Ordner an, hänge dir Fotos auf, es wird dich immer und immer wieder daran erinnern, dass alles möglich ist, wenn man seine eigenen Begrenzungen überwindet. Und hinter dieser Mauer warten unsere Träume auf ihre Verwirklichung.

> *» Wenn deine Beine müde sind,*
> *dann laufe mit dem Herzen.«*
> Paulo Coelho

22.
GANZ UNTEN – VON DA GEHT ES NUR BERGAUF!

Manche Menschen gehen einen sehr harten Weg für ihre Träume. Warum auch immer. Vielleicht glauben sie, es müsse so sein, vielleicht haben sie auch einfach mehr negative Überzeugungen gebunkert, womöglich will ihre Seele mehr lernen als andere. Und manchmal kommt ein Punkt, da denkst du: Das war's, tiefer geht's nicht! Nichts geht mehr. Beziehung zerbrochen, Job gekündigt, Konto gesperrt und, deine Katze wird überfahren. Wie kannst du das jemals überleben?

Das ist der gefährlichste Punkt im Leben eines Träumers. Hier ist er ganz nah daran zu glauben, dass sein Traum sinnlos ist, dass dieser Traum einfach nicht sein soll, nicht sein darf. Der Träumer steht kurz davor aufzugeben. Was kann man tun in einer solchen Situation? Ich beginne mal mit dem, was nicht hilft: Nämlich zu versuchen, den Schmerz, die Enttäuschung, die Verzweiflung und vielleicht auch die Wut auf das Leben zu verdrängen. Diese Gefühle sind zu mächtig, um sie wegzuschieben, und es wird dich das letzte Fünkchen Energie kosten, das noch in dir glimmt. Das ist, als wolltest du das Badewasser mit einem Teelöffel ausleeren. Und auch der gutgemeinte Trost der Freunde mit ihrem »Das wird schon wieder!«, bringt in einer solchen Situation nichts.

Ich habe im letzten Kapitel ein paar Maßnahmen aufgezählt, die vielleicht keine Sofortveränderung bewirken. Nach einem K. o. im Boxring steht der Kämpfer auch nicht gleich wieder auf und hüpft aus dem Ring wie eine Antilope, aber es gibt Wege, wie du dein Innerstes ein wenig beruhigen kannst, sodass du ablässt von der Überzeugung, dass dies das Ende der Welt ist.

Ich habe es als tröstlich empfunden, mir zu sagen, dass das zum Leben dazugehört. Es ist ein Bestandteil unseres Daseins, auch mit den dunkelsten Stunden konfrontiert zu werden. Und es ist ein physikalisches Gesetz, wie in der Überschrift dieses Kapitels gesagt, dass jemand, der ganz unten angekommen ist, nur eine einzige Richtung zur Auswahl hat, nämlich wieder nach oben.

Das mag zunächst nur sehr langsam und mühsam gehen, vielleicht brauchst du auch ein Weilchen, bis du überhaupt wieder weitergehen kannst, aber die Richtung wird und muss sich ändern. Wie bei einem Pendel, das in eine Richtung ausgeschlagen ist, kurz in der Luft stehenbleibt und dann in die andere Richtung schwingt. Das ist keine Selbstberuhigung oder Beschönigung widrigster Umstände, das ist ein Lebensgesetz. Jeder Börsianer weiß, das Gute an einer Krise ist, sie wird vorbeigehen. Manchmal führt uns das Leben in die schwärzeste Ecke unseres Daseins, um etwas aus uns herauszubrechen, wofür der Zeitpunkt gekommen ist. Es folgt ein Schritt, eine Entscheidung, die wir ohne diesen Schlag vor den Kopf nicht getroffen hätten, die aber für unser Leben von großer Bedeutung ist.

Ich habe es zuvor kurz erzählt: Als der Produzent mich rausgeschmissen hatte, saß ich da ohne Job, ohne Geld, ließ mich gerade scheiden, bekam eine Lungenentzündung, und meine Katze wurde tatsächlich überfahren. Ich war auf Grund gelaufen. Ich hatte nicht einmal mehr die Kraft, auf Gott oder das Leben wütend zu sein. Am liebsten hätte ich mich in einer Höhle verkrochen und die Decke über den Kopf gezogen, bis alles wieder besser würde. Aber das funktioniert natürlich nicht.

Ich, die tolle Organisatorin, die glaubte, vom Leben schon so viel verstanden zu haben, hatte keinen Plan. Da war nichts als schwarzer Nebel. Ich gab auf. Dann sterbe ich eben, ist doch egal, oder ich lande unter einer Brücke. Mir war alles einerlei. Und seltsamerweise fand ich in diesem Zustand einen gewissen Frieden. Wenn man nicht weiß, was man tun soll, dann gibt es eben nichts zu tun. Wenn keine Lösung in Sicht ist, geht es vielleicht gerade nicht um eine Lösung, sondern um etwas anderes. Meine Mutter kam, um mich zu pflegen – die Lungenentzündung war schlimm. Ich hustete mir die Seele aus dem Leib, dämmerte vor mich hin und begrub meine Katze. Und in dieser Zeit des Stillstands erkannte ich, dass ich mich nicht mehr herumschubsen lassen wollte. Dass etwas mit meiner eigenen Wertschätzung nicht stimmte. Und auch, dass ich mit dem Raubbau an meinem Körper aufhören musste, nur weil ich wollte, dass man mich für unentbehrlich hielt.

Ganz langsam, so wie die ersten Krokusse sich den Weg durch den Schnee bahnen, fühlte ich neue Kräfte in mir wachsen. Es dauerte noch ein Weilchen, bis ich wieder auf meinen Füßen stand und dem Leben ins Gesicht lachen konnte. Ich habe es am Anfang des Buches beschrieben: Wenn ich über meine eigenen Gefühle und Warnlampen drüberwalze, mischt die Seele sich ein mit diesen Notfallmaßnahmen, wie ich sie erlebt habe.

Ich brauchte diesen Stillstand, um zu begreifen, was ich mir selbst angetan hatte, und vor allem, was ich in meinem Leben nicht mehr wollte. Es ist wichtig, sich die Zeit zu nehmen, die man braucht, und gut zu sich selbst zu sein. Verpass dir nicht noch selbst einen Kinnhaken, wenn du schon am Boden liegst, weil du findest, dass du dich so dumm angestellt hast. Jemand, den das Leben niedergestreckt hat, braucht Mitgefühl und Liebe!

Auf dem absoluten Tiefpunkt ihres Lebens hat J. K. Rowling eines der erfolgreichsten Werke dieser Welt geschaffen: »Harry Potter«! Sie hatte gerade eine Ansammlung von persönlichen Katastrophen erlebt. Ihre Mutter war gerade mal fünfundvierzig Jahre alt, als sie an multipler Sklerose starb, zwei Jahre später heiratete Rowling ihren ersten Mann, von dem sie sich schon ein Jahr später wieder trennte. Da stand sie nun, mit einem neugeborenen Baby, eine alleinstehende Mutter, die von der Sozialhilfe lebte.

Um ihrer winzigen, deprimierenden Wohnung zu entfliehen, saß sie mit ihrer kleinen Tochter oft im Café. Während das Baby schlief, schrieb Rowling auf Notizblöcken an ihrer Harry-Potter-Geschichte. »Ich schrieb das Buch wirklich für mich selbst«, sagte sie später in einem Interview.

»Der Tiefpunkt ist das solide Fundament, auf dem ich mein Leben aufgebaut habe.« Und nicht nur ihr Leben, denn nicht allzu lange danach wurde sie zur Milliardärin!

Noch etwas kann man gewinnen an so einem Tiefpunkt: Gelassenheit! Heute denke ich in schwierigen und herausfordernden Situationen, was soll mir noch passieren? Ich habe so vieles überstanden, ich werde auch das hier überstehen. Während die anderen sich im Kreis drehen und nervös werden, was bekanntermaßen nicht zur Entspannung einer Situation beiträgt, werde ich ruhig, gehe in mich und finde meistens einen Weg. Oder ich kann es aushalten, so lange abzuwarten, bis sich wieder ein Weg zeigt. Das könnte ich niemals, wenn ich nicht ganz unten gewesen wäre.

Es gibt eine ganz banale Erkenntnis, die mir heute noch hilft, wenn etwas so richtig verfahren und aussichtslos erscheint. Ich saß damals im Flugzeug, als wir das verregnete Hamburg verließen, vor dem Fenster nichts als eine bleigraue Wand, die über der Welt lag, und mir ging es richtig schlecht. Dann durchstießen wir die Wolkendecke, und ich wurde von einer strahlenden Sonne geblendet. Wow, dachte ich, hier oben ist immer Sonnenschein! Egal was da unten passiert, hier scheint immer die Sonne. Und vielleicht ist es mit dem Glück ja genauso. Es verbirgt sich manchmal hinter dunklen Wolken, aber es ist eigentlich immer da. Ich hab einen Songtext darüber geschrieben: »Wenn der Himmel weint.«

»Egal, ob im Ring oder außerhalb,
zu Boden zu gehen, ist nicht weiter schlimm.
Schlimm ist es, wenn man am Boden bleibt.«
Muhammad Ali

23.
TRAUMSAMMLER – KANN MAN ZU VIELE TRÄUME HABEN?

Und nun möchte ich einmal zu denen sprechen, die sich schlecht fühlen, weil sie sich partout nicht auf einen Traum festlegen können, sondern immer mehrere Pfeile im Köcher haben. Wenn du so ein Multi-Träumer bist, möchte ich dir sagen, es spricht überhaupt nichts dagegen, viele Träume zu haben und womöglich einige davon nicht umzusetzen. Manche von uns sind Traumsammler. Sie sind so fasziniert von Träumen, dass sie sie wie ein Schatzsucher aus den Flüssen des Lebens sieben, sie wie funkelnde Goldkörner in einer Kiste aufheben und sich immer wieder daran erfreuen. Sie sagen Dinge wie: »Man müsste ein Café eröffnen, in dem es alles gibt: Bücher, Kleidung, eine Bilderausstellung, Schmuck …« Und sie malen genüsslich aus, wie ein solches Projekt aussehen müsste. Immer neue Details kommen hinzu. Es erfüllt sie mit Begeisterung. Sie bauen farbenprächtige Luftschlösser, in denen sie eine Zeit lang wohnen, bis sie Lust auf eine neue Idee haben.

Wenn bei ihnen die Kreativität sprudelt, frag sie bloß nie danach, wie viele Dinge in ihr Leben passen. Kreativität ist kein Elbe-Lübeck-Kanal, der auf dem kürzesten Weg ordentlich geradeaus fließen muss, sie ist ein wilder Niagara-Fall. Überschäumend und ungebremst, Kreativität kümmert sich nicht darum, ob Platz für all das herabstürzende Wasser ist. Sie kümmert sich nicht um den direkten Weg, sie existiert um ihrer selbst Willen. Sie ist Ausdruck dessen, was einen Menschen ausmacht: Die Fähigkeit zu erschaffen und die Freude daran!

Ich selbst bin auch ein Traumsammler. Ich habe immer mehr Ideen, als in so einen Tag hineinpassen. Es ist halt so. Viele Jahre hat man mir einzureden versucht, dass ich so nicht weiterkomme. Entscheide dich, du verzettelst dich. Was ist denn für dich das Wichtigste? Was ist denn dein eigentlicher Weg?

Und dann wurde mein Herz ganz schwer, weil ich mich fühlte wie eine Mutter, die aufgefordert wurde, eins ihrer Kinder zu verraten. Am schlimmsten aber war, dass ich dachte, es stimme etwas nicht mit mir. Immer wieder habe ich versucht, mich auf ein Ziel festzulegen, so wie es sich gehört.

Also gut, ich bin Autorin. Ich schreibe Bücher und Songtexte, das geht noch gerade so als ordentliches Ziel durch. Aber was ist mit der Musik? Meine Musik! Wie soll ich leben ohne meine Lieder? Soll ich sie verschweigen? Sie dorthin zurückschicken, wo sie herkommen?

Und die Kinder! Es macht mir so viel Freude, für Kinder zu schreiben, ihnen vorzulesen. Das liebt das Kind in mir, und die Kinder lieben es auch. Was ist daran verkehrt?

Wenn ich damals gefragt wurde, was ich beruflich mache, wusste ich nicht, was ich antworten sollte. Es war mir unangenehm. Ich fühlte mich wie einer dieser Tante-Emma-Läden mit Wurst, Möbelpolitur und Nähgarn, während nebenan ein schicker Supermarkt war.

Es gibt nur einen Weg aus diesem Dilemma. Du musst dir sagen, du bist in Ordnung, so wie du bist! Brauchst du es bunt, dann mach es dir bunt! Egal, was die anderen finden, es ist dein Leben! Und wenn dir so viel zufliegt, dann bist du eben eine besonders gute Kreativ-Landebahn.

Man kann alles haben, nur nicht alles auf einmal. Mache es einfach nacheinander! Und schon wird ein Schuh draus! Und manchmal fällt auch ein Traum dabei aus der Kurve. Der war dann eben auf lange Sicht doch nicht so wichtig. Was war das für eine Erleichterung, als ich das erkannte! Und es war ein solcher

Spaß, ohne Scham und schlechtes Gewissen einfach loszulegen. Ich galoppierte davon wie ein junges Fohlen, und alle sahen mir verblüfft hinterher. Alle Träume holte ich aus meiner Kiste, hauchte ihnen neues Leben ein und versprach ihnen, dass sie alle noch an die Reihe kommen würden.

Nun schreibe ich meine Bücher, die mich rufen, singe die Lieder, die mein Herz singen möchte, schreibe die Songtexte für großartige Künstler, die mich darum bitten, und es entsteht Magie. Ich schreibe für Kinder, weil das kleine Mädchen in mir noch so viel sagen und entdecken möchte. Und ich gebe Seminare, um zu teilen, was ich erfahren habe. Ein tolles Drehbuch wartet auf seine Umsetzung und weiß der Himmel, womit ich mich selber noch überraschen werde.

Meine Schatzkiste ist randvoll, es gibt noch jede Menge Ideen und Projekte. Und diese Kiste wird wahrscheinlich nie leer werden.

Seit ich es mir erlaube, mich beim Träumen nicht zu stören mit der blödsinnigen Frage: Wie willst du das, bitteschön, auch noch unterbringen in deinem Tagespensum? Seither schreibe ich alles auf, drucke es auf buntes Papier und sammle es in einer wunderschönen Kiste. Sie steht neben meinem Schreibtisch, und ich erfreue mich täglich an ihrem Anblick, denn inzwischen bin ich sehr gerne ein wilder Träumer. Ein Tante-Emma-Laden der Phantasie.

Es gab Zeiten, da habe ich, sobald wieder ein neuer Traum am Horizont erschien, sofort gerufen: »Hau ab! Siehst du denn nicht, dass ich mit den letzten fünf Ideen immer noch nicht weiter bin? Komm später wieder, wenn wieder Platz ist!«

Aber ein Traum, den man so anpflaumt, kommt in der Regel nicht wieder. Deshalb lade ihn ein, gib ihm das Gefühl, willkommen zu sein, und gib ihm einen Platz in deinem Leben. Denn dort gehört er hin. Wie viel Zeit, Energie und Einsatz du ihm später widmen möchtest, kannst du immer noch entscheiden.

Nur eines ist wichtig: dass es immer wieder Träume gibt, die ihren Weg aus dieser Kiste hinausfinden. Denn wenn du nur sammelst, ist die Situation nicht ausgewogen. Wie jemand der sein Haus vollstopft und nie ausmistet. Die Energie wird schwer und träge. Es braucht die Balance aus Empfangen und Geben. Alles zu seiner Zeit!

Wir Traumsammler haben bedeutende Bundesgenossen. Leonardo da Vinci zum Beispiel, den viele nur als Maler kennen, er war auch Architekt, Anatom, Mechaniker, Ingenieur und Naturphilosoph. Damals nannte man so jemanden einen Universalgelehrten. Zu ihm hat auch keiner gesagt, er solle endlich aufhören, sich zu verzetteln. Und Johann Wolfgang von Goethe, der stets auf der Suche war nach dem, »was die Welt im Innersten zusammenhält«, war weit mehr als unser deutscher Vorzeigedichter. Er besaß erstaunliche naturwissenschaftliche und technische Kenntnisse und beschäftigte sich intensiv mit Alchemie, Physiognomik, Bergbau, Mineralogie, Geologie, Mechanik, Zoologie, Botanik, Chemie, Optik, Farbenlehre und Meteorologie. Ich könnte hier noch einige Beispiele aufzählen, aber das ist nicht nötig. Ich wollte dir einfach das Gefühl geben, wenn du vielseitig bist, ist das nicht unbedingt ein Makel. Du könntest dich ebenso gut als Genie betrachten. Und mehr als einen Traum zu träumen und zu leben, kann dem Leben durchaus Extra-Würze verleihen!

»Es gibt nur einen Traumberuf: Träumer!«
Elmar Schenkel

24.
REICH UND BERÜHMT? – WENN TRÄUME EINE MASKE TRAGEN

Meine Mutter blätterte in einem dieser Klatschmagazine. »Jetzt schau dir das an!«, rief sie empört und zeigte auf eine Überschrift: »Stefanie, die unglückliche Prinzessin. Was will denn diese Prinzessin von Monaco eigentlich. Die hat doch alles!« Ich verstand das gut, wenn man wie meine Mutter jeden Tag seines Lebens um jeden Euro kämpfen musste. Dann erscheint einem allein die Tatsache, immer über ein prall gefülltes Konto und einen Haufen Juwelen verfügen zu können, wie ein Garant für lebenslange Sorgenfreiheit.

Aber es könnte doch sein, dass es nie der Traum der Prinzessin von Monaco war, eine Prinzessin zu werden! Vielleicht wollte sie einfach einen Mann und ein paar Kinder und ihre Ruhe. Oder sie hätte lieber eine Hundeschule aufgemacht oder einen Kindergarten geleitet. Was wissen wir denn schon, was in den Herzen der Menschen wirklich vor sich geht!

Wenn jemand etwas hat, was uns fehlt und was wir uns sehnlichst wünschen, halten wir ihn automatisch für glücklich. Aber wirklich glücklich bist du nur, wenn das, was du lebst, auch mit dir im Einklang ist, und wenn das, was du tust, dich erfüllt.

Wir leben in einer Zeit, in der man uns weismachen möchte, dass es nur drei Ziele im Leben gibt: Reichtum, Jugend und Berühmtheit. Und da das von allen Seiten rund um die Uhr auf uns einströmt, wirkt es wie eine Gehirnwäsche. Steter Tropfen höhlt den Stein. Bei vielen führt es dazu, dass sie Träumen nachjagen, die nicht die ihren sind. Das Fernsehen ist voll von Sendungen, in denen junge Leute sich ein Bein ausreißen, um als Popstar oder Model ganz groß rauszukommen.

Was steckt da dahinter? Ich möchte nicht spießig klingen, aber die beste Ausbildung, um Musiker oder Sänger zu werden, ist immer noch die, es zu machen! Und zwar so viel und ausgiebig wie möglich aufzutreten, zu singen, Songs zu schreiben, Erfahrungen zu sammeln, denn das fließt doch auch in deine Stimme und deine Musik ein. Du wächst hinein in diese Schuhe.

Außerdem bilden sich auf diesem Weg quasi seelische Muskeln heran. Die Durchhaltemuskeln, die mit Niederlagen umgehen können, die Lebenserfahrungsmuskeln – und dazu kommt die Ausbildung deiner Persönlichkeit, deines Charakters. Etwas sehr Wesentliches für einen Künstler. Wo soll das alles über Nacht herkommen? Ein Traum besteht auch aus einem Weg, er ist nicht einfach nur das Ziel!

Ich glaube, dass große Musiker oder Schauspieler oft gar nicht das Berühmt-Werden im Kopf hatten, sondern in erster Linie den übermächtigen Wunsch in sich trugen, ihre Gabe mit anderen Menschen zu teilen.

Ich durfte in meiner Zeit als Radiomoderatorin einige große Stars interviewen, und auf die Frage, was für einen Job würdest du machen, wenn du nicht erfolgreich wärest, kam fast immer wie aus der Pistole geschossen: »Genau den, den ich mache. Ich würde nichts ändern wollen, denn das ist mein Leben!«

Es stellt sich daher die berechtigte Frage, ob der Wunsch, berühmt zu werden, zu einem erfüllten Traum taugt.

Ich liebe den Film »Avatar«, und besonders hat mich die Begrüßung der blauen Menschen untereinander berührt. Wenn sie sich trafen, sahen sie einander tief in die Augen und sagten: »Ich sehe dich!« Das ist es doch, was jeder von uns sich zutiefst wünscht: gesehen zu werden!

Doch viele von uns haben durch die Kindheit, durch Erfahrungen und Erlebnisse in der Schule, im Beruf, in den Liebesbeziehungen ein großes Defizit angesammelt. Wer sieht dich wirklich an? Wer interessiert sich wirklich für dich? Wie oft passiert es im Gespräch, dass jemand an dir vorbeischaut und Ausschau nach jemand Wichtigerem hält oder mit seinen Gedanken ganz woanders ist, dir gar nicht richtig zuhört. Kein Wunder, dass dadurch nahezu eine Gier entsteht, Aufmerksamkeit und Zuneigung zu bekommen. Und daraus entsteht oft der Gedanke, wenn man berühmt ist, wird man endlich von allen gesehen und von allen gemocht. Leider falsch gedacht! Dann sieht zwar jeder deine Berühmtheit – aber nicht dich! Dann mag jeder, was du zu bieten hast, aber wer du bist, interessiert die meisten nicht wirklich. Und wenn diese Eintagsfliegen der Berühmtheit dann in die Bedeutungslosigkeit zurückfallen, weil die Substanz für einen so genannten »Star« einfach nicht vorhanden ist, endet das oft tragisch.

Immer jung und schön zu bleiben, ist auch so ein absurdes Gesellschaftsspiel, das zur Epidemie geworden ist. Eine weitere Gehirnwäsche, die immer mehr Menschen erfasst. Ein Spiel, das du nur verlieren kannst, weil das Leben und die Natur immer den Sieg davontragen werden. Und die, die es mitspielen, sehen alles andere als glücklich aus, eher wie erstarrt. Der Traum von der ewigen Jugend nützt nur der Kosmetikindustrie, dem Modezirkus und den Schönheits-Chirurgen.

Worum geht es hier in Wirklichkeit? Darum geliebt zu werden, würde ich sagen! Jemand der versucht, seine Jugend zu konservieren, hofft, dass er so länger geliebt wird und länger Aufmerksamkeit bekommt. Im Umkehrschluss glaubt er, dass Alter seinen Wert vermindert! Und dass alte Menschen nichts mehr wert sind, zeigt uns unsere Gesellschaft ja auch unermüdlich. Kein Wunder, dass darauf viele mit Panik reagieren.

Der Traum von der ewigen Jugend ist kein Traum, sondern nur eine Illusion.

Und Reichtum, das dicke Auto, die Yacht und die Villa – reicht das als Lebenstraum? Ich kenne niemanden, dem das als Lebensziel genügt hätte oder die Erfüllung gebracht hätte, die man sich davon versprach. Und die Werbeindustrie ist sicher nicht die richtige Instanz, um dir den Weg zu deinen Träumen und einem erfüllten Leben zu weisen. Warum singen und tanzen dann nicht alle Lottomillionäre ein Leben lang vor lauter Glück? Das Gegenteil ist der Fall.

Achtzig Prozent von ihnen sind nach ein paar Jahren ärmer und frustrierter als vorher. Oh ja, sie wurden sehr gemocht am Anfang ihrer Laufbahn als Millionäre, jeder war plötzlich da und wollte etwas abhaben vom großen Kuchen. Und als vom Kuchen kein Krümel mehr übrig war, waren alle sogenannten Freunde ganz schnell von der Bildfläche verschwunden. Nun blieb ihnen nicht einmal mehr der Traum, irgendwann reich zu werden, um dann sorgenfrei und glücklich zu leben, denn der war ja gerade gegen die Wand gefahren.

Eine Freundin erzählte mir von einem gemeinsamen Bekannten, von dem ich lange nichts mehr gehört hatte. Schon als junger Mann hat er großen Erfolg gehabt, indem er die Finanzierungen für große Hollywood-Filme auf die Beine stellte. Nennen wir ihn Paul. Paul erzählte mir damals, dass es sein Traum war, mit fünfunddreißig Millionär zu werden und nie mehr arbeiten zu müssen. Und das hat er tatsächlich geschafft.

Er kaufte eine schneeweiße Villa direkt am Meer, feierte legendäre Partys, hatte die schönsten Frauen, und wenn die gerade nicht verfügbar waren, durften es auch solche sein, die man für ihre Liebesdienste bezahlte. Sie wurden mit Privatjet in die weiße Villa geflogen, und der Champagner floss in Strömen. Sein Haus war immer voller Gäste. Ich weiß noch, dass ich damals dachte, was würde ich dafür geben, um in so einem Haus zu leben, es war wie in einem Märchen. Die weißen Säulen, der Pool, dessen türkisblaues Wasser mit dem Meer konkurrierte, ein riesiger Garten mit verwinkelten Wegen, schmiedeeisernen Bänken, Steinfiguren und leuchtend violetter Bougainvillea, die sich an den Gästehäusern hochrankte. Ein Traum!

In diesem Traumhaus hat Paul sich im Alter von vierzig Jahren umgebracht. Ich kann nur vermuten, dass das Ziel, das er sein ganzes Leben lang angestrebt hatte, ihm nicht das gab, was er sich erhoffte. Er war an seinem Ziel angekommen und fühlte nichts. Keine Liebe, keine Leidenschaft, keine Freude. Freunde? Fehlanzeige! Es gab jede Menge Neider und Mitläufer. Die Seifenblase war unwiderruflich zerplatzt.

»Der einzige Reichtum ist das Leben.«
Henry David Thoreau

Will Smith, der Hollywood-Schauspieler, sagte einmal in einem Interview, auf die Bedeutung von Geld angesprochen, dass Geld ein Nebenprodukt sei. Seine Leidenschaft, sein Streben sei es immer gewesen, ein besserer Schauspieler zu werden, bessere Rollen zu bekommen, die ihn mehr herausforderten und als Schauspieler und Mensch wachsen ließen. Ja, durchaus auch mehr Erfolg, damit er es sich leisten konnte, nur die Filme zu machen, die ihn begeisterten. Und das Geld sei quasi dazu gekommen. »Der hat leicht reden«, schimpfen dann viele. Mag sein. Dennoch glaube ich ihm. Im Kleinen hatte ich es ja selber schon erlebt, dass Geld ohne Spaß und Freude an dem, was man tut, als Dauer-Glücksbringer nicht taugt.

Wenn ein Typ wie Michael Jackson vor Millionen von Menschen gesungen hat, dann tat er das, weil er ein großartiger Musiker war und weil er gar nicht anders konnte, als Musiker zu sein. Er lebte es, atmete es, dachte daran in jedem Gedanken, fühlte es in jedem Gefühl. Der Ruhm kommt dann hinzu, ist eine Folgeerscheinung. Erfolg er-folgt.

Oprah Winfrey hat nie davon geträumt, die erfolgreichste Frau im amerikanischen Fernsehen zu werden und dazu eine der reichsten Frauen der Welt. Sie hat gebetet: »Lieber Gott, lass mich dein Werkzeug sein. Was ich erträume für mich, kann nie so groß sein, wie das, was du für mich erträumst!« Anscheinend hatte sie Recht.

B. B. King, von dem ich schon erzählte, sagte: »Ich bin nur ein Blues-Sänger. Ich möchte für die Menschen singen, für so viele Menschen wie möglich, und möchte ihnen ein Lächeln ins Gesicht zaubern!«

Wenn ich aber davon träume, dass die Liebe, die ich in meinem Leben nicht lebe, von meinem Publikum kommt, wenn die Bewunderung der Menschen meine eigene Unsicherheit ausgleichen soll, mein Gefühl der Wertlosigkeit aufwerten, dann wird dieser Traum scheitern müssen, weil es nicht funktionieren kann. Wenn dein Traum eine solche Maske trägt, ist es besser, du blickst dahinter. Wer weiß, vielleicht gefällt dir das, was du dahinter findest, viel besser!

Überprüfe die Motivation für deine Träume, damit du dich nicht verrennst. Sei ehrlich zu dir selbst. Versuche nicht, deinen Mangel anzufüllen mit etwas, das ihn nur noch größer macht. Wie viele Stars nehmen irgendwann Drogen oder verfallen dem Alkohol, weil sie überfordert sind mit dieser Liebe von allen, die gar nicht ihnen gilt. Weil sie nicht mehr unterscheiden können, wer wirklich ihr Freund ist und wer es gut mit ihnen meint. Geld löst keine Probleme, vor allem dann nicht, wenn du dich selbst nicht liebst.

George Clooney hat einmal gesagt, Berühmtheit sei für ihn eine Kreditkarte, mit der er nützliche Dinge für diese Welt tun könne!

Als ich erkannte, dass es bei mir mit der Schauspielerei in erster Linie darum ging, gesehen zu werden, konnte ich den Wunsch neu betrachten und dann loslassen und zwar ohne jede Reue oder Traurigkeit. Dahinter tauchten neue, schöne Träume auf, die mehr mit meiner eigentlichen Person zu tun hatten.

Heute stehe ich immer noch gerne auf der Bühne, halte Lesungen, singe oder moderiere, weil ich es genieße, Erkenntnisse und Gefühle mit anderen Menschen zu teilen. Im besten Fall entsteht ein Austausch aus Geben und Nehmen, und es entwickelt sich ein gemeinsames Feld der Wertschätzung und Liebe.

Ich kann verstehen, warum man die Stones von der Bühne prügeln müsste, wollte man sie zum Aufhören bewegen, es ist ein sehr gutes und bereicherndes Gefühl, das, was man liebt, zusammen mit vielen Menschen erleben zu dürfen!

Udo Lindenberg zum Beispiel genießt es, berühmt zu sein, weil er dann unterwegs mit seinen Fans reden kann und Neues darüber erfährt, was auf den Straßen und im echten Leben so los ist. Aber ohne seine Musik und alle seine anderen Projekte – Nachwuchspreise, Tierschutz, politische Einmischung und immer wieder neue, schillernde Träume auf den Weg zu bringen – wäre nur der Ruhm sicher nicht ausreichend, um sein Leben so reich zu machen, wie es ist.

Wenn du ehrlich zu dir selbst bist, ersparst du dir Umwege und Enttäuschungen. Manchmal lohnt es sich, mehr Zeit und Energie in den Menschen zu stecken, der du bist, als in den, der du sein willst, damit du der werden kannst, der du sein willst!

Ich will damit sagen, überprüfe deine Motivation und erwarte nicht immer, dass ein Traum sich genau so erfüllt, wie du es im Detail erwartest. Das Leben ist äußerst kreativ und hält viele Überraschungen bereit, wenn man sich darauf einlässt.

25.
OPFER SEIN – SCHULD SIND IMMER DIE ANDEREN!

Kennst du die Leute, die immer Argumente dafür haben, warum es bei ihnen nicht klappt mit ihrem Traum, oder gehörst du vielleicht selbst dazu?

Ich habe jahrelang die Geschichte von meiner schwierigen Kindheit erzählt, im festen Glauben daran, dass das meine Karriere als Künstlerin unmöglich gemacht hat. Mein Vater, der Alkoholiker, der Streit zu Hause, keine Unterstützung für meine Talente. Ich wollte Klavierunterricht, wir konnten es uns nicht leisten, wenn ich sang, hieß es, sei still, wenn ich schrieb, wollte das keiner lesen, wenn ich malte, keiner mein Bild anschauen. Wie sollte da etwas aus meinen Talenten werden? So sprach ich und tat mir ordentlich leid.

Wenn ich andere Leute sah, die eine glückliche Kindheit hatten und deren Gaben von ihren Eltern gefördert wurden, dann war ich sehr traurig und tat mir noch mehr leid. Ich verbrachte viel mehr Zeit damit, zu begründen, warum es bei mir nicht funktionieren konnte, als meine Energie dafür zu nutzen, endlich damit anzufangen, meinen Traum zu leben. Ja gut, die Startbedingungen waren nicht optimal, aber jetzt mal ehrlich, was hindert einen jungen, gesunden Menschen daran, die Ärmel hochzukrempeln und sein Leben in die Hand zu nehmen?

Und dann gibt es die, die nie Karriere machen, weil immer irgendein fieser Kollege sich vordrängelt, weil sie gemobbt werden, weil der Chef ihre Fähigkeiten nicht erkennt und so weiter. Wenn wir im Gestalten unserer Träume so kreativ wären wie im Erfinden all dieser Argumente, wären wir viel schneller am Ziel unserer Wünsche.

Meine Freundin Lisa liebt Mode. Sie ist die unter meinen Mädels, die immer tipptopp aussieht, aber nicht weil sie teure Designer trägt oder so viel Geld hätte. Sie ist einfach ungeheuer kreativ im Finden und Zusammenstellen von Kleidung. Ein Thema, das mich eigentlich so gar nicht interessiert, aber neben ihr fühle ich mich wie ein besser gekleideter Landstreicher.

Am liebsten wäre Lisa Mode-Designerin geworden. Sie glaubte aber weniger an sich selbst als der Rest der Welt, und so arbeitete sie als Verkäuferin in einer Boutique und kurbelte dort den Umsatz an durch ihre hervorragende Beratung.

Ein weniger gutes Händchen hat Lisa für Männer! Sie sucht sich immer solche, die sehr besitzergreifend sind, von Lisa bemuttert und bekocht werden wollen. Und bei geschäftlichen Anlässen soll sie schick gestylt an ihrer Seite glänzen, ansonsten darf sie sich stundenlang Probleme aus dem Job anhören.

Mir klagte sie des öfteren, wie gerne sie an der Hochschule für Modedesign studieren würde, anstatt Frauen mit Konfektionsgröße vierundvierzig zu bedienen, die mit ihren neuen Kleidern wie eine lupenreine Achtunddreißiger aussehen wollen.

Klar, wie meine Antwort ausfiel: »Was bitte hält dich davon ab, Lisa?«

Ich ahnte bereits, was nun kommen würde und dass da ein dicker Knoten ein erfolgreiches Traummanagement verhinderte.

»Ich müsste dafür eine Bewerbungsmappe mit Entwürfen zusammenstellen, und wann soll ich das bitteschön machen?«

»Nach der Arbeit und am Wochenende!«, antwortete ich ungerührt.

»Na, du bist witzig. Und Peter? Der wird mir was husten, wenn ich in unserer Freizeit die ganze Zeit Entwürfe zeichne!«

»Und wenn es dabei um dein Glück geht?«

»Es geht ja auch um unser Glück!«, antwortete sie trotzig.

»Euer Glück ist immer die Summe aus dem Glück von euch beiden einzelnen Menschen, Lisa. Du vergeudest dein Talent. Wir reden ja hier nicht von jahrelangem Verzicht, er müsste nur einfach ein paar Wochen jemand anderem die Ohren abkauen und sich zu Hause Fertiggerichte aufwärmen, dir zuliebe! Du bittest ihn ja nicht, einen Mord zu begehen.«

Lisa blickte mich traurig an.

»Vergiss es, das wird er nicht mitmachen. Ich habe ihn schon gefragt.«

»Ja und? Was hat er gesagt?«

»Dass ich mich eben entscheiden müsse, was mir wichtiger ist.«

An dem Punkt bin ich dann ausgestiegen aus der Unterhaltung, man muss auch wissen, wann man das Feld räumen muss, weil es einfach noch nicht der richtige Moment ist. Lisa litt zwar an ihrem unerfüllten Traum, aber ihre Angst, Peter zu verlieren, war größer.

Erst als sie feststellen musste, dass der häusliche Peter seine Überstunden mit der Aushilfe auf dem Bürosofa verbrachte, fing sie endlich an, sich um sich selbst zu kümmern. Tja, wenn man selber den Allerwertesten nicht hoch bekommt, hilft das Leben manchmal nach.

An den nun frei gewordenen Abenden und Wochenenden zeichnete Lisa ihre Kreationen. Ich kam ab und zu vorbei, brachte etwas Leckeres mit vom Thailänder um die Ecke, und bewunderte ihre Entwürfe. Wie kam sie nur auf solche Ideen? Aber das sagte Lisa auch zu meinen Gedichten.

Sie wurde tatsächlich an der Hochschule aufgenommen, und obwohl sie das Studium nach einem Jahr wieder hinschmiss, weil es sie in den Fingern juckte, mehr praktisch zu arbeiten, lebt sie heute ihren Traum. Sie hat einen florierenden Internethandel aufgebaut, wo sie nur ihre selbstdesignte Mode anbietet. Überflüssig zu sagen, dass die nun selbstbewusste Lisa auch keine Männer wie Peter mehr anzieht. Man könnte auch sagen, sie braucht sie nicht mehr.

Wenn immer die anderen schuld sind, habe ich es nicht in der Hand, dann bin ich ohnmächtig. Wenn ich mir die Verantwortung für mein eigenes Leben wieder zurückhole, dann hole ich mir meine Macht zurück! Wenn ich sage, nun ist es aber auch mal gut mit meiner schrecklichen Kindheit, jetzt kann ich selbst entscheiden, und ich gehe es an, dann kehrt meine Kraft zurück.

Jemand der dich liebt, wird sich nicht zwischen dich und deinen Traum stellen. Wenn doch, dann ist es vielleicht nicht der richtige Partner. Das Pech, von dem du immer sprichst, ist vielleicht die Folge deiner Entscheidungen. Die böswilligen Kollegen sind dir vielleicht unbewusst gar nicht so unrecht, denn sie halten dich möglicherweise davon ab, selbst Verantwortung zu tragen. Kritisieren ist so viel einfacher, als sich hinzustellen und sein eigenes Scheitern zu riskieren.

Anderen die Schuld dafür zu geben, wenn man mit seinen Träumen nicht weiterkommt, hält dich nur davon ab, sie zu leben. Je schneller du damit aufhörst, umso besser!

In einem Seminar wurde mir einmal die Frage gestellt, was ist der Vorteil daran, dass du deinen Traum nicht leben kannst? Ich glaubte, meinen Ohren nicht zu trauen. Was für eine blöde Frage, natürlich hat das nur Nachteile, was denn sonst. Als meine Aufgebrachtheit verraucht war, musste ich feststellen, dass es in der Tat einen Vorteil hatte, sich dauernd zu beklagen, anstatt das Heft in die Hand zu nehmen. Ich konnte schön hinter meiner Mauer sitzen bleiben, wo meinen Träumen nichts geschehen konnte. Nicht umsonst heißt dieser Bereich unseres Lebens Komfortzone! Sie wurden auf dieses Weise zwar nicht wahr, aber sie wurden auch nicht torpediert oder kritisiert. Denn seine Träume zu leben, heißt auch, sie der Welt zu präsentieren, mit allen Konsequenzen.

Sich als der Regisseur seines Lebens zu fühlen, ist ein sehr erhebendes Gefühl. Der Nachteil ist, wenn man so will, dass du dann auch für deine Misserfolge verantwortlich bist. Aber du bist nicht mehr der Spielball von allem und jedem.

»Frage dich in jeder schwierigen Situation:
Was würde der stärkste, mutigste, liebevollste Teil
meiner Persönlichkeit jetzt tun? Und dann tue es.
Tue es richtig. Und zwar sofort!«
Dan Millman

26.
GEDANKENKARUSSELL – WIE MAN ERFOLGREICH AUS EINER MÜCKE EINEN ELEFANTEN MACHT

Wir sitzen bei meiner Mutter und trinken Kaffee. Meine Schwester und ich sind Hardcore-Optimisten geworden – dank unserer Mutter, die das Schwarzsehen erfunden hat. Daran sieht man wieder, es hat alles sein Gutes! Es gefällt ihr nicht, dass ich so weit außerhalb wohne. Wir wissen das bereits, aber das hält meine Mutter keineswegs davon ab, das Thema immer wieder anzuschneiden.

»Also diese huckelige Landstraße, ich frage mich andauernd, wie du das machst im Dunkeln!«

»Wie ich was mache?« Meine Schwester und ich wechseln einen amüsierten Blick.

»Na, das ist doch stockdunkel abends, und die Straße ist total holperig. Was ist, wenn da mal dein Auto liegenbleibt?«

»Dann nehme ich mein Handy und rufe den ADAC!«

Sie hört gar nicht hin. Wer will denn auch im schönsten Miesepetern eine Lösung präsentiert bekommen?

»Jedes Mal wenn ich da langfahre, denke ich, wenn jetzt etwas mit meinem Auto ist. Hoffentlich bleibe ich hier nicht liegen!«, bemerkt meine Mutter düster.

Wenn es die Gedankenschleifen nicht schon lange gäbe, meine Mutter hätte sie erfunden. Es beginnt mit einem harmlosen Zeitungsartikel, einer Nachrichtensendung über Impfmittel und endet im Gedankenlabyrinth meiner Mutter mit der Vernichtung der gesamten Menschheit.

Zugegebenermaßen habe ich etwas davon geerbt und musste es

mir höchst diszipliniert und hartnäckig abgewöhnen. Denn damit kann man sich und seinen Träumen hervorragend den Garaus machen.

Ich habe schon von meiner Totalniederlage beim Fernsehcasting erzählt. Danach wurde ich dennoch weiterhin zu Castings eingeladen, wegen einer Niete landet man nicht gleich auf der schwarzen Liste. Aber in meinem Kopf spulte ich die Ereignisse, die mich meiner Ansicht nach erwarteten, im Voraus ab und zwar nach dem Drehbuch meines persönlichen Horrorfilms. Was, wenn ich wieder den Text vergesse? Was, wenn man mir meine Nervosität anmerkt? Was, wenn ich zu steif und unnatürlich rüberkomme? Was, wenn die anderen viel besser sind als ich? Und so ging es gebetsmühlenartig weiter.

Entsprechend niedergedrückt erschien ich bei den Terminen und musste mich unglaublich zwingen, eine halbwegs annehmbare Performance hinzulegen, wie man das im Medien-Englisch nennt. Wenn mich meine Freunde danach neugierig fragten: »Na, wie war's?«, legte ich los und beschrieb das Szenario in den düstersten Farben.

Sagte ich schon, dass ich zum Dramatisieren neige? Ich erklärte wortreich, wie schwach mein Auftritt war, wie schlecht ich ankam, dass es sicher nichts würde mit diesem Moderationsjob …

Ich war wie ein dunkler Ritter, bei dessen Erscheinen sich der Himmel verfinsterte. Und natürlich klappte es mit dieser Einstellung auch nicht mit den Jobs. Ich beschwörte es nahezu herauf, dass es für mich negativ ausgehen musste. Und das kann wirklich zur Gewohnheit werden, wenn der sture Esel nur noch diesen einen Gedankenpfad kennt. Das, worauf ich meine Aufmerksamkeit richte, wird größer! Ein ganz einfaches Lebensgesetz!

Das ist wie mit dem Zehnmeterbrett im Schwimmbad. Du kletterst hoch, der Adrenalinspiegel steigt, und schon geht dir der Allerwerteste auf Grundeis. Zögernd gehst du vor zum Rand des Brettes und … schaust erst einmal hinunter. Oh, mein Gott, ist das hoch! Von unten sieht das gar nicht so hoch aus. Und wenn ich einen Bauchklatscher mache? Oder überhaupt im ungünstigen Winkel aufschlage. Von so weit oben ist das Wasser hart wie Beton. Aber umkehren? Es gucken schon alle. Verdammter Mist, warum bin ich überhaupt hier hochgeklettert. Das schaffe ich nie, ich mach mir jetzt schon ins Hemd!

Merkst du was? Würdest du beherzt zum Rand des Sprungbretts gehen und sofort springen, hättest du keine Zeit gehabt, dich selbst so in Angst und Schrecken zu versetzen. Manchmal muss man einfach springen. Manchmal bringt zu langes Nachdenken nur Entmutigung und verlorene Zeit. Ich weiß, wovon ich spreche. Ich habe Jahre damit verbracht.

Wenn ich heute darauf zurückblicke, kann ich es kaum fassen, wie ich mich selbst boykottiert habe. Tu das lieber nicht! Ja, du kannst scheitern, aber schlimmer als das Scheitern ist es, sein ganzes Leben lang in der Geisterbahn deiner negativen Gedanken zu verbringen und nur im Kopf zu träumen!

27.
WARTESCHLEIFE – WANN GEHT DEIN ECHTES LEBEN LOS?

Zu diesem Thema möchte ich zunächst einen leicht gekürzten Text von Alfred D. Souza zitieren, der wunderbar auf den Punkt bringt, was mit Warten gemeint ist, wenn wir über Träume reden.

»Für eine lange Zeit kam es mir so vor, als wenn das Leben nun bald beginnt – das richtige Leben! Aber es war immer noch irgendein Hindernis im Weg; etwas, das erst einmal bewältigt werden musste. Eine unerledigte Angelegenheit, etwas, das noch Zeit brauchte, eine Schuld, die noch nicht beglichen war … Aber dann würde das Leben beginnen. Schließlich dämmerte mir, dass diese Hindernisse das Leben sind … Darum: Hör auf zu warten, bis du die Schule abschließt, bis du zehn Pfund abgenommen hast, bis die Kinder aus dem Haus sind. Hör auf zu warten, bis es Freitagabend oder Sonntagmorgen ist, bis du ein neues Auto hast oder ein neues Haus. Hör auf zu warten, bis es Frühling, Sommer, Herbst oder Winter ist, hör auf zu warten, bis du groß rauskommst, hör auf zu warten, bis du stirbst … Entschließe dich dazu, dass es keinen besseren Zeitpunkt gibt, um glücklich zu sein, als genau dieser Moment!«

Warten heißt, ich stehe nicht auf dem Spielfeld. Ich schaue zu beim Spiel des Lebens, kritisiere die Spieler, glaube oft besser zu wissen, wie es geht, finde, ich sollte eigentlich ganz vorne mit dabei sein, aber ich gehe nicht hinaus und spiele selbst. Und das erzeugt immer mehr Frustration. Ich fühle mich vom Spiel ausgeschlossen, dabei schließe ich mich selber aus. Es ist das traurige Kind, das keiner in die Mannschaft gewählt hat. Das bekümmerte Kind, das am Strand zuschaut, wie die anderen Sandburgen bauen.

Warten ist Stillstand. Du ersparst dir die Niederlagen, ja, das schon, aber genauso ersparst du dir die Erfolgserlebnisse und das Glück, mitzuspielen und etwas zu tun, das dir Freude bereitet.

Und noch etwas bringt das Warten mit sich. Man kann sich nicht entspannen, sich nicht ins Leben fallen lassen, weil man in einer Art Hab-Acht-Haltung immer damit rechnet, dass vielleicht doch plötzlich irgendetwas passiert. Ganz ohne dein Zutun. Dass jemand dich entdeckt, dass du im Lotto gewinnst, dass jemand zu dir kommt und dich hineinholt in das Spiel, weil die Spieler merken, dass sie dich brauchen. Diese Mischung aus Anspannung und Frustration kostet Energie, und das Leben macht so keinen Spaß. Warten auf das Leben heißt nicht wirklich am Leben teilnehmen! Spiel lieber mit!

Es ist lustiger auf dem Spielfeld! Du wirst sicherlich auch in den Dreck fallen, aber wieder aufstehen, wirst mit den anderen lachen, auf die anderen schimpfen, und du wirst immer besser werden in deinem Spiel. Auf Träume kann man nicht warten. Träume sind Sterne, die man pflücken muss!

»Leben heißt nicht zu warten,
dass der Sturm vorüberzieht, sondern lernen,
im Regen zu tanzen!«
Verfasser unbekannt

28.
AUSSENSEITER – STIMMT ETWAS NICHT MIT DIR?

Manche Menschen kommen auf diese Welt, und sobald sie beginnen, die anderen Menschen bewusst wahrzunehmen, gewinnen sie den Eindruck, dass irgendetwas mit ihnen nicht zu stimmen scheint. Das muss wohl so sein, denn die Umwelt reagiert oft so seltsam. Sie werden schief angesehen, ausgegrenzt oder sogar gehänselt. Weil sie einfach nicht so sind wie alle anderen. Das schwarze Schaf der Familie, ein bunter Hund, wir haben lustige Bezeichnungen für diese Außenseiter, aber so zu leben ist alles andere als ein Spaß!

Um endlich dazuzugehören, gemocht und akzeptiert zu werden, tarnen viele dann ihr Anderssein hinter einer Maske, indem sie um jeden Preis versuchen, so zu sein wie das, was man für normal hält. Dahinter aber fühlen sie sich frustriert und einsam. Sie versuchen sich so hinzutrimmen, dass die Gesellschaft sie akzeptiert. Und wie bei den bösen Stiefschwestern von Aschenputtel, die sich ihre Fersen abschneiden, um in den gläsernen Schuh des Prinzen zu passen, ist das oft ziemlich schmerzhaft.

In ihrem tiefen Inneren sind sie vielleicht exzentrisch, so wie Vivienne Westwood, leben in Phantasiewelten, in denen Außerirdische und fremde Planeten vorkommen wie bei Steven Spielberg, oder sie fühlen sich im falschen Körper, so wie Elton John. Heute sind sie berühmt und werden von aller Welt bewundert, als Kinder waren sie oft einsam und verloren. Für ein Kind ist es sehr schmerzhaft, ausgelacht und ausgegrenzt zu werden. Dadurch fühlt es sich ungeliebt und glaubt, es sei nicht liebenswert, oder es müsse eine Rolle spielen und sein wahres Ich verstecken, um dazuzugehören und gemocht zu werden.

Wenn so ein gesellschaftlicher Alien in seiner Familie keine Unterstützung erfährt, wenn die Familie womöglich auch noch auf dem Kind herumhackt und verlangt, dass es sich ändern oder anpassen möge, dann ist es eine große Herausforderung, sich nicht aufzugeben oder die eigenen Träume zu verraten.

In der Tat sind es oft gerade diese Exoten, in denen die späteren Genies und ganz großen Träumer verborgen sind. Ich sagte es bereits, ich liebe Biografien.

In den Lebensgeschichten großer Künstler, Musiker, Schriftsteller und Erfinder stößt man oft auf eine Zeit am Anfang ihres Lebens, in der sie bereits aufgefallen sind, weil sie anders waren, als die Gesellschaft es für angemessen und richtig hielt. Und Eltern und Lehrer versuchen dann oft, diese Kinder durch Strafe und Erziehung in die in ihren Augen richtige Richtung zu zwingen. Man soll gefälligst normal sein, das tun, was alle tun, nicht aus dem Rahmen fallen. Und um jeden Preis vermeiden, zum Gesprächsstoff zu werden, der auf die brave, untadelige Familie zurückfällt. Die Leute reden schon …

In der Schule gehörte auch ich nicht wirklich dazu. Ich war nie Klassensprecherin, und ich hatte keine Clique. Wenn alle auf dem Schulhof zusammenhockten, wurde ich nicht dazugeholt. Ich kleidete mich anders, hatte einen eigenwilligen Stil, las dauernd, und meine verrückten Freunde stammten aus anderen Schulen, auch solche Outlaws wie ich.

Alle in meiner Klasse hatten einen Spitznamen, nur ich nicht, weil sich niemand die Mühe machte, sich einen für mich auszudenken. Ich habe mir wirklich nächtelang das Hirn zermartert, um mir für mich selbst einen coolen Spitznamen zu überlegen. Das war hart!

Als ich das Abitur machte, war ich umgeben von Mitschülern, die einen fertigen Lebensplan hatten. Sie würden einsteigen in die Firmen ihrer Väter, hatten sich für ein Studium eingeschrieben, würden Ärzte oder Rechtsanwälte werden. Und ich?

Ich hatte keine Ahnung. Ich wusste höchstens, was ich nicht wollte, nämlich in irgendeinem Job jeden Tag zur gleichen Zeit das Gleiche zu tun. Alleine die Vorstellung verursachte in mir ein Gefühl von Enge und Beklemmung.

Aber es machte mir dennoch Angst, dass ich so ins Leben hineinfallen würde, ohne Netz und doppelten Boden. Vor allem, weil ich so unnormal zu sein schien. Warum war ich nur so anders? Normal zu sein, erschien als ein sehr viel einfacheres Leben. Nicht immer nur schräg angesehen zu werden oder sich oft einsam und unverstanden zu fühlen.

Meine Mutter sah mich als zukünftige Zahnärztin. Das hatte ich mal erwähnt, weil der Vater meiner Freundin Zahnarzt war, und die hatten das bei Weitem schönste Haus, das ich kannte. Mit einem Klavierzimmer! Einem ganzen Zimmer nur für ein Klavier!

Ich erwog, den unangenehmen Beruf des Zahnarztes in Kauf zu nehmen, wenn einem das solche Träume erfüllte, aber diese Phase ging schnell vorbei.

Doch ich wollte auch gerne meine Mutter glücklich machen. So begann ich, mir das Leben als Studentin und zukünftige Zahnärztin, Kinderärztin oder Lehrerin schönzureden, und beschloss, zumindest eine Zeit lang an der Uni Vorlesungen als Gasthörer zu besuchen. Um mir ein besseres Bild zu machen, vielleicht war es ja doch etwas für mich. Ich wünschte es mir fast.

Was soll ich sagen, ich langweilte mich zu Tode. Ich wollte nicht anderen Menschen zuhören, die mir von Büchern, Dichtern und Theaterstücken erzählten. Ich wollte dem Leben zuhören. Damit war der Plan zu studieren endgültig passé. Und nun? Wohin mit mir?

Meine Mutter hatte eine Aussteuerversicherung für mich abgeschlossen. Ich fand das so etwas von spießig und beinahe peinlich, dass auf so einer Versicherung mein Name stand. Damals war ich noch ganz schön auf Krawall gebürstet. Meine Mutter meinte es ja nur gut. Ich versicherte ihr, ich würde ganz bestimmt nie heiraten. Und meine Mutter dachte sich wahrscheinlich resigniert, dass es ohnehin keinen Mann gäbe, der ein so aufmüpfiges Wesen zur Frau nehmen würde, und so bekam ich sie dazu, die Versicherung zu kündigen.

Endlich rief die Freiheit! Erst einmal weg, raus aus dieser kleinen Welt, in der ich dauernd beobachtet wurde, ich wollte weit weg von dem Gefühl der Unzulänglichkeit.

Mit dem Versicherungsgeld, das mir meine Mutter gab – was ich ihr sehr hoch anrechnete, war doch gerade ihr Traum von einer vernünftigen Zukunft für mich geplatzt –, fuhr ich mit meiner besten Freundin ein paar Wochen nach Griechenland. Das war in meinen Augen eine bei Weitem lohnenswertere Investition, als es in Handtüchern und Tischwäsche anzulegen.

Als ich zurückkam, von Sonne und vielen unvergesslichen Erlebnissen aufgetankt, immer noch ohne nennenswerte Ideen für meine Zukunft, begann ich ein Ausschlussverfahren. Ich probierte aus und ließ das sein, was mich nicht genug begeisterte, um mich bei der Stange zu halten.

Das ist übrigens eine sehr gute Methode, wenn man noch nicht weiß, was man wirklich will. Dabei habe ich viel gelernt und erlebt. Und auch wenn ich manchmal ungeduldig wurde, weil ich immer noch kein Ziel vor Augen sah, möchte ich diese Zeit auf keinen Fall missen.

Mit meiner »Unnormalität« hatte ich mich mittlerweile ausgesöhnt. Nur gelegentlich bekam ich Schübe, doch dazugehören zu wollen. Das nahm manchmal auch lustige Formen an.

Als ich mit meinem Freund Felix aufs Land zog, weil er dort das Textilkaufhaus seiner plötzlich verstorbenen Eltern übernahm, ging ich stets, in ein elegantes Kostüm gekleidet, die feine Kalbsleberwurst beim Metzger kaufen. Ich stolzierte auf meinen Wildlederpumps als modisch topgestylte Frau des Textilkaufhausbesitzers durch das Dorf, so wie es von mir erwartet wurde, während mich die Landfrauen hinter den Gardinen neugierig beäugten. »Das ist doch die, die jetzt mit dem …«

Es fühlte sich ein bisschen an wie eine Rolle aus der Schauspielzeit, und ich war richtig gut. Meine Mutter war entzückt. Doch zu ihrer großen Enttäuschung ließ ich auch diesen potenziellen Schwiegersohn bald hinter mir zurück und stieg wieder in meine zerrissene Jeans.

Seither habe ich immer sehr intensiv gelebt und viel vom Leben gelernt. Für mich gibt es keinen besseren Lehrmeister. Aber es war auf die Dauer hart, ständig unpopuläre Entscheidungen zu treffen. Deshalb folgte dann später doch noch eine lange Phase, in der ich verzweifelt versuchte, mich passend zu machen, damit ich endlich dazugehörte. Und ich war nach vielen Rückschlägen zu der Überzeugung gelangt, dass ich nur erfolgreich werden kann, wenn ich mich anpasse. Das war die Zeit, in der ich mit meiner Musik und dem Schreiben so gerne Erfolg gehabt hätte, man mir aber immer wieder nahelegte, dem, was angesagt war, zu folgen.

Davon kann ich nur jedem abraten. Denn wenn ich nicht mehr weiß, wer ich selber bin, mich nicht mehr spüre, dann gehe ich vollends verloren. Und meine Träume ebenso. Mach dich nicht klein, um durch Türen zu passen, die in Räume führen, in die du gar nicht hinein willst!

»Es ist besser, dafür gehasst zu werden, was man ist, als dafür geliebt zu werden, was man nicht ist.«
Mahatma Gandhi

Als Kind traf mich das Märchen von dem hässlichen Entlein mitten ins Herz. Zwischen all den wunderschönen, gelben Küken war dieses tollpatschige Entlein aus dem Ei geschlüpft. Es war grau und hässlich, passte nicht zu seiner Familie. Genau so fühlte ich mich damals. Und dass eine solche Verwandlung möglich schien, sich von einem hässlichen Entlein in einen stolzen, wunderschönen Schwan zu verwandeln, pflanzte eine große Hoffnung in mich. Irgendwann würde dieser weiße Schwan zum Vorschein kommen, und alle würden sich wundern!

Ein wunderbares Beispiel für einen Außenseiter, der große Träume wahrmacht, ist der Film »Forrest Gump«. Er handelt von einem Jungen, der eigentlich vom Leben bestraft wurde, sollte man meinen. Denn sein Intelligenzquotient ist sehr niedrig, und er muss wegen eines Wirbelsäulenleidens Beinschienen tragen. So ist er ein ständiges Opfer für den Spott und die Hänseleien seiner ihm ach so überlegenen Altersgenossen.

Doch seine Mutter, die ihn von Herzen liebt, schärft ihm wieder und wieder ein, dass er alles im Leben erreichen kann, was er will. Dadurch kommt ihm gar nicht in den Sinn, dass es anders sein könnte. Ich will jetzt nicht den ganzen Film erzählen, wahrscheinlich kennst du ihn ohnehin, aber Forrest erreicht unglaubliche Dinge in seinem Leben.

Er wird ein phantastischer Läufer, ein berühmter Footballspieler und bekommt sogar die Möglichkeit, ein Universitätsstudium zu absolvieren. Er wird ein Kriegsheld und erlebt eine große Liebesgeschichte, aus der sein kleiner Sohn hervorgeht. Ein modernes Märchen, das unter die Haut geht. Gewiss, es ist keine wahre Geschichte, aber sie zeigt auf realistische Weise, dass der Außenseiter, der sich selbst gar nicht als Außenseiter wahrnimmt und seine vermeintlichen Schwächen nicht als Schwächen, alles erreichen kann!

Was soll das denn überhaupt sein, das sogenannte »Normale«?

Es ist doch eigentlich nichts weiter als eine Ansammlung von Gesetzen und Verhaltensweisen, auf die sich eine größere Anzahl von Menschen geeinigt hat. Dagegen ist auch gar nichts zu sagen. Es wird erst dann kritisch, wenn andere Menschen, die davon abweichende Gesetze und Verhaltensweisen für sich beanspruchen, angefeindet, verurteilt und manchmal sogar verfolgt werden für ihr nicht »Normalsein«. Es waren die Normalen, die Nietzsche oder van Gogh in die Irrenanstalt steckten.

> *»Erwäge für einen Moment die Möglichkeit,*
> *dass die Möglichkeiten endlos sind!«*
> Verfasser unbekannt

In der Top-Ten-Liste meiner persönlichen seelischen Aufbauvitamine steht die Oscar-Verleihung ganz oben. Seit einigen Jahren bleibe ich mit Popcorn und Prosecco die ganze Nacht wach, um sie mir anzusehen. Ich möchte keine deutsche Synchronisation. Ich möchte die Menschen spüren, hören, was sie wirklich sprechen, ihr Zittern in der Stimme, ihr Lachen und Weinen, in diesem Feuerwerksmoment ihres Lebens. Ich möchte mich mitreißen lassen von Freudenschreien und unkontrolliertem Gelächter und bin gerührt von der Dankbarkeit und den Tränen der Gewinner. Das tut so gut!

Nicht nur, dass es unzählige Geschichten gibt von Menschen, die sich aus den widrigsten Umständen an die Spitze von Hollywood geträumt haben, hier findest du auch jede Menge Außenseiter, die es alles andere als leicht hatten, aber dennoch niemals aufgaben.

2015 gewann der gerade einmal vierunddreißigjährige Graham Moore den Oscar für das beste Drehbuch für den Film »The Imitation Game«! Und er hielt eine Dankesrede, die nicht nur mich, sondern auch viele Prominente im Publikum zu Tränen rührte. Darum gebe ich sie wörtlich wieder:

»Als ich sechzehn Jahre alt war, habe ich versucht, mich umzubringen, denn ich fühlte mich seltsam und anders. Ich fühlte mich,
als würde ich nirgends dazugehören. Und jetzt stehe ich hier! Deshalb möchte ich, dass dieser Moment dem Kind da draußen gehört, dem Teenager, der sich fremd oder anders fühlt und nirgend-
wo dazugehört. Doch das tust du! Das verspreche ich dir! Bleib
seltsam, bleib anders, und dann, wenn dein Moment gekommen
ist und du hier auf dieser Bühne stehst, bitte, gib diese Botschaft
an den nächsten Menschen weiter, der dir über den Weg läuft.
Vielen Dank!«

Was für ein Triumph! Es ging um so viel mehr, als um die be-
gehrteste Trophäe der Welt!

Sie ist nicht nur ein Preis für eine herausragende Leistung. Sie
ist die großartige Bestätigung dafür, dass nichts falsch ist an dir,
dass dein Anderssein kein Makel ist, sondern, ganz im Gegenteil, eine Besonderheit, die dich dahin gebracht hat, wo Millionen
von Menschen gerne stehen würden. Ich male mir dann immer
gerne aus, wie all die Menschen, die den Außenseiter früher verurteilt und ausgelacht haben, jetzt wohl aus der Wäsche schauen.

Und immer wieder versucht man nicht nur die »unnormalen«
Künstler zu verunglimpfen, sondern auch die »unnormale« Kunst.
Die Pop-Geigerin Lindsey Stirling, die für ihren wilden und un-
konventionellen Stil bekannt ist, bedankte sich bei der Echo-Ver-
leihung für ihren Preis mit den Worten:

»Man hat mir wieder und wieder gesagt, dass, so wie ich Geige
spiele, nie etwas aus mir wird. Ich wäre zu anders, damit würde
ich sicher keinen Erfolg haben. Und es sind genau dieselben Leute,
die mir jetzt erzählen, der Grund für meinen großen Erfolg sei,
dass ich so anders bin! Dieser Preis bedeutet für mich, dass anders
sein nichts Schlechtes ist, sondern etwas Wunderbares. Es erlaubt
dir zu scheinen und du selbst zu sein!«

Es gibt viele von diesen Außenseitern, bunten Hunden, Freaks und Rebellen. Sie entdecken neue Perspektiven, entstauben alte Kamellen, träumen wilde, ungewöhnliche Träume. Wollen weiter, als ihre Augen sehen können. Mozart, James Dean oder Jeanne d'Arc, überall und zu allen Zeiten haben sie die Welt am nachdrücklichsten verändert.

Falls du auch so ein Außenseiter bist, sei stolz darauf. Deine Andersartigkeit ist genau das, was dich so wertvoll und einzigartig macht. Vielleicht ist gerade sie deine Rakete zu den Sternen!

Dazu ein wunderschönes Zitat von Albert Schweitzer: »Ich will unter keinen Umständen ein Allerweltsmensch sein. Ich habe ein Recht darauf, aus dem Rahmen zu fallen, wenn ich es kann. Ich wünsche mir Chancen, nicht Sicherheiten. Ich will kein ausgehaltener Bürger sein, gedemütigt und abgestumpft, weil der Staat für mich sorgt. Ich will dem Risiko begegnen, mich nach etwas sehnen und es verwirklichen, Schiffbruch erleiden und Erfolg haben. Ich lehne es ab, mir den eigenen Antrieb mit einem Trinkgeld abkaufen zu lassen. Lieber will ich den Schwierigkeiten des Lebens entgegentreten, als ein gesichertes Dasein führen; lieber die gespannte Erregung des eigenen Erfolgs als die dumpfe Ruhe Utopiens. Ich will weder meine Freiheit gegen Wohltaten hergeben noch meine Menschenwürde gegen milde Gaben. Ich habe gelernt, für mich selbst zu denken und zu handeln, der Welt gerade ins Gesicht zu sehen und zu bekennen, dies ist mein Werk. Das alles ist gemeint, wenn wir sagen: Ich bin ein freier Mensch.«

29.
SELBSTKRITIK – FALLS DU EINE STRATEGIE SUCHST, DEINEN TRAUM ZU ERSCHLAGEN

Ein Schmankerl, wie die Bayern sagen, das bestimmt auch dir bekannt vorkommt. Selbstkritik ist weit verbreitet und so hartnäckig wie ein resistentes Virus. Und sie arbeitet sehr gründlich und nachhaltig bei der Verhinderung von Träumen. Sie ist eng verwandt mit den Zweifeln und dem mangelnden Selbstwert.

Ich habe viele Gespräche mit Menschen über ihre Träume geführt. Weil es mich beschäftigt und ich es spannend finde, was einen Menschen antreibt oder auch was ihn daran hindert, sein inneres, heiliges Land der Kreativität zu betreten. Und ich habe buchstäblich gesehen, wie die Energie in dem Moment geschrumpft ist, in dem jemand anfing, von seiner Unzulänglichkeit zu reden. Wie ein erlöschendes Feuer, das bis eben noch genug Nahrung durch Begeisterung und Freude bekam und auf das man nun einen Eimer Wasser geschüttet hat.

Wir gehen mit uns selbst um, als wären wir Oberst in einer militärischen Eliteeinheit. Wenn etwas nicht sofort klappt, gibt es gleich den ersten Verweis. Wenn der eingeschüchterte, kreative Teil in uns dann weiter sein Glück versucht und immer noch keine perfekten Ergebnisse liefert, geht das Schimpfen und das Niedermachen weiter.

Dieses Bla-Bla soll ein Buch werden? Du kannst überhaupt nicht malen, da ist ja jeder Erstklässler besser! Deine Stimme ist und bleibt grauenvoll, wer soll das hören wollen? Und so weiter. Ich habe dir ja schon erzählt, was das bei mir bewirkt hat, so etwas kann dich in die hinterste Ecke deines Lebens treiben, aus der du dann so schnell nicht wieder herauskommst.

Oft nehmen wir das nicht einmal bewusst wahr, weil es bereits automatisch passiert. So wie bei diesen lustigen Plastikblumentöpfen, bei denen die grinsende Blume anfängt sich zu bewegen, sobald Musik spielt. Der Träumer möchte seinen Traum leben, aber der innere Kritiker putzt ihn sofort herunter.

Auch ich haue mir immer noch gerne etwas über die Rübe beim Texten von Songs. Texte zur Musik zu schreiben, das ist für mich persönlich meine größte Herausforderung. Lass mich zehn Seiten über eine wilde Liebesgeschichte verfassen, wunderbar! Nichts lieber als das! Bitte mich um vier Zeilen Refrain zu diesem Thema, und schon erstarre ich erst einmal respektvoll. Und das passiert bei mir auch heute noch.

Beim Texten von Songs ist kein Platz, schöne Bilder und Gefühle auszumalen. Ich muss die Essenz erfassen, der Text muss sofort auf den Punkt kommen. Vorsichtig beginne ich zu schreiben, und sobald der erste Satz dasteht, sagt meine kritische Stimme: Das ist nicht dein Ernst, oder? Das ist doch viel zu banal, das kannst du nun wirklich keinem zeigen!

Wer soll nach so einer kalten Dusche noch Spaß daran haben, weiterzumachen? Ich habe mir viele Jahre lang dadurch immer wieder genau das zerstört, was eine so wertvolle Zutat für Kreativität und für das Leben überhaupt ist, nämlich die Freude. Denn eigentlich macht es mir Freude, Songtexte zu schreiben, sehr große Freude sogar. Worte, die sich mit der Musik vermählen, und so ist es tatsächlich, wie eine Hochzeit, das ist für mich etwas Magisches! Ein alchimistischer Vorgang, bei dem zwei Zutaten zu etwas Größerem werden. Ich kann es dann kaum erwarten, den Text zu singen oder zu hören, wie der Künstler ihn singt.

Alle meine Freunde kennen die Phasen, in denen ich geknickt und trübsinnig am Schreibtisch sitze, weil ich mich dermaßen heruntergeputzt habe, dass meine Kreativität sich beleidigt verkrochen hat. Wen wundert's!

»Die Wohnung in deinem Kopf kannst du nur
umbauen. Ausziehen kannst du nicht.«
Pascal Lachenmeier

Du kommst dem nur bei, indem du sehr wach bist, nach dem Motto: Wehret den Anfängen! Denn wenn du erst einmal im Fluss bist, wird es dir immer schwerer fallen, an allem herumzumäkeln.

Ich weise diese Stimme innerlich in die Schranken, indem ich sehr bestimmt sage: »Jetzt nicht!« Ich stelle das Schild auf, das vor dem Supermarkt den Frauchen und Herrchen mitteilt, dass sie ihre Vierbeiner dort anleinen sollen: Wir müssen draußen bleiben!

Bevor der innere Kritiker sein Zerstörungswerk anrichten kann, hole die Zugbrücke ein. Du musst genauso hartnäckig werden wie er. Wenn er merkt, dass ihn keiner ernst nimmt, verzieht er sich wieder.

Kreativität und Träumen braucht Spaß und eine gewisse Unschuld. Kreativität ist das, woraus unsere Welt gemacht ist, alles ist Schöpfung, alles wurde erschaffen. Wenn ich mich darauf einlasse, finde ich es in allem und überall.

Manchmal ist dieser kritische Teil in uns aber zu aufgeblasen und stark, als dass er sich einfach so in die Schranken weisen ließe. Er pocht auf sein Gewohnheitsrecht. Dann kann man auch Tricks anwenden, um sich die Freude und den Spieltrieb zurückzuerobern.

Manchmal singe ich dann alle möglichen Phantasietexte zu einem Lied. Die müssen überhaupt keinen Sinn ergeben, im Gegenteil, das ist genau der Trick! Wo nichts erreicht werden will, kann keiner die Qualität kritisieren. Dadurch gelange ich in eine so spielerische, offene Stimmung, dass ich mit dieser Energie auch an meinen Auftragstext gehen kann.

Bei diesem Spiel ist einmal folgende Zeile entstanden: »In Mexiko, in Mexiko, da haben die Menschen 'n Glaspopo.« Über den hat sich mein Neffe auch nach der hundertsten Wiederholung noch kringelig gelacht.

Das ist nebenbei auch eine herrliche Entspannung für unser übereifriges Gehirn: Einfach nur Nonsens produzieren! Ab und zu sind bei mir sogar ein paar wertvolle Zeilen entstanden. Da war ich dann selbst verblüfft. Ja, wer spielt, kann sich noch selbst erstaunen!

Julia Cameron rät in ihrem wunderbaren Buch »Der Weg des Künstlers«, das ich jedem kreativen Menschen unbedingt ans Herz legen möchte, den inneren Zensor zu malen! Seiner Phantasie freien Lauf zu lassen und dieser ewig meckernden Stimme ein Gesicht zu geben. Ist er ein Monster, ein mürrischer Zwerg, ähnelt er deiner Mutter oder deinem Vater?

Etwas, das ein Gesicht hat, das ich personifiziere, verliert an Kraft. Es wird herausgezogen aus seinem Schattendasein und kommt mir dadurch nicht mehr so übermächtig vor.

Kein Boss, kein Partner, kein Elternteil kann so brutal und schmerzhaft kritisieren wie du dich selbst. Du kennst dich ja so gut, weißt genau, in welche Wunde du das Messer stechen musst, um dich so richtig zu verletzen. Selbstkritik, konsequent angewendet, kann dich zu einem deprimierten, traurigen Menschen machen, der inzwischen felsenfest an die ganzen negativen Aussagen glaubt und schließlich gar nicht mehr versucht, sich selbst zum Ausdruck zu bringen. Beschimpfe ein Kind – denn dieser kreative Teil in uns ist auch das Kind in uns –, nenne es einen Versager, einen Feigling, eine Niete, einen Dummkopf. Was wird geschehen? Es wird sich gar nichts mehr trauen, sich immer mehr in sich selbst zurückziehen.

Du solltest dich dir selbst nicht zum Feind, sondern zum Freund machen. Versuche, die Stimme des Kritikers in die Stimme eines guten Freundes zu verwandeln. Am Anfang ist das ein bisschen anstrengend, denn du musst mit deiner Aufmerksamkeit ständig in einer Art Alarmbereitschaft bleiben, um sofort den negativen Worten entgegeneilen zu können, wie eine Feuerwehr die zum Einsatzort rast. Da wir hier von Gedanken reden, geht das sehr schnell!

Was würde dein bester Freund, deine beste Freundin sagen, wenn du ihnen erzähltest, was du geschrieben hast, sei der totale Schrott? Sie würden sagen: »Gib dir ein bisschen Zeit, du fängst doch gerade erst an. Du hast schon so tolle Sachen geschrieben, da, wo das herkommt, gibt es noch so viel mehr, das wirst du alles noch ans Licht holen! Ich bin ganz sicher!«

Na, wie klingt das? Nachsichtig, liebevoll, mitfühlend und aufmunternd! Das ist die Energie, die ein Kind, ein kreativer Mensch braucht.

Natürlich gibt es handwerkliche Kriterien, die stimmen müssen. Das Kleid ist schief genäht, aber das Design ist wunderschön, der Text stimmt rhythmisch noch nicht, aber inhaltlich geht er ans Herz. Dem Buch fehlt es noch an Spannung, aber die Geschichte ist gut erzählt. Doch daran kann man arbeiten. Es geht noch um die Gewürze in der Suppe, das kriegst du hin!

Wenn du dir jede Unzulänglichkeit, jeden Fehler vorwirfst, wirst du sehr unter dir zu leiden haben. Wir alle sind unvollkommen und machen Fehler! Das gehört dazu.

Ehre deine Flamme, anstatt den Rauch zu beklagen!

» Wenn du wüsstest, was wirklich in dir steckt, würdest du nicht so schlecht von dir denken!«
Beatrice Reszat

III.
LUFTSCHLOSS-ARCHITEKT SUCHT BODENGRUNDSTÜCK

»Es interessiert mich nicht, wovon du deinen Lebensunterhalt bestreitest. Ich möchte wissen, wonach du dich sehnst und ob du es wagst, davon zu träumen, deine Herzenswünsche zu erfüllen.
Es interessiert mich nicht, wie alt du bist. Ich möchte wissen, ob du es riskieren wirst, verrückt vor Liebe zu sein, vernarrt in deine Träume, in das Abenteuer, lebendig zu sein.«

Oriah Mountain Dreamer

1.
ALLTAGSGRAU – WIE BLEIBT MAN EIN TRÄUMER?

Deine Träume sind der Ausdruck deines Wesens und deiner Einzigartigkeit. Du hast deine Sehnsucht, die dich führt, und du hast die Tage deines Lebens, jeder einzelne voller Entscheidungen und Herausforderungen. Verliere nie deine Zuversicht. Auch dein Traum ist wertvoll und dein Leben einzigartig! Auch ein Träumer lebt einen Alltag, mit alltäglichen Freuden und Sorgen. Wie gelingt es dir, deine Träume nicht aus den Augen zu verlieren?

Es gibt ein paar, nennen wir sie, »seelische Zutaten«, die das Leben des Träumers erleichtern. Wie wir uns das Leben schwer machen, wissen wir meistens besser als umgekehrt! Wenn du einen sportlichen Körper haben möchtest, musst du ab und zu Gymnastikübungen oder Ähnliches dafür machen. Wenn du deinen Traum leben möchtest, tust du gut daran, bestimmten Bereichen deines Lebens immer mal wieder Aufmerksamkeit zu schenken, die für deine Kreativität und dein Durchhaltevermögen wichtig sind und die dich handlungsfähiger machen.

Egal ob du deinen Traum kennst und dich entschlossen hast, ihn zu leben, oder ob du noch nicht so recht weißt, wo es für dich hingeht, aber deine Sehnsucht dir keine Ruhe lässt. Nur weil einem jeder sagt, man müsse genau wissen, was man will, muss es ja nicht stimmen!

Wichtig ist, dass du immer mehr herausfindest, wer du bist! Das ist der direkteste Weg zum Erkennen deiner Träume. Dazu gehört herauszufinden, was dir guttut und was nicht. Was macht dich froh, was macht dich unglücklich, was gibt dir Kraft, was nimmt dir Energie, und in welchen Bereichen hast du noch Entwicklungsbedarf? Denn je besser es dir geht und je klarer du bist, umso besser geht es auch deinem Traum! Man sollte seine Stärken und auch seine Schwächen kennen!

Ich zum Beispiel habe ständig Ideen. Ich kann gar nicht anders, als dass mir dauernd zu allem etwas einfällt. Ich habe sogar einmal eine Koch-CD produziert, weil ich die Idee dafür hatte. Aber mir fehlt es an Struktur. Ich bewundere Menschen, die sofort Ordnung und Übersicht in etwas bringen können. Egal ob es der Tag ist oder ein Projekt, auch das ist eine Gabe!

Und daher ist es für mich wichtig, mir etwas davon anzueignen, denn so ganz planlos gerate ich ins Schlingern. Aber zu viel Struktur gibt mir ein Gefühl von Enge. Darum habe ich viel damit herumexperimentiert, zum Beispiel auch mit Zeitmanagement, was ich persönlich für total überbewertet halte. Es ist ein tolles, neues Spielzeug für den Kopf, der sich eh schon viel zu breitmacht in unserem Leben. Ich für mich habe jedenfalls herausgefunden, ich benötige eine Art Gerüst, an dem ich mich entlanghangeln kann, aber innerhalb dieser Fixpunkte brauche ich ganz viel Freiheit. Sonst komme ich mir vor wie ein Kreativbuchhalter. So etwas findet man nur heraus, indem man sich immer besser kennenlernt. Und es hilft sehr, einfach Dinge auszuprobieren.

Es gibt Menschen die vor lauter Nachdenken dabei versauern und nicht vom Fleck kommen. Statt ewig herumzugrübeln, was das Beste für dich sein könnte, suche dir etwas heraus aus der großen Wundertüte, die man Leben nennt, und experimentiere damit. Denn was sich theoretisch gut anhört, muss sich praktisch erst einmal bewähren. Und es passt auch nicht alles für jeden!

Für einen Traum gibt es immer zwei Phasen. Er wird in deiner inneren Welt geboren und möchte in der äußeren Welt gelebt werden. Beide Phasen sind gleich wichtig.

Ich möchte dir nun ein paar Zutaten an die Hand geben, die dir als Träumer erleichtern, deine Träume zu verwirklichen – und nicht nur das, sie werden dein Leben lebenswerter machen. Wichtig ist, dass du dich heraustraust. Den Hindernissen haben wir, denke ich, ganz gut den Stecker gezogen. Nun wenden wir uns den Zutaten zu, die in das Handgepäck eines Träumers gehören. Das Wichtigste ist, dass du deine Ärmel hochkrempelst und sagst: »Ja, ich will!«

2.
TRÄUMER-NAVI – WOHIN FÜHRT DEIN WEG?

Um den Weg herauszufinden, der für dich der richtige ist, dafür hat sich die folgende simple Übung als sehr hilfreich erwiesen.

Setze dich ruhig hin, mache ein paar tiefe Atemzüge , schließe die Augen und stelle dir vor, dass der liebe Gott, eine Fee oder der Weihnachtsmann vor dir steht – an wen oder was auch immer du glaubst. Und er sagt dir, du hast nur noch ein paar Jahre zu leben, und möchte nun gerne von dir wissen, wie du die verbringen willst. Du hast zwei Möglichkeiten:

1. Du lebst so weiter wie bisher, oder

2. du hast die Möglichkeit einen Traum, den du gerne noch verwirklichen möchtest, ins Leben zu bringen.

Abgesehen davon, dass diese Imagination einem generell ein paar Versäumnisse vor Augen führt, was sehr erhellend sein kann, macht es einem auch ganz klar, was einem wirklich wichtig ist! Was in deinem Leben ist für dich von so großer Bedeutung, dass du diese wenige, kostbare Zeit, die dir noch bleibt, damit verbringen möchtest?

Und dann sei einfach aufmerksam. Welche Bilder oder Gedanken kommen als erstes? Wie fühlt es sich an? Es muss nicht immer unbedingt etwas Konkretes sein, unser Verstand ist immer schrecklich lösungsorientiert. Ein Traum? Her mit der Gebrauchsanleitung!

Aber manchmal bist du einfach noch nicht an diesem Punkt. Dann machst du einfach das, was jeder gute Detektiv macht, bevor er einen Fall lösen kann: Du sammelst Informationen. Sie werden dich deinem Traum näherbringen, und es wird dir guttun, dich damit zu beschäftigen. Schließlich ist es ein sehr wichtiger Teil deines Lebens, der in der Regel viel zu wenig Aufmerksamkeit bekommt!

> *» Um das Herz und den Verstand eines anderen*
> *Menschen zu verstehen, schaue nicht darauf, was er*
> *erreicht hat, sondern wonach er sich sehnt!«*
> Khalil Gibran

Umgekehrt funktioniert die Übung auch sehr gut. Die Fee sagt, dass du all die Pläne, die du bisher immer aufgeschoben hast, nun alle über Bord werfen musst, weil die Zeit nicht mehr reicht. Du sollst sie ihr quasi übergeben, damit sie sie für dich entsorgt. Das Aufschieben, ich habe es schon beschrieben, hat ja diesen sehr trickreichen Nebeneffekt, dass du meinst, dass es noch passieren wird, dass es noch Zeit hat. So machst du dir selbst vor, dass du am Ball bist, obwohl deine Träume nur in deinem Kopf existieren und sich von dort nicht weiterbewegen.

Mit diesem »Trick« kommt man ohne Probleme durch ein ganzes Leben, ohne je etwas von dem zu verwirklichen, was man sich erträumt hat. Das ist wie mit einem Kleidungsstück, das hinten in deinem Schrank hängt und jedes Mal, wenn du es siehst, denkst du, ich ziehe es bestimmt irgendwann wieder an! Wenn aber jemand diese alte Jacke aus dem Schrank holt, dir vor die Nase hält und sehr eindringlich fragt: Sei ehrlich! Wirst du diese Jacke noch jemals tragen? Dann musst du dich entscheiden und überlegst sehr genau, ob du sie wirklich noch anziehen willst.

Wenn du also zu deinem Traum sagen müsstest, okay, ich schließe damit endgültig ab, wie fühlt sich das an? Wie reagiert dein Inneres? Schlägt dein Herz schneller, spürst du Traurigkeit oder Bedauern? Fühlst du dich schwer? Schau dir das gut an, es gibt viel Aufschluss über deine eigentlichen Wünsche. Und es ist nicht das, was man sich im Alltag so zurechtlegt.

Wenn es dir nicht so leicht fällt, dir etwas gedanklich vorzustellen, kannst du die Übung auch mit einem Freund oder einer Freundin machen. Sie oder er spielt die Rolle der Fee. Aber dein Helfer sollte diese Übung ernst nehmen und sie nicht veralbern. Je überzeugender er ist, umso stärker wird dein Gefühl sein, mit dem du darauf reagierst!

Es ist auch deshalb von Vorteil, ein Gegenüber zu haben, weil es guttut, sich dann gleich darüber auszutauschen. Vielleicht kennst du auch jemanden, der in einer ähnlichen Situation ist wie du, dann könnt ihr das gegenseitig für euch tun. Spiele damit, schau was passiert, ohne dich unter Druck zu setzen.

Es hilft auch sehr, deine Erkenntnisse aufzuschreiben. Das Schreiben erzeugt eine Verbindung zu deinem Unterbewusstsein, und oft kommen einem beim Schreiben dann noch weitere Ideen und Bilder. Es geht darum, herauszufinden, was du wirklich willst. Nicht was dein Partner sagt, was deine Eltern wollen oder was in der Gesellschaft einen guten Eindruck macht. Deine Wahrheit kann dir nur dein Herz sagen!

Ich mache diese Übung heute noch, um in meinen vielen Projekten und Träumen die Prioritäten herauszufinden. Also, was will unbedingt noch getan werden und was könnte ich – wenn auch schweren Herzens – loslassen. Meine erste Reaktion ist immer: Ich kann mich von gar nichts trennen, ich liebe alle meine Projekte. Aber da ich sie nicht alle auf einmal umsetzen kann, brauche ich eine persönliche Traum-Hitparade.

Und schließlich ist es ja nun einmal so, dass unser Leben begrenzt ist. Am Anfang benehmen wir uns, als ginge es nie zu Ende. Mit siebzehn erscheint es völlig unwahrscheinlich, jemals fünfunddreißig zu werden, und fünfzig ist noch ein ganzes Leben weit weg. Dann bist du plötzlich fünfzig, es ging viel zu schnell, und du merkst, du hast dich selbst verpasst. Bist auf der Überholspur an dir vorbeigezogen, wie einer dieser arroganten Sportwagenfahrer, die nur schnell irgendwohin wollen und sich einen Dreck um die Landschaft oder die anderen Autofahrer scheren. Und dann?

Dann ist es immer noch nicht zu spät! Zu spät ist es nur, wenn du nicht jetzt anfängst. Also, entscheide dich. Und sei vor allem ehrlich zu dir selbst!

»Du kannst alles haben!
Du kannst nur nicht alles auf einmal haben!«
Oprah Winfrey

3.
TRÄUME UND BARE MÜNZE –
WAS IST DEIN TRAUM WERT?

Seltsamerweise haben Träumer, die ihren Traum leben, oft große Probleme, sich das auch anständig bezahlen zu lassen. Oder aber es fällt ihnen schwer, ihren Traum wertvoll zu finden, auch wenn er noch kein Geld einbringt. Als dürfe man für so etwas wie Träume höchstens Muscheln verlangen, aber doch kein Geld. Und ein Traum, der nichts einbringt, na, also wirklich! Da stehen die Kritiker schnell auf der Matte.

Ich habe eine sehr nette Nachbarin. Ulrike hatte viele Jahre einen Job in einer Führungsposition, hat richtig gut verdient – aber sich dabei verbrannt: Burn-out. Die Krankheit, die wie eine moderne Epidemie um sich greift. Es ist das sich Verlieren im Rausch des Tuns. Man hat keine Verbindung mehr zur eigenen Seele, ist abgeschnitten von der inneren Stimme, das System fährt auf Autopilot, nur noch Vollgas, bis zur völligen Erschöpfung.

Ulrike kam in eine Klinik und brauchte lange, um wieder auf normal Null herunterzufahren. Seit drei Jahren arbeitet sie nun nicht mehr, hat sich eine Auszeit genommen. Sie hat damals sehr gut verdient und sich einiges auf die Seite gelegt.

Wir saßen bei einem Kaffee auf der Treppe, und sie sprach davon, dass sie gerne wieder etwas tun würde. Ich finde, sie tut eine ganze Menge. Sie macht ausgedehnte Ausflüge, liest viele Bücher, besucht Ausstellungen, recherchiert über viele Themen, die sie interessieren, auf mich wirkt sie wie jemand, der erfüllte Tage lebt. Das sage ich ihr auch.

»Ja schon!«, stimmt sie mir zu. »Aber heute war mein Freund Hans am Telefon und fragte mich, wann ich denn zuletzt etwas verdient hätte. Tja!« Ulrike seufzt in ihre Kaffeetasse. »Ich mache zwar viel, aber ich verdiene nichts damit.«

»Und ist es deshalb schlechter, was du tust?«, frage ich sie.

Sie zögert.

»Aber was leiste ich denn für die Welt? Für die Gemeinschaft?«

»Sehr viel! Wenn du ein erfülltes Leben führst, das dich zufriedenstellt, und du jeden Tag ein paar Menschen triffst, die du mit deiner Ausstrahlung und guten Laune positiv beeinflusst, ist das bestimmt aufbauender für die Gemeinschaft als jemand, der für seine Arbeit Geld bekommt und den anderen Menschen in der S-Bahn sein griesgrämiges Gesicht zeigt, weil er widerwillig zu seinem Job fährt, den er hasst.«

Sie lacht.

»Stimmt. Eigentlich hast du Recht! Schreib das in dein Buch!«

Gern, liebe Ulrike, gute Idee!

Was kostet ein Traum? Wonach bemisst sich der Wert deines Tuns? Eine sehr wichtige Frage. Es fällt uns gar nicht auf, wie wir bewerten. So ein Nichtstuer, der soll gefälligst wieder etwas Sinnvolles tun. Sinnvoll in den Augen der »Normalen«. Ist dieses Denken gerechtfertigt? Wir, die wir Milliarden für Waffen und Rüstung ausgeben und einen winzigen Bruchteil davon für Krankenpflege oder Kinderbetreuung, wir haben ein seltsames Wertesystem. Ich habe es am eigenen Leib erlebt, wie sich schlagartig meine Akzeptanz und Bedeutung in der Gesellschaft verändert hat, als ich plötzlich nicht mehr die war, die für das Fernsehen schrieb, mit den Promis auf Du und Du war und auf die tollen Events eingeladen wurde.

»Na, was machst du so zur Zeit?«

»Ich lebe in einem Bauernhaus auf dem Land und schreibe!«

»Aha, und was so?«

»Alles, wozu ich Lust habe!«

»Ja, aber für wen?«

»Für mich!«

Sendepause. Wie bitte? Für dich? Ohne Geld? Wie jetzt? Wo ist deine Position, dein Berechtigungsausweis für Prestige und Anerkennung? Ich kam mir vor, wie ein Hippie, der sich an der Börse verirrt hat.

Ich hörte mir zu, wie ich versuchte, meinem Gesprächspartner, und mir selber gleich mit, meine Auszeit schmackhaft zu machen. Wie einer, der bei Tiffanys selbstaufgefädelte Plastikperlenketten verkaufen möchte. Mir wurde klar, dass ich eine völlig neue Identität entwickeln musste, nämlich eine, die ich mir selber gab. Ohne äußerlichen Status, ohne viel Geld und Anerkennung. Eine Identität, die sich nach der Erfüllung meiner Träume richtete.

Ich war auf dem Weg, es ging mir gut, ich spürte mich wieder, sprudelte vor Ideen. Das fand keiner spektakulär, ja, nicht einmal erwähnenswert. Für mich war es riesig! Großartig! Lebenswichtig! Und das war das Einzige, was zählt! Aber ich brauchte auch eine Weile, um von harter Währung auf Träumerwährung umzusteigen.

Darum ist es so wichtig, bei allem zu prüfen, warum man es tun möchte. Sagt die Vernunft, du solltest etwas Vernünftiges tun? Möchtest du endlich wieder dazugehören, zu den Wichtigen, deren Arbeit ernst genommen und anerkannt wird? Damit kannst du dir ein wenig Ruhe erkaufen vor möglichen Konfrontationen. Aber ist es das, was dich glücklich macht, so wie Ulrike ihre ausgefüllte, freie Zeit? Lass sie alle den Kopf über dich schütteln, so lange dein Herz eifrig nickt!

In meinen Augen ist jeder Träumer und jeder Traum ungeheuer wertvoll. Man muss sich nur einmal vorstellen, wie unsere Gesellschaft aussähe ohne sie. Aber dieses Gefühl kann ich dir nicht schenken, das musst du dir selber schenken! Geld ist eine Währung, für die du etwas eintauschen kannst, Träume sind eine Währung, die dein Leben reich macht!

4.
ABSICHT – DAS BENZIN VON DER TANKSTELLE DES UNIVERSUMS

Eine der mächtigsten Waffen eines Träumers ist seine Absicht! Im Englischen sagt man »intention«, das heißt, sein Streben auf etwas richten! Es bedeutet, den Pfeil in den Bogen zu spannen und genau auf die Mitte zu zielen. Nicht links, nicht rechts und auch nicht, »mal sehen, wo ich lande«, sondern direkt ins Schwarze. Deine Absicht ist der Wind für deine Segel. So lange du zweifelst, haderst, grübelst, treibst du richtungslos auf dem Meer. Doch sobald du eine Absicht setzt, nimmt dein Boot Fahrt auf.

Was ist deine Absicht? Wie kann so eine Absicht aussehen? Ich persönlich bin nicht der Meinung, wie viele der Wunschexperten, dass die Absicht möglichst konkret sein muss und dass sie, je konkreter sie ist, umso besser funktioniert. Ich glaube, dass die Kraft aus dem Gefühl kommt. Aus der Tiefe deiner Sehnsucht, dich zu leben und auszudrücken.

Was habe ich gesessen und Listen geschrieben in dem verzweifelten Bemühen, meinen Traum endlich voranzubringen! Ich habe mich gezwungen, detailliert zu beschreiben, was ich leben möchte. Heute weiß ich, meine Seele war noch gar nicht so weit. Manchmal muss man noch ein paar Erfahrungen sammeln, bevor der Vorhang aufgeht. Wie gesagt, jeder Weg ist anders. Ich kam mir jedenfalls sehr dumm und unzulänglich vor, weil ich so wenig Konkretes über meinen Traum wusste. Das waren frustrierende Zeiten für mich, und es war sehr anstrengend, denn ich zwang mich permanent zu neuen Listen und Überlegungen, weil ich es doch so sehr wollte. Doch was wollte ich eigentlich?

An irgendeinem Punkt erinnerte ich mich an ein einschneidendes Erlebnis in meiner Kindheit. Da lud die Mutter meiner Freundin uns beide ins Kino ein. Ich war vielleicht neun oder zehn. Es lief der alte Schinken »Vom Winde verweht« in einer Sonntagsmatinee.

Nie werde ich vergessen, was für eine Gefühlsachterbahn dieser Film in mir auslöste. Ich war völlig absorbiert von dieser Welt, die sich vor mir auf der Leinwand ausbreitete. Ich litt, ich weinte, ich war erleichtert, als die Liebe zu siegen schien, und wütend auf den Bösewicht. Ich lebte und erlebte die Geschichte, die jemand anderes erdacht hatte, und vergaß die ganze Welt um mich herum. Als die Mutter meiner Freundin mich hinterher fragte, wie es mir gefallen habe, konnte ich nicht sprechen. Ich war noch gar nicht zurückgekehrt. In mir wühlte und arbeitete es noch.

Das war eine Initialzündung für mein Leben. Mit einer ungeheuren Macht fühlte ich in mir plötzlich eine brennende Sehnsucht. So etwas wollte ich auch einmal vollbringen! Etwas erschaffen, das Menschen so intensiv fühlen lässt, dass sie in einem Moment lachen und im nächsten Tränen vergießen. Dass sie tief in ihrem Innern die Farben des Lebens empfinden. Das musste das Schönste auf der Welt sein – Menschenherzen so zu berühren!

Das war die eigentliche Geburtsstunde meiner Absicht. Hätte ich mich mehr darauf konzentriert und gespürt, wie sich das anfühlt, statt meinem Verstand immer neue Beschreibungen abzuringen, wie viel leichter hätte ich mich getan. Aber »hätte, wäre, wenn ...« ist gewesen und vorbei. Meine Oma sagte immer: »Wer weiß, wozu es gut war ...«

Dass ich meine Urabsicht endlich erkannte, hat mich noch einmal ganz neu auf das Thema blicken lassen. Es nimmt ungeheuer viel Druck heraus, wenn man erkennt, dass man es gar nicht genau wissen muss. Es reicht zu fühlen, was mich zieht, mich bewegt, mich in eine prickelnde Aufregung versetzt. Wenn du noch kein Bild hast, hilft dir das, die Puzzlesteine zu sammeln.

Ich sagte es zuvor bereits, Oprah Winfrey hatte schon als kleines Mädchen nur die eine Absicht: »Lieber Gott, lass mich dein Werkzeug sein!« Sie machte sich keinen einzigen Gedanken darüber, wie das aussehen könnte. Es gab kein Bild, in dem sie sich in einem Fernsehstudio sah oder wie sie mit einem dicken Scheck zur Bank geht. Nichts dergleichen! Was sie aber tat, war die Gelegenheiten zu ergreifen, die ihrer Absicht entsprachen, und jeden Job so gut wie nur möglich zu machen. Und wohin einen ein unkonkreter Traum, getragen von einer großen Absicht, bringen kann, sieht man ja! Eine beispiellose Karriere, und inzwischen besitzt sie ihren eigenen Fernsehsender!

Bill Gates hingegen hatte eine sehr konkrete Absicht. Er wollte dazu beitragen, dass jeder Mensch irgendwann einen Computer auf seinem Schreibtisch stehen hat. Und damals, als ein Computer noch so groß war wie ein ganzes Zimmer, hielt man seinen Traum für komplett durchgeknallt und lachte über diesen Spinner. Heute lacht jemand anders!

> *»Menschen mit einer neuen Idee*
> *gelten so lange als Spinner,*
> *bis sich die Sache durchgesetzt hat.«*
> Mark Twain

Es gibt nicht immer nur eine Absicht. Im Moment ist meine Absicht, dieses Buch zu schreiben, aber das ist nicht mein Brennstoff. Was mich wirklich antreibt, ist die Lust, dir Mut zu machen, deine Träume zu leben. Mich treibt die Vision, wie eine Welt aussehen könnte, in der Träumer furchtlos, selbstbewusst und glücklich ihre Sterne entzünden. Das lässt mich größer denken, auch über das Buch hinaus, denn für diese Vision werde ich noch mehr Dinge in

Bewegung setzen. Du siehst, es gibt viele Möglichkeiten dafür, eine Absicht zu haben. Es reicht zum Beispiel auch die Absicht, deinen Traum zu finden, wenn du ihn noch nicht genau kennst!

Wichtig ist, dass die Absicht unsere Energie bündelt, sie fokussiert unseren Verstand, sie richtet uns aus.

Es ist das »Ja, ich will!« vor dem Traualtar. Wer schon einmal geheiratet hat, weiß wie man sich fühlt, wenn man diese Worte ausspricht: Das ist etwas anderes, als »Kommste heut nicht, kommste morgen!« Es ist ein Gelöbnis mit Gewicht. Für mich persönlich war es etwas Großes, dass ein Mann diesen Schritt mit mir gehen wollte. Ich hatte Respekt davor. Das fühlte sich noch einmal anders an, als zu sagen: »Ich liebe dich!« Was auch groß ist!

Ich will damit nicht sagen, dass jemand, der nicht heiratet, es nicht ernst meint mit seiner Beziehung. Das steht mir gar nicht zu. Dennoch habe ich für mich den Unterschied zu der Zeit ohne Trauschein deutlich gespürt und meine Entscheidung auf einer viel tieferen Ebene getroffen, als es zum Beispiel darum ging, zusammenzuziehen. Verbindlichkeit bindet!

Die Absicht sagt deinem Verstand, es gibt einen Plan! Sie sagt deinem Herzen, es ist so weit! Das wird dein System dazu bringen mitzuarbeiten. Der Verstand wird Wege ersinnen und Schritte überlegen, das Herz wird Impulse senden, die dich zur richtigen Zeit am richtigen Ort sein lassen. Die Absicht bringt dich dazu, dich auf dein Ziel einzurichten. Du gibst es in das Navi deiner Seele ein, und egal, welche Baustellen, Staus oder Umwege auf dich zukommen, dein Navi behält das Ziel dabei stets im Auge!

Dein Pfeil fliegt und wird ins Schwarze treffen!

5.
GLAUBEN –
WER GLAUBT AN DICH?

Wer soll an deinen Traum glauben, wenn du es nicht tust? Das kann niemand für dich tun, hier bist du gefragt! Aber wie geht das, wenn du doch findest, dass du nicht so toll bist, wie du gerne wärst, und daran zweifelst, dass du deinen Traum verwirklichen kannst? So ging es mir sehr, sehr lange, eine gefühlte Ewigkeit.

»Denke nach und werde reich«, »The Secret«, »Erfolgreich wünschen« – ich hatte diese Bücher alle. Meine Regale bogen sich unter Unmengen von Selbsthilfe-Literatur. Die Motivation, warum man solche Bücher liest, ist unschwer zu durchschauen. Ich wollte ein Rezept! Welche Zutaten brauche ich, um mir Geld, einen Traummann oder Erfolg zu manifestieren und dann endlich an mich zu glauben? Wenn ich all diese Tipps beherzigte, dann würde ich es schaffen! Ich würde regelmäßig Sport machen, meditieren, visualisieren, Ordnung halten, To-do-Listen aufstellen, endlich mein Drehbuch schreiben und das Buch, von dem ich träumte. Ich würde sein wie diese Bücherschreiber, diszipliniert, fokussiert und keine Zweifel an mir selbst mehr zulassen. Eine Welle der Motivation durchflutete mich. Welt, ich komme!

Nach einer Woche saß ich wieder auf dem Sofa, statt zum Yoga zu gehen, hatte mir hintereinander vier Folgen meiner Lieblingsserie angesehen und mich nicht für das Seminar zum Drehbuchschreiben angemeldet. Muss ich noch erwähnen, dass meine Wohnung aussah wie nach einem H&M-Schlussverkauf?

Nach dem Lesen dieser Bücher hatte ich zwar neue Erkenntnisse und einige Aha-Erlebnisse, aber warum fühlte ich mich dennoch immer mehr als Verlierer? Wenn ich an mich glaube, dann kann ich alles erreichen, wurde mir gesagt. Aber wie schafft man das? Bei mir kamen immer nur mehr Zweifel daher. Ändere dein Denken, dann erschaffst du die Realität, die du dir wünscht! Mein Gott, wie lange habe ich das versucht.

Mein Denken, scheint es, hat seinen eigenen Kopf. Und ich habe es mir wirklich übelgenommen, dass ich es nicht schaffte. Ich bekam eine richtige Wut auf mich selbst. Wenn das so einfach ist, warum kriegte ich es nicht hin? War ich zu blöd, zu verkorkst, war ich gar ein hoffnungsloser Fall? Sollte ich es lieber bleibenlassen, diesen Traum von meinen Träumen. Sollte ich mich nicht einfach mit dem, was das Leben mir freiwillig gibt, zufriedengeben? Kennst du das auch?

Es liegt nicht an den Büchern. Die meisten davon sind sehr wertvoll – nun schreibe ich selber eins –, und so manches blieb auch hängen und half mir auf meinem Weg.

Ich musste einfach nur verstehen, dass das ein Prozess ist, der seine Zeit braucht. Wir sind dermaßen lösungsorientiert, dass ein Rezept her soll, dass das Problem sofort beseitigt. Bikini-Figur in drei Wochen, glücklich nach einem Seminar. Wenn ich weiß, dass das Quatsch ist, kann ich mich auf Schritte einlassen, die langsam, aber sicher zum Ziel führen.

Und bis dahin musst du es einfach akzeptieren, dass du nicht jeden Morgen im Spiegel einen Sieger erblickst! Wenn du vollkommen wärest, würdest du vielleicht auf einer Wolke sitzen und eine Gebetsfahne schwenken. Aber du bist ein Mensch! Ein wunderbarer, unperfekter Mensch, work in progress, du bist auf dem Weg und wirst es immer sein. Du wirst nicht fertig, du wirst nur immer mehr du selbst!

Und wenn sich dein Glauben immer mehr wie Wissen anfühlt, dann bist du auf einem sehr guten Weg!

6.
MUT – MAN KANN NICHT HALB AUFS GANZE GEHEN!

Meine allerliebsten Lieblingsgeschichten sind die von ganz normalen Menschen, die eines Tages über sich hinausgewachsen sind und dadurch die Welt verändert haben. Ich habe eine Sammlung davon. Immer wenn ich so eine Geschichte lese, kopiere ich mir den Artikel oder schreibe sie auf, denn solche Geschichten sind Gold wert für jeden Träumer!

Ich hatte das große Glück, von dem Verleger Florian Langenscheidt zur Mitarbeit an einem Buch eingeladen zu werden. Sein Projekt fesselte mich sofort. Er wollte ein Buch machen über Menschen, die in ihrem Leben Mut bewiesen haben. Die in einem Moment ihres Lebens über sich hinausgewachsen sind, manches Mal sogar ihr eigenes Schicksal einer größeren Sache untergeordnet haben und dadurch als leuchtendes Beispiel, als Vorbild für uns alle gelten können. Sie zeigen uns, was ein einzelner Mensch vermag, ungeachtet seiner Herkunft, seiner Position oder seines Vermögens.

Ich begann sofort zu recherchieren und habe das, was ich dabei erlebt habe, nie mehr vergessen. Die Menschen, denen ich begegnen durfte, haben mein ganzes weiteres Leben und meine Sicht auf die Dinge für immer verändert. Auch ich hatte mir, wie so viele, über die Jahre meinen Schneid abkaufen lassen. Hatte mir einreden lassen, dass diese Welt nun einmal kein einfacher Ort ist, in dem jeder, so gut es eben geht, versucht klarzukommen. Was kann ich allein schon groß ausrichten? Ich hatte kein Geld, konnte nicht spenden, keine Waisenhäuser bauen oder Tiere retten. Ich konnte nur zusehen und es bedauern. Schade! Ich würde ja gerne, wenn ich könnte. Vielleicht eines Tages, wenn alles besser wäre in meinem Leben.

Es gibt den Spruch »Someday is not a day of the week« – »Eines Tages ist kein Tag in der Woche!« Und das ist absolut richtig. Denn »eines Tages« bleibt immer irgendwo im Nebel der Zukunft verborgen. Die Menschen, die ich fand, haben ihr »eines Tages« in das Jetzt verlegt.

Ob von langer Hand geplant oder aus dem Moment geboren, ob Hochwohlgeboren oder Kochlehrling, sie alle hatten eines gemein, sie glaubten an etwas mit solcher Kraft, dass es sie befähigte, diese Welt zu verändern.

Mut ist nicht Freisein von Angst, sondern ihre Überwindung.

Ich lauschte atemlos der Geschichte von Julia Hill, die eineinhalb Jahre lang hoch oben auf einem Redwood-Baum hauste. Sie hatte sich geschworen, diesen tausend Jahre alten Riesen erst dann wieder zu verlassen, wenn die Holzfirma die Verwüstung dieser wunderschönen Bäume einstellen würde. Siebenhundertachtunddreißig Tage betraten ihre Füße keinen Boden! Dieser Frau gelang es ganz alleine, dass innerhalb weniger Wochen die Weltpresse darüber berichtete. Sie schrieb über diese mächtigen Bäume Gedichte, die einen zu Tränen rühren, weil sie uns darin ihre Vernichtung so grausam vor Augen führt und was wir unserer Erde und ihrer unglaublich schönen und für uns so wichtigen Natur antun.

Ich weinte über das, was mir die Animals' Angels erzählten, die ehrenamtlich Tiertransporte begleiten, um aufzupassen, dass wenigstens die Gesetze eingehalten werden. Tausende von Kilometern fahren sie den Transportern hinterher, bekommen keinen Cent dafür, begeben sich in Lebensgefahr, denn auch im Fleischgeschäft steckt viel Geld, und in manchen Ländern stehen Leute dahinter, denen ist der Mensch genauso wenig wert, wie die erbarmungswürdigen Tiere, an denen sie sich bereichern. Seitdem esse ich kein Fleisch mehr, und jeder Tiertransporter, dem ich auf der Autobahn begegne, treibt mir noch immer die Tränen in die Augen, weil ich nichts von dem, was ich damals gehört habe, jemals wieder vergessen konnte. Und das ist inzwischen bereits fünfzehn Jahre her!

Ich war voller Bewunderung und Respekt für den siebzehnjährigen Kochlehrling, der auf seinem Fahrrad zur Arbeit fuhr und sah, wie in einem See ein Auto versank, in dem ein älteres Ehepaar um sein Leben kämpfte. Er zögerte nicht eine Sekunde, sprang ins Wasser, öffnete mit all seiner Kraft die Heckklappe, die noch ein Stück aus dem Wasser ragte, und zog den Mann und seine Frau mit übermenschlichen Kräften aus dem Auto. Er riskierte sein junges Leben für zwei völlig fremde Menschen.

Ich sprach mit einer Ärztin, die in einer Kinderklinik die Frühgeborenen behandelte. Und weil ihre Behandlungsmethoden die Geräte und diese teuren Brutkästen mehr und mehr überflüssig machten, wurde sie erst entlassen und dann mit dem Leben bedroht. Sie ließ sich nicht mundtot machen und praktizierte in einer kleinen Praxis weiter. Ihre Gegner versuchten, ihr die Lizenz entziehen zu lassen, mit irgendeiner windigen Anschuldigung. Und da gingen alle Eltern, deren Kinder sie gerettet hatte, für sie auf die Straße. Sie ließ sich nicht zum Schweigen bringen, auch nicht, als ihr die abgeschraubten Muttern ihrer Reifen um die Ohren flogen.

Ich schäme mich nicht zuzugeben, dass ich nach jedem dieser Telefonate Rotz und Wasser heulte. Ich weinte, weil ich voller Mitgefühl war für die Ärztin, die ihr Leben riskierte, um diesen winzigen Frühgeborenen und ihren Eltern so viel Liebe und Unterstützung zu geben.

Oder für die junge Frau auf ihrem Baum, die Nacht für Nacht von den Hubschraubern der Holzkompanie wachgehalten wurde, die ihre Suchscheinwerfer auf die kleine, schwankende Plattform in sechzig Metern Höhe richteten, um sie zum Aufgeben zu zwingen.

Ich weinte auch, weil ich zutiefst dankbar war, diese Menschen und ihre Geschichten kennenlernen zu dürfen. Weil es mich bis in die Tiefe meiner Seele erschütterte, was ein einzelner Mensch tatsächlich bewegen kann. Und wie nichtig mein eigenes Was-kann-ich-schon-Tun plötzlich wurde, denn diese Art Argument war für alle Zeit entkräftet. Eine völlig neue Welt tat sich vor mir auf. Mit einem Schlag wurde mir bewusst, jeder einzelne von uns kann das. Jeder!

Darum ist Mut für einen Träumer so wichtig. Weil er Kräfte mobilisiert, von denen wir gar nicht wissen, dass wir sie haben! Weil Mut uns Hindernisse und Zweifel überwinden lässt.

Und Mut und Angst haben etwas gemeinsam, sie sind ansteckend! Wer selber Mut hat, kann andere ermutigen. So wie mir dieses Buch Mut gemacht hat, mich noch bedingungsloser für meine eigenen Träume einzusetzen. Manchmal braucht es Courage, sich hinter seinen Traum zu stellen, wenn alle Welt nicht daran glaubt oder sogar dagegen ankämpft.

Auch hier gilt wieder die Devise: Je größer der Traum, desto größer dein Bedarf an Mut. Einer riesigen Holzfirma zu trotzen, um einen Wald voller Redwood-Bäume zu retten, von denen jeder einhunderttausend Dollar wert ist, und dafür auf einer kleinen Plattform in schwindelnder Höhe zu leben, das hätte Julia Hill ohne Mut nicht geschafft. Doch auch zu den kleinen Schritten eines Träumers gehört oft Mut, zum Beispiel dazu, deinen Traum überhaupt auszusprechen oder deine Sicherheitszone zu verlassen, alles was dir bekannt und vertraut ist, zunächst nur wegen einer Idee, von der du nicht weißt, was daraus wird.

Mut heißt nicht, ohne Angst zu handeln, sondern trotz der Angst!

7.
INTUITION – WENN DEIN HERZ SPRICHT, HÖRE BESSER ZU!

Intuition ist die Stimme unseres Herzens, unsere Standleitung nach oben, nenne es Gott, nenne es das morphogenetische Feld, es ist das Unerklärbare, Unmessbare, das uns ganz plötzlich Antworten gibt, manchmal auf Fragen, die wir gar nicht gestellt haben.

Ich weiß, es klingt immer wie eine Binsenweisheit, aber es ist eines der wichtigsten Gesetze des Universums: Folge deinem Herzen. Nur dort wohnt die Wahrheit, und zwar deine Wahrheit! Niemand kennt diese Wahrheit außer dir selbst. Niemand weiß, was gut für dich ist, so wie dein Herz es weiß. Dein Herz kennt deine Träume und den Weg dorthin. Darum höre ihm gut zu!

Nicht umsonst hat ein winziges Zitat Weltruhm erlangt, nämlich das vom Kleinen Prinzen: »Man sieht nur mit dem Herzen gut!« Diesen einfachen und so weisen Satz würden wir alle, ohne zu zögern, unterschreiben, oder nicht? Aber leben wir das auch?

Wie oft tun wir etwas und denken hinterher, hätte ich bloß gleich auf meine innere Stimme gehört, ich hatte von Anfang an ein so komisches Gefühl. Unser Verstand untersucht die Dinge nach der Machbarkeit, unser Herz sucht nach der Stimmigkeit in allem! Darum gibt es nur dann eine optimale Zusammenarbeit der beiden, wenn das Herz aussucht und der Verstand ausführt!

Hunderttausendmal habe ich mir die Frage gestellt, wie ich diese beiden Stimmen unterscheiden kann. Und nach langen Fußmärschen in die falsche Richtung oder auch schmerzhaften Kollisionen, als mein Kopf durch die Wand wollte, habe ich nur eine einzige Antwort gefunden: Ich höre die Stimme meines Herzens wirklich gut nur in der Stille. Das muss nicht wortwörtlich gemeint sein. Aber Hektik, Aktionismus, Denkschleifen in Dauerrotation, Lärm oder Ungeduld übertönen die Stimme der Intuition. Sie ist leise. Du musst sie hören wollen, um sie wahrzunehmen. Es ist, als würdest du dich auf einer lauten Straße auf das Vogelgezwitscher konzentrieren. Versuche es einmal. Es geht!

»Die Intuition ist ein göttliches Geschenk,
der denkende Verstand ein treuer Diener.
Es ist paradox, dass wir den Diener verehren
und die göttliche Gabe entweihen.«
Albert Einstein

Das ist eine gute Übung, die ich mache, wenn meine innere Unruhe zu groß wird. Ich gehe eine stark befahrene Straße entlang, Autos fahren auf vier Spuren, hupen, bremsen und beschleunigen, und ich versuche, die Vögel zwitschern zu hören. Je länger ich mich darauf konzentriere, umso lauter werden die Vögel und umso leiser der Verkehr. Unser Verstand, das sind Autos und Verkehrslärm. Unsere Intuition ist ein kleiner Vogel, der singt.

Unsere Sprache hat schöne Bilder dafür: »In sich hineinhorchen, Innenschau halten, in der Ruhe liegt die Kraft!« Die Welt für einen Moment anhalten und lauschen! In unserer Welt, die aus permanenter Ablenkung und Informationsüberflutung besteht, ist es umso wichtiger, solche Momente zu zelebrieren, sonst spüre ich mich selbst nicht mehr. Und wie soll ich wissen, wie ich meinen Traum leben kann, wenn ich kein Gefühl dafür entwickle, wenn ich die Impulse meines Herzens, meines Traumreiseleiters, nicht empfange?

In die Natur zu gehen, ist ein wundervoller Verstärker für die Stimme deines Herzens. Ich mag Spazierengehen eigentlich überhaupt nicht. Vielleicht weil es mich an endlose Sonntagnachmittage erinnert, an denen ich in weißen Kniestrümpfen, schwarzen Lackschuhen und kneifenden Rüschen-Unterhöschen stundenlang an der Hand von Erwachsenen dahinschlurfen musste, die ständig nur am Reden waren, als wäre ich gar nicht vorhanden. Aber losrennen durfte ich auch nicht, ich könnte mich ja schmutzig machen. Ich habe es so gehasst!

Dennoch raffe ich mich immer wieder zu Spaziergängen auf, was besonders schwer ist, wenn man gerade so einen richtigen Durchhänger hat und lieber die Decke über den Kopf ziehen würde. Aber es ist einfach eine Wohltat, durch einen Wald zu laufen, das frische Grün der Bäume aufzusaugen, den Wind zu spüren, ein Reh, das ins Unterholz flüchtet, zu entdecken. Ich lausche dem Rauschen der Blätter, dem hellen, fröhlichen Gezwitscher der Vögel, sauge den harzigen Nadelduft ein, und nach wenigen Minuten spüre ich mich wieder, höre wieder, was in mir spricht.

Wenn ich sehr überdreht bin, konzentriere ich mich zusätzlich auf meine Schritte. Lausche auf das Geräusch, das sie machen, spüre das Abrollen und den Boden unter meinen Füßen und atme bewusst und tief ein und aus. Oft arbeite ich auch draußen. Gott sei Dank bindet das Schreiben mich nicht unbedingt an einen Ort. Ich habe einmal scherzhaft zu meinen Freunden gesagt, ich müsste dem Starnberger See eigentlich Tantiemen abgeben. So viel Zeit habe ich dort mit Schreiben verbracht.

So ein See, und dieser im Besonderen, hat eine wunderschöne, beruhigende Ausstrahlung. Als würde sich seine Tiefe auf mich übertragen, bekomme ich dort das Gefühl, in verborgenere Schichten meiner selbst vorzudringen. Als ich dort weggezogen bin, war es, als würde ich einen guten Freund verlieren.

Die Natur ist ein Reich voller Schätze und Geschenke, von denen wir unaufhörlich umgeben sind, oft ohne es zu merken. Es ist wissenschaftlich erwiesen, das sie heilende Wirkung hat. Und ganz unwissenschaftlich gesprochen: Sie versteht die Sprache deines Herzens!

8.
LEICHTIGKEIT – ES IST LEICHT, ES SICH SCHWER ZU MACHEN

»Die Waage gleicht der großen Welt:
Das Leichte steigt, das Schwere fällt.«
Rabindranath Tagore

»Das Leben ist kein Ponyhof«, sagen wir, wenn es mal wieder gar nicht gut läuft. Manchmal sind so viele Probleme da, dass es sich anfühlt, als hättest du Eisenketten an deinen Füßen. Es gibt Tage, an denen schleppt man sich nur noch so dahin. In so einer Schwere bist du kaum handlungsfähig, und deine Lebensfreude ist nur noch eine schwache Erinnerung an bessere Tage. Deine Träume erscheinen dir als undurchführbare Hirngespinste, das Leben als eine lästige Pflicht.

Die gute Nachricht ist, dass das irgendwann vorbeigeht. Aber man kann auch ein wenig nachhelfen, indem man es einfach nicht so schwernimmt. »Engel können fliegen, weil sie sich selbst leicht nehmen!« Ein schönes Bild, oder?

Niemand ist gewappnet vor den Unbilden des Lebens. Schmerz und Freude betreten unser Leben durch dieselbe Tür. Vieles kann ich nicht ändern. Das Einzige, was ich ändern kann, ist, wie ich damit umgehe. Ein Träumer, der aus den Steinen auf seinem Weg Häuser baut, wird seinen Traum mit mehr Freude und wahrscheinlich auch schneller und schöner bauen, als einer, der sich bei jedem Hindernis hinsetzt und sein Pech beklagt.

> *»Alles ist halb so gut und halb so schlimm,*
> *wie es sein könnte.«*

John Steinbeck

Jahrelang war ich hauptberuflich Drama-Queen. Ich habe es ja bereits erzählt, dass das Dramatisieren zu meinen herausragenden Talenten gehört, was mir beim Schreiben durchaus zugute kommt. Jeder Rückschlag wurde zu einer abenteuerlichen Geschichte, die ich meinen Freunden in allen Farben ausmalte. Da ich das auch immer recht lustig vortrug, merkte ich gar nicht, wie viel ich schimpfte und mich beklagte. Und vor allem, wie viel Energie ich in die negativen Erfahrungen meines Lebens investierte, so lange, bis ich die positiven gar nicht mehr wahrnahm. Ich war so überzeugt davon, ein bedauernswerter Pechvogel zu sein. Und, ja, oft war es auch alles andere als leicht, aber man kann sich das Schwere durchaus noch viel schwerer machen! Tja, manchmal kann es dauern, bis man eins und eins zusammenzählt.

Inzwischen nehme ich meine Leichtigkeit und meine Freude sehr ernst. Wenn ich merke, dass die Gefahr besteht, dass ich muffelig werde oder die Ketten an meinen Füßen spüre, mich schwer und lustlos fühle, dann entscheide ich mich sehr schnell für einen anderen Weg.

In Zeiten, in denen ich sehr viel arbeite, überkommt mich oft das Gefühl, dass mir die Zeit davonrennt und ich es nicht schaffe, alles fertigzubekommen. Der Zeit hinterherzurennen erhöht übrigens nicht den Fitness- sondern den Frustquotienten. Manchmal klingelt dann mein Handy am Nachmittag, und ich bekomme eine Sms von meiner Nachbarin: »Kaffee um 15:00?«

Früher hätte ich sofort geantwortet, dass das gar nicht ginge im Moment und ich viel zu viel zu tun hätte, und ich hätte lange und wortreiche Erklärungen über Abgabetermine und Zeitdruck hinterhergeschickt. Heute schreibe ich nur zwei Buchstaben als Antwort: »Ok«.

Ich packe ein paar Honigkekse ein, und dann sitzen wir auf Kissen im Hauseingang in der Sonne, Ulrike hat einen köstlichen Kaffee gemacht, wir reden über Gott und die Welt, und nach zwanzig Minuten gehe ich zurück an meinen Schreibtisch. Und fühle mich leichter!

Heute kann ich zum Glück über mich lachen, wenn ich mich dabei erwische, wieder alles zu ernst zu nehmen und mich selbst zu wichtig. Lass dich vom Leben nicht herunterziehen. Ein Träumer braucht einen leichten Schritt!

Seit ich mich für mehr Leichtigkeit entschieden habe, gehen mir die Dinge so viel leichter von der Hand.

In deiner Phantasie kannst du alles, wirklich alles vollbringen. Du kannst fliegen, übers Wasser laufen, Sterne pflücken, mit Tieren sprechen, in deiner Phantasie bist du grenzenlos. Wenn du dieses Land öfter bereist, kannst du etwas davon in dein alltägliches Leben hinüberretten.

Es geht nicht darum, etwas zu verdrängen. Es gibt Momente, da hilft es nur, sich dem, was ist, zu ergeben. Aber oft ist es einfach die Art, wie wir unseren Tag beginnen, etwas, worüber wir uns geärgert haben, die Erinnerung an unangenehme Erlebnisse aus der Vergangenheit, und schon setzt sich die Spirale in Bewegung. Man kann sich den ganzen Tag ärgern, aber verpflichtet ist man nicht dazu.

Leichtigkeit hilft deinen Träumen nach oben!

9.
GEDULD – MIT DER ZEIT WIRD AUS GRAS MILCH

»Geduld, du ungeheures Wort!
Wer dich erlebt, wer dich begreift,
erlebt hinfort, begreift hinfort
wie Gottheit schafft, wie Gottheit reift!«
Christian Morgenstern

Das Wort »Geduld« löste bei mir jahrzehntelang dermaßen Widerstand aus, dass ich mir zeitweise wie ein trotziges Kind vorkam, das sich an der Supermarktkasse auf den Boden schmeißt, weil es keine Schokolade bekommt. Ehrlich gesagt, ich hasste es. Geduld war für mich Stillstand! Es war eine Strafe, wissen zu wollen und nicht zu dürfen. Hätte ich nur früher schon gewusst, was ich heute weiß, wie viel leichter hätte ich mich getan, und wie viel weniger hätte ich mich gequält. Aber auch das ist Quatsch, denn dann könnte ich dir jetzt nicht davon erzählen.

Wieder und wieder fragte ich mich: Wann ist es so weit? Wann kann ich meine Träume endlich leben? Wie lange dauert es denn noch? Ich flog hierhin und dorthin. Schnupperte hier, schnupperte da, war Fotoassistentin, Aufnahmeleiterin im Werbefilm, Redakteurin, Producerin, Journalistin, schrieb für Zeitungen, schrieb für das Fernsehen, und immer wieder rief ich verzweifelt ins Dunkle hinein, lieber Gott, liebes Leben, was willst du von mir? Was ist mein Weg?

Es gab Misserfolge, aber auch Erfolge, Glücksmomente, Überdruss, das Gefühl von Orientierungslosigkeit, immer neue Herausforderungen, doch ich hatte nie das Gefühl, angekommen zu sein, zu spüren was »ES« ist. Was mich erfüllt, mich ausmacht, mich so mit Energie berauscht, dass ich die Zeit vergesse. Wo war mein Shambala, mein mystischer Ort der Erfüllung?

Und je länger es dauerte, umso schmerzhafter wurde dieses Sehnen. Ich begriff nicht, dass es nicht so verlaufen musste, wie ich es mir in den Kopf gesetzt hatte, geradlinig und logisch. Ich merkte nicht, dass ich bereits wertvolle Erfahrungen sammelte auf meinem Weg, geschweige denn, dass ich sie als solche anerkennen konnte.

Eine weise Freundin sagte damals: »Hab Geduld!«, und meine Augen sandten giftige Pfeile in ihre Richtung. Einmal rannte ich sogar aus einem Seminar, schmiss mich in meinem Zimmer auf den Boden und schlug mit den Fäusten auf das Parkett. Hat es etwas genützt? Natürlich nicht! Es ist wie die Geschichte von dem Bauern, der seine Saat ausbringt und dann nachts auf das Feld rennt und an den Keimlingen reißt, weil es ihm nicht schnell genug geht.

Wenn du deinen Traum jetzt noch nicht genau kennst oder ihn jetzt noch nicht leben kannst, wird Geduld dir sehr helfen, mit ruhiger Gewissheit auf deiner Spur zu bleiben. Und Geduld wird dir auch helfen, nicht so viel Energie durch deinen Widerstand zu verlieren, weil du es anders haben willst, als es ist! Das kostet so viel Kraft, die du viel wertvoller einsetzen könntest.

Dein Moment wird kommen, das ist gewiss. Und du wirst wissen, wenn er da ist!

Wir sind darauf trainiert, immer nur an das zu glauben, was wir sehen, nur zu akzeptieren, was man anfassen und berechnen kann. Tatsächlich beruht die Arbeit eines Träumers eine lange Zeit auf dem Unsichtbaren, nicht Fassbaren. Er übt sich in den Fähigkeiten, die sein Traum brauchen wird, er schärft seine Klarheit dafür, wie sein Traum sich anfühlt, wie er aussieht, wie er entsteht. Lange bevor er den ersten Stein seines Gebäudes baut, lange bevor das erste Wort seines Manuskriptes geschrieben, sein erster Schritt getan ist, hat er begonnen seinen Traum zu bauen.

Man sieht es nur nicht, und darum beginnst du daran zu zweifeln. Die Zeit, in der anscheinend nichts passiert, ist vielleicht eine, in der hinter den Kulissen das Universum in aller Ruhe die Fäden zusammenführt!

Es hat viele Jahre gedauert, bis es mir so richtig klar wurde, was genau meine Träume sind. Ich hatte eine Ahnung, einen Geschmack, so wie man das Meer riecht, bevor man die Küste erreicht, aber was ist schon der Geruch von Salzwasser verglichen mit dem Anblick des weiten Ozeans! Erst viel später ergeben diese Puzzlesteine ein Bild.

Und heute fühle ich mich wie ein Wellenreiter, getragen von einer ungeheuren Kraft, die viel größer ist als ich. Die Momente, wenn ich auf dem Wellenkamm surfe, die Gischt hoch aufschäumt, der Wind mit mir spielt und ich das Gefühl habe, dass es nie aufhört, sind magisch. Wenn ich dann wieder im Tal lande, wird es ruhiger, ich sammle mich, gehe in mich, was gibt es zu tun, oder gilt es einfach, das Herz offen zu halten und die Inspiration zu empfangen? Bis es mich wieder emporträgt. Es ist ein herrliches Spiel, es ist das Spiel des Lebens. Es gibt auch Phasen, in denen man Schmerzen ertragen muss, das gehört auch dazu. Auch sie machen uns zu einem besseren Menschen, erhöhen unsere Empfindsamkeit, unser Mitgefühl für andere Menschen wächst, so wie die Dankbarkeit für das, was wir haben.

Jeder Weg ist anders. Mein Hindernisparcours war besonders lang, ich glaube, weil ich unbewusst alles selber durchmachen wollte, wovon ich später schreiben und singen würde. Wie könnte ich über die Schmerzen von unerfüllten Träumen sprechen, wenn ich sie nicht gefühlt hätte? Wie die Irrungen und Wirrungen auf diesem Weg beschreiben und wie man aus dem Dunkel wieder hinausfindet, wenn ich nicht selbst so viele Umwege gegangen wäre und die finsterste Nacht kennengelernt hätte.

Heute ergibt das für mich alles einen Sinn. Es hätte gar nicht anders sein dürfen. Wäre ich mit zwanzig als Sängerin oder Schriftstellerin sehr erfolgreich gewesen, wäre ich wahrscheinlich eine ziemlich selbstverliebte Zicke geworden, die alles für selbstverständlich hält und sich mit der Oberfläche zufrieden gibt. Aber in die Tiefe taucht dich nur der Schmerz. Man spricht nicht umsonst von tiefster Verzweiflung und höchstem Glück!

Niemand kann dir sagen, wann dein Zeitpunkt gekommen ist, das kannst nur du selbst. Aber quäle dich nicht, indem du die Zeit, bis es so weit ist, als verloren betrachtest. So lange du das große Bild nicht kennst, weißt du auch nicht, ob du nicht gerade noch wertvolle Zutaten sammelst für deinen Traum. So vieles, was wir für sinnlos halten, ist in Wirklichkeit wieder ein Puzzlestein aus dem Puzzle, das wir bereits zusammensetzen.

Es gibt so viele Wege wie es Menschen gibt. Keiner ist gleich, jeder macht andere Schritte, fühlt seine Erfahrungen anders. Nur eines habe wir alle gemeinsam, diese Sehnsucht, die uns vorantreibt. Den Geruch vom Meer!

> *»Ganz egal, wie groß die Talente oder die*
> *Bemühungen sein mögen,*
> *einige Dinge brauchen einfach ihre Zeit.*
> *Du kannst ein Baby nicht in einem Monat*
> *produzieren, indem du neun Frauen schwängerst.«*
> Warren Buffett

10.
HOFFNUNG – MUND-ZU-MUND-BEATMUNG FÜR DIE DRITTE GÖTTLICHE TUGEND

»Hoffnung gießt in Sturmnacht Morgenröte.«
Johann Wolfgang von Goethe

Glaube, Liebe, Hoffnung sind die drei göttlichen Tugenden. Auf ihnen ist unser Leben erbaut! Ich habe eine, wie ich finde, sehr treffende Definition von Hoffnung bei Wikipedia gefunden: »Hoffnung ist eine zuversichtliche innerliche Ausrichtung, gepaart mit einer positiven Erwartungshaltung, dass etwas Wünschenswertes in der Zukunft eintritt, ohne dass wirkliche Gewissheit darüber besteht.« Genau dann braucht man sie nämlich. Wenn man sich einen positiven Ausgang von etwas wünscht, aber nicht weiß, ob er eintritt.

Das hilft einem Träumer ungemein, damit er seinen Mut nicht verliert. Hoffnung hat zu Unrecht manchmal einen schlechten Ruf, ähnlich wie das Träumen. Da sie ja auch »nur« auf einer Annahme beruht. Und mit ihr als einziger Zutat würden wir sicher auch nicht weit kommen. Aber in unseren dunkelsten Stunden ist sie eine große Helferin, die uns Kraft verleiht, wenn wir sie am nötigsten brauchen!

Ich begegnete ihr in einem kleinen Dorf im Elsass auf sehr berührende Weise. Es gibt Träumer, die träumen einen großen Traum, den sie gemeinsam mit vielen anderen träumen. Das kann eine sehr kraftvolle und weltbewegende Angelegenheit sein.

Vor einigen Jahren fuhr ich zu dem Kloster Mont-Sainte-Odile auf dem Odilienberg nahe der französischen Grenze, von dem man sagt, das es ein Kraftplatz sei. Schon die Fahrt dorthin gibt einem das Gefühl, die Zivilisation zu verlassen und in die mystischen Wälder von Avalon einzutauchen.

Die Straße schlängelt sich in engen Serpentinen den Berg hinauf, und bald ist kein Haus und kein Mensch mehr zu erblicken. Der Wald links und rechts der Straße wird immer dichter und unheimlicher, und es herrscht vollkommene Stille. Nicht einmal Vögel singen. Es ist, als würde die Natur sich breitmachen und sagen: Das hier ist mein Revier, hier bist du nur geduldet! Am höchsten Punkt des Berges liegt die wunderschöne Klosteranlage mit einem atemberaubenden Blick auf die Rheinebene bis zum Horizont, der im Dunst verschwindet.

Ich spazierte sogleich durch das Gelände und fühlte mich wie ein Kind auf einem Abenteuerspielplatz. Überall versteckte Winkel, Kieswege, Rosenbüsche, vergoldete Statuen, ein Mausoleum, in dem die Gebeine der Ottilie liegen, es gab viel zu entdecken. Auf einmal stand ich vor einer großen, dunklen Kirchentür und drückte vorsichtig die Klinke. Die schwere Holztür öffnete sich lautlos, und ich blickte in ein fast voll besetztes Kirchenschiff.

Es war neunzehn Uhr an einem Freitagabend. Alle Menschen knieten in den Bänken und beteten. Ein Gemurmel hing in der Luft, gleich einem Mantra, es herrschte andächtige Konzentration. Ich blieb eingeschüchtert in der Tür stehen. Diese gemeinsame, versunkene Andacht hatte etwas Mächtiges und erfüllte den ganzen Raum. Ich hatte nicht das Gefühl, dass es angemessen gewesen wäre einzutreten, und schloss leise hinter mir die Tür. Natürlich wollte ich wissen, was es mit diesen Gebeten zu einer so ungewöhnlichen Uhrzeit auf sich hatte. Im Kloster erfuhr ich eine unglaubliche und bewegende Geschichte.

Nach dem Ende des Zweiten Weltkriegs fand sich hier eine Gemeinschaft zusammen, die seitdem, seit siebzig Jahren, ununterbrochen für den Frieden betet! Diese Gebete werden niemals unterbrochen. Die Gruppen wechseln einander ab, und es ist immer eine bestimmte Anzahl von Menschen in der Kirche. Seit knapp sechshundertvierzehntausend Stunden! Wenn das nicht in die Tat umgesetzte Hoffnung ist!

»Es ist die Hoffnung, die den schiffbrüchigen Matrosen mitten im Meer veranlasst, mit seinen Armen zu rudern, obwohl kein Land in Sicht ist.«
Ovid

Aber wie schon gesagt, Hoffnung allein genügt nicht. Die Hoffnung ist der Leitstern, aber ich muss auch Schritte unternehmen, um diese Hoffnung zu einer Wahrheit werden zu lassen. Bei den Betenden vom heiligen Odilienberg könnte man sich fragen, was diese Gebete bringen. Schau dir die Welt doch an! Was sie bewirken, kann niemand sagen, doch wir wissen nicht, wie unsere Welt aussehen würde, wenn es diese Menschen nicht gäbe. Wer weiß denn schon, welche Energien sie in Bewegung setzen, die vielleicht noch Schlimmeres verhüten.

Wenn ich nicht mehr daran glaube, dass es sich lohnt, einen Baum zu pflanzen, dann ist mein Herz ein trauriger Ort. Und wenn ich mir vorstelle, was es jedem einzelnen dieser Menschen gibt, ein Teil einer solchen Gemeinschaft zu sein, dann wird mir warm ums Herz. Ich habe große Hochachtung vor einem solchen Einsatz. Man widmet viel Zeit seines Lebens einer Aufgabe, die womöglich niemals zu einem greifbaren Ergebnis führt. Weil man gemeinsam von einer Welt träumt, in der Menschen aufhören, einander abzuschlachten. Eine Welt, in der Frieden herrscht! Das ist für mich konstruktiver, als stets skeptisch alles infrage zu stellen und anzuzweifeln. Eine Haltung, die noch nie etwas bewegt hat, außer vielleicht die Luft im Raum.

11.
KREATIVITÄT – DAS KIND IN DIR WILL SPIELEN!

Ob du es weißt oder nicht und ob du es glaubst oder nicht, du bist in jedem Augenblick verbunden mit allem, was ist. Da gibt es einen Fluss, der immer fließt. Du kannst dich hineinlegen und tragen lassen, neugierig wie ein Kind, gespannt, wo die Reise hingeht. Dieser Fluss heißt Kreativität. Er ist uns allen zugänglich. Er ist das, woraus das Leben gemacht ist. Alles in diesem Universum verändert und erneuert sich beständig. Es ist wie ein Rausch der Schöpfung. Wenn wir unsere Zweifel und Ängste abschalten, wenn wir staunend schauen auf das, was diese Welt für uns bereithält, dann legen wir uns auf diesen Strom und lassen uns tragen. Was für ein herrliches Abenteuer!

Alle großen Künstler wissen es, Pablo Picasso, Antoine de Saint-Exupéry, Michael Ende haben es gesagt: In jedem Menschen steckt ein Kind! Und zwar so lange, bis er diese Erde verlässt.

Dieser Anteil unserer Persönlichkeit gehört ausnahmslos zu jedem Menschen, auch wenn es durchaus einige gibt, bei denen man sich das nur sehr schwer vorstellen kann. Und je nachdem, wie dieser kindliche Anteil in uns behandelt wird, ist der Mensch betrübt oder lebendig, traurig oder fröhlich, einsam oder lebensfroh. Wenn wir zu sehr im Ernst des Lebens feststecken, das Lachen verlernen, das Leben als schwer empfinden, geht uns etwas sehr Wichtiges verloren: die kindlichen Eigenschaften wie Unbefangenheit und Unschuld und die Fähigkeit, im Moment zu leben. Das ist so unendlich wertvoll.

Auch einmal albern zu sein, ohne dass es einen kümmert, ob jemand die Nase rümpft, laut herauszulachen, sich ins Gras zu legen und die Wolken zu betrachten, in ihnen Gesichter, Drachen und Bären zu erkennen. Wann hast du das zuletzt gemacht?

Nimm dir Zeit für Kreativität. Sie ist eine sehr wichtige Zutat für Träumer. Und bewerte sie nicht nach Kriterien, die mit ihr nichts zu tun haben – wie nach ihrem Wert und ihrer Bedeutung in einer materiellen Welt!

Uschi dekoriert alle paar Wochen ihre Wohnung um, Marion probiert immer neue Backrezepte aus und schmückt ihre Kuchen dann kunterbunt und originell. Sven bemalt schöne Steine, die er überall sammelt. Das Wichtigste für das Kind in uns ist es, zwischendurch auch etwas zu tun, nur um des Tuns willen. Nicht zweckorientiert, nicht, um ein Problem zu lösen, nicht, um damit etwas zu verdienen. Einfach nur so!

Bitte höre dir unbedingt das Kinderlied von Rolf Zuckowski an: »Einfach nur so!« Ich liebe dieses Lied, weil es so einfach und trefflich genau das auf den Punkt bringt:

Warum hast du eben eine Tüte platzen lassen?
Nur so, einfach nur so!
Warum wolltest du den alten Baum anfassen?
Nur so, einfach nur so!

Nicht, weil es Geld bringt,
nicht, weil es nützt,
nicht, damit andre es bewundern.
Nein, nur so.

Ein Kind spielt nicht, weil es damit irgendetwas gewinnen möchte, es verliert sich im Moment. Und das fehlt vielen von uns, da wir glauben, dass es immer etwas Wichtigeres zu tun gibt. Auch ich hatte dieses Erwachsensein auf die Spitze getrieben, obwohl ich ja einen kreativen Job habe.

Ich ging spazieren, um über Texte nachzudenken, wenn ich Bücher las, sammelte ich schöne Zeilen, wenn ich mich in den Garten setzte, dann nicht, um die Bäume zu betrachten und den Vögeln zuzuschauen, sondern nur um einen Moment Kraft zu sammeln für meine Arbeit. Und ich merkte gar nicht, wie ich dabei immer ernster und unlustiger wurde. Es war das Kind in mir, das traurig wurde und auf ein so ernstes Leben ohne Spaß und Spiel keine Lust mehr hatte.

»Du hast deine Kindheit vergessen,
aus den Tiefen deiner Seele wirbt sie um dich.
Sie wird dich so lange leiden machen,
bis du sie erhörst!«
Hermann Hesse

Ich sagte ja schon, auch ich erwische mich immer mal wieder dabei, dass alles nur noch ernst und wichtig für mich ist. Besonders dann, wenn ich so viel zu tun habe, dass ich schon erwäge, meine To-do-Liste auf Gebetsfahnen zu schreiben. So schlau kann ich gar nicht werden, dass das nicht hin und wieder mal der Fall sein wird. Ich muss es nur merken und meine Freude zurückholen ins Leben und das geht dann auch sehr schnell!

Ernsthaftigkeit und Schwere machen auch unsere Arbeit schwerfälliger und langsamer! Eine kurze Zeit im zeitlosen, zwecklosen Spiel verbracht, kann uns so viel Energie schenken, dass uns alles wieder leichter von der Hand geht. Ein Träumer braucht Kreativität und Phantasie, wie der Fisch das Wasser. Damit kann er seine Träume ausmalen, kann Wege ersinnen, wie er seinen Traum leben kann, Möglichkeiten entdecken, auf die jemand anderes nicht kommen würde.

»Kinder müssen mit Erwachsenen
sehr viel Nachsicht haben.«
Antoine de Saint-Exupéry

Es tut gut, seinem inneren Kind ab und zu Aufmerksamkeit und Zuwendung zu schenken. Es ist unser kreatives Herz, unsere Leichtigkeit des Seins, unsere Spontaneität. Auf einem militärischen Ausbildungsplatz werden keine Bilder gemalt, und es blühen dort keine Blumen. Die Kreativität ist eine Spielwiese, keine Autobahn.

Drei Schritte, um das Kind in dir glücklich zu machen:
1. SPIELEN!
Ich schenke dem Kind in mir kindliche Momente, besonders bei totalem Humorausfall und bei akuten Ernst-des-Lebens-Anfällen. Da ist mir dann auch nichts zu dumm. Egal, ob Ahoi-Brausepulver vom Finger zu schlecken, sich einen Hügel herunterzurollen, mit Fingerfarben Bilder zu malen, ganz laut Kinderlieder mitzusingen, oder mit einem Hula-Hoop-Reifen zu tanzen. Hauptsache, du hast kindlichen, spielerischen Spaß dabei.

Ich habe eine Schachtel mit Glitzersternchen. Die streue ich mir auf den Schreibtisch – oder auf mein Kopfkissen. Wenn ich morgens aufwache und schon gar nicht mehr daran denke, fallen mir dann goldene Sternchen aus den Haaren, und ich muss schmunzeln.

Hab ab und zu Spaß mit dem Kind in dir! Lass es lebendig sein! Und du wirst staunen, wie viel leichter und besser du dich fühlst und um wie viel kreativer. Natürlich wird es Menschen geben, die dir sagen, dass du ein kindischer Spinner bist. So wie wir ja als Kind auch oft gehört haben, jetzt sei doch mal vernünftig! Aber warum lieben fast alle Erwachsenen kleine Kinder? Genau wegen der Eigenschaften, die wir als Erwachsene verlieren.

Ich habe im Sommer eine »Happy-Hippie-Party« gemacht. Jeder sollte sich als Hippie verkleiden. Die Reaktionen waren alles andere als euphorisch: »Ach nee, Verkleiden ist so blöd! Kann ich nicht auch so kommen?« – »Nein, kannst du nicht!« – »Das ist mal wieder typisch. Du immer mit diesen spinnerten Ideen ...« – »Ja, ist das nicht toll?«

Und was war das dann für ein Spaß! Daran habe ich wieder live und in Farbe gesehen, wie gut es den Erwachsenen tut, auch einmal etwas Verrücktes, Kindisches zu tun. Ich habe mich total bunt angezogen, pink, orange, lila, trug eine rosa Brille mit Glitzerstern und ganz lange, falsche Wimpern. Es gab blaue Perücken, überdimensionale Ketten, bunte Plateauschuhe, und jeder bekam eine Tüte Ahoi-Brausepulver. Das Beste war, dass alle sofort gute Laune bekamen und diese etwas klemmigen Momente am Anfang eines Festes gar nicht auftauchten. Man kommt gleich zum Wesentlichen, nämlich zum echten Kennenlernen, zum Lachen und zur Freude!

2. REDE MIT DEM KIND IN DIR!

Bei vielen von uns ist die Verbindung zu dem Kind in uns vollständig abgerissen, und wir wissen nicht mehr, wie wir wieder spielen und unbefangen kreativ sein können. Dazu muss ich herausfinden, wie es meinem inneren Kind geht und was es braucht. Also frage ich es!

Nimm dir zwei Stühle, und stelle sie gegenüber auf, lasse nicht zu viel Abstand dazwischen, vielleicht einen guten Meter. Wenn du auf dem einen sitzt, bist du der Erwachsene, und auf dem anderen sitzt das Kind in dir! Lass dir jeweils ein paar Sekunden Zeit, dich in die jeweilige »Rolle« einzufinden, und dann stelle Fragen und gebe Antworten, je nachdem, wer du gerade bist.

Wenn du eine Frage gestellt hast, dann setze dich auf den Stuhl gegenüber, schließe für einen Moment die Augen, versetze dich in den Teil von dir, der du jetzt bist, und sprich einfach. Du wirst staunen, was dabei herauskommen kann.

Nimm auch das nicht zu ernst, mache das spielerisch, und lasse den Verstand beiseite. Der wird hier keinen Blumentopf gewinnen. Lasse einfach zu, was kommt. Gute Fragen sind die ganz elementaren: Wie geht es dir? – Was brauchst du von mir? Wie in jeder Beziehung ist es wichtig, einander zu schätzen und zu würdigen und dem anderen Aufmerksamkeit zu schenken. Denn ihr braucht einander, wenn du glücklich sein möchtest und deine Träume ins Leben bringen willst. Und es wird dich sehr bereichern, das Kind in dir zu leben!

3. ERSCHAFFE DIR EINEN ORT DER ERINNERUNG!

Du kannst einen Platz in deiner Wohnung, eine Schublade oder eine schöne Schatzkiste zum Ort der Erinnerung an das Kind in dir machen. Ich habe ein Regal, in dem ich ein paar Dinge aufbewahre, die ich als Kind geliebt habe und die noch heute Bedeutung für mich haben.

Dort liegt mein Lieblingsbuch, »Jim Knopf und Lukas der Lokomotivführer«, abgegriffen und zerlesen, daneben eine wunderhübsche Spieluhr mit einer tanzenden Ballerina, zwei kleine goldene Glitzerschuhe, die wie echte Miniaturpumps aussehen und die ich einmal als Glücksbringer geschenkt bekommen habe, eine Vogelfeder, ein paar Glasmurmeln. Lauter Dinge, die dem Kind in mir und der Erwachsenen, die ich heute bin, guttun. Die Spieluhr ziehe ich ab und zu auf und sehe der tanzenden Ballerina zu, die sich anmutig im Kreise dreht. Ein Augenblick außerhalb der Zeit ...

12.
BEGEISTERUNG – DU KANNST IN ANDEREN NUR ENTZÜNDEN, WAS IN DIR SELBER BRENNT!

»Ohne Begeisterung geschah nichts Großes und Gutes auf der Erde; die man für Schwärmer hielt, haben dem menschlichen Geschlecht die nützlichsten Dienste geleistet.«
Johann Gottfried von Herder

Wir alle lieben Menschen, die vor Begeisterung sprühen! Ihre Energie ist mitreißend, ihr Elan scheinbar unerschöpflich. Wer von etwas begeistert ist, kann andere mitreißen. Eine wertvolle Eigenschaft für einen Träumer, denn Begeisterungsfähigkeit wirkt wie ein Laserstrahl, der deine Argumente zum Leuchten bringt!

Hätte Kolumbus sie nicht besessen, hätte ihm die spanische Krone sein großes Abenteuer niemals finanziert, hätte Martin Luther King nicht so viele Steine für die Gleichberechtigung der Schwarzen ins Rollen gebracht oder hätte Marie Curie nicht den Nobelpreis gewonnen. Wusstest du, dass das Wort »enthusiastisch« aus dem Griechischen kommt und »erfüllt von Gott« bedeutet? Und auch wenn ich nicht an Gott glaube, ein Traum, an dessen Verwirklichung ich arbeite, erfüllt mich mit Leben, mit Sinn, mit der Freude des Schöpfers an seiner Schöpfung.

»Begeisterung ist ein Vulkan. In seinem Krater wächst kein Gras des Zauderns.«
Khalil Gibran

Begeisterung ist wie ein Wunderelixier, ein Zaubermittel. Sie macht Lust darauf, sich in Bewegung zu setzen, hilft dir, deine Ziele zu erreichen, sie kann negative Energie in positive verwandeln, macht dich anziehend, nimmt Kritik die Härte, lässt keine Langeweile aufkommen, öffnet dir Türen, erweckt bei anderen Begeisterung und Zuversicht, sie zieht Menschen und Unterstützung an. Begeisterung verleiht dir Ausstrahlung und Charisma und deinen Träumen Glanz! Der Begeisterte wird älter, aber niemals alt! Begeisterung lässt sich nicht künstlich erzeugen, und ich kann dir nicht genau sagen, wie du sie dir zu eigen machst. Ich weiß nur eines: Je mehr du eins wirst mit deinem Traum, ihn in den schillerndsten Farben ausmalst, ihn mit Aufmerksamkeit und Aktivitäten befeuerst, umso begeisterter und erfüllter wirst du dich fühlen, und das werden auch andere merken!

Deine Augen werden leuchten, dein Schritt wird schwungvoller sein, der Griff deiner Hand fester, dein Wille stärker und dein Wünschen unwiderstehlicher!

Ein begeisterter Träumer ist der Funken, der ein Feuerwerk entfachen kann!

Und dreifach König war er dann im Traum:
Gewaltig trug ihn seiner Flügel Schwung
nach Wunderlanden der Begeisterung,
und wer ihm nahe war und ihn verstand,
den riss er mit in jenes Wunderland,
wo man in Schönheit alle Not vergisst,
wo das Genießen fast ein Beten ist!
Baron Fritz von Ostini

13.
ACHTSAMKEIT – ACHTE AUF DIE ZEICHEN!

Die Welt ist ein herrlicher Spiegel! Alles und jeder, der dir begegnet, sagt dir etwas über dich und kann dir auch Hinweise zu deinen Träumen geben! Welche Menschen bewunderst du? Wenn du etwas von dem Leben eines anderen erfährst, spürst du eine Sehnsucht, etwas Ähnliches zu erleben? Vielleicht macht dich sogar eine Geschichte traurig, weil sie ein Gefühl der Hoffnungslosigkeit in dir auslöst. Weil du das Gefühl hast, jemand anderer schafft etwas, von dem du glaubst, dass es dir nie gelingen wird. Alles das sind Hinweise. Beobachte aufmerksam, was dir in deinem Tag begegnet, vor allem das, was dir häufiger über den Weg läuft. Und erkenne die Botschaft darin. Oder wie Paulo Coelho es ausdrückt: »Achte auf die Zeichen!«

Gehe aufmerksam durch dein Leben, besonders dann, wenn sich dir dein Traum noch nicht ganz gezeigt hat! Warum läuft dir wohl eine bestimmte Person immer wieder über den Weg? Wofür könnte sie stehen? Warum finden deine Freunde deine Mails und deine Briefe so toll? Versteckt sich da ein Talent?

Das Leben versucht uns durch viele Situationen, Begegnungen und Herausforderungen auf unseren Weg zu bringen. Es kann dabei sehr kreativ sein. Ein Spruch auf einer Hauswand, eine Liedzeile, von überall her fliegen Hinweise in unser Leben.

Besonders dann, wenn Dinge sich wiederholen, haben sie meistens den Sinn, dich auf etwas aufmerksam zu machen. Doch wenn du immer in Eile und nur auf ein Ziel fixiert bist, wirst du die

Zeichen leicht übersehen. Gehe mit offenen Augen und offenem Herzen durch die Welt. Und mache dir einen Reim auf das, was dir geschieht und begegnet. Das Leben möchte dir helfen, möchte dich führen. Die Zeichen zeigen es dir!

»Ich habe gelernt, dass die Welt eine Seele hat,
und wer diese Seele versteht,
wird die Sprache der Dinge verstehen.
Gib nie deine Träume auf, und folge den Zeichen!«
Paulo Coelho

14.
BEWEGUNG – BEWEGE DICH, DANN BEWEGT SICH ETWAS!

Dass ich einen solchen Tipp einmal in ein Buch schreiben würde, hätte ich mir niemals träumen lassen. Ich bin eigentlich ein totaler Bewegungs- und Sportmuffel. Joggen langweilt mich zu Tode, Fitness noch schlimmer, und Fahrradfahren reizt mich null Komma null.

Dennoch gab mir meine Mentorin, die mich in einer heftigen Durchhängephase meines Lebens unterstützte, den Rat, jeden Tag Sport zu treiben, wenigstens eine halbe Stunde. Am besten in der Natur zu laufen. Meine Reaktion? Ich zeigte ihr einen Vogel! Da Sophie mich aber nie enttäuscht hat und alle ihre Ratschläge immer Hand und Fuß hatten, konnte ich diesen auch nicht so einfach vom Tisch fegen.

Wie gesagt, ich liebe mein Sofa, deshalb hat es auch Größe XXL. Ich liebe es, dort Bücher zu lesen und Filme anzuschauen, zu faulenzen, schließlich habe ich ohnehin wenig Zeit dafür. Es gibt für mich nichts Schöneres, als an einem freien Sonntag auszuschlafen. Um acht, wenn meine Katze sich auf meinen Arm legt und mich anschnurrt, öffne ich ein Auge und lächle, weil ich weiß, ich kann es gleich wieder zumachen und weiterschlafen, so lange, bis ich von ganz allein aufstehen mag. Dann gibt es heißen Tee mit Honig, ein schönes Buch und später einen spannenden Film. Dann stöbere ich im Internet und schaue mir alle möglichen Sachen an, die mich interessieren. Ich muss gar nichts, aber ich darf alles. Das ist mein Paradies!

Ich beschließe, über Sophies ungeheuerlichen Rat erst einmal in Ruhe nachzudenken.

Beim nächsten Treffen frage ich sie: »Und Sonntag? Was ist mit Sonntag? Einen Tag darf man doch wohl freimachen!«

Sie schüttelt den Kopf. »Eigentlich nicht!«

Das war die Detonation einer Bombe. Etwas tun, was mir total gegen den Strich geht, und das sieben Tage die Woche? Oh Gott, gibt es nicht doch eine Abkürzung zum Glück?

Andererseits merkte ich aber auch, dass ich oft müde war und lustlos. Selbst meine Träume konnten mich immer öfter nicht aus meiner Lethargie holen. Es war eine nicht ganz einfache Zeit, und da kostet manches einfach viel Überwindung. Nicht zuletzt deshalb hatte ich Sophie ja auch aufgesucht.

Also gut, ich beschloss, es als eine Art Experiment zu betrachten. Ich gab mir drei Wochen. Der Anfang war die Hölle, aber, um es kurz zu machen, der Effekt war fast wie Zauberei. Meine Kondition, meine Stimmung, meine Kreativität, alles ging auf der Skala nach oben wie bei Hau-den-Lukas. Na klar, es war eine große Überwindung, jedes Mal wieder. Mein Schweinehund kam nicht allein, er hatte eine Armee aufgestellt, die nicht aufgab. Ich hatte Muskelkater, musste mich durch Bataillone von Ausreden kämpfen, eine plausibler als die andere. Aber ich hielt durch. Ich tat es für meine Träume. Ich habe noch so viele davon, dass ich dafür Kraft und Kreativität brauche. Es hat auf jeden Fall sehr viel verändert.

Allerdings mische ich mir inzwischen ein persönliches Programm, weil ich eben das meiste eher langweilig finde. Ich gehe laufen, tanzen und zum Yoga. Und beim Laufen nehme ich mir oft etwas mit in meinem Kopf. Also ein Thema, an dem ich gerade dran bin. Das kann ein Songtext sein, eine unangenehme Mail, die ich schreiben muss, ein organisatorisches Problem. Und dann warte ich einfach, was geschieht.

Meistens passiert auch irgendetwas. Ich habe Einfälle, ganze

Zeilen oder Sätze tauchen aus meinem Unterbewusstsein auf, und daher habe ich immer etwas zum Schreiben dabei. Auch am Sonntag übrigens. Es passiert dennoch oft genug, dass ich auf Reisen bin oder die Tage so lang werden, dass ich wirklich nicht mehr mag. Das ist auch in Ordnung. Es zählt wieder einmal die Absicht. Ich bleibe dran, denn es tut mir und meiner Kreativität wirklich gut. Na ja, und auch ich bin entzückt, wenn meine Freunde mich mit dem Satz begrüßen: »Warst du im Urlaub, du siehst gut aus!«

»Man kann gegen das Laufen sagen, was man will.
Aber es laufen sich noch immer mehr Kranke gesund
als Gesunde krank.«
Prof. Dr. med. Gerhard Uhlenbruck

Der alte Spruch, dass in einem gesunden Körper ein gesunder Geist wohnt, ist tatsächlich wahr. Besonders wenn du viel vorhast, dein Traum komplexer ist und deine Energie voll beansprucht, wird es dir sehr helfen, in Schwung zu bleiben. Suche dir etwas aus, was dir Freude macht. Freude hilft immer!

15.
NEBENWIRKUNGEN –
DER BEIPACKZETTEL

Ich möchte dir nicht verschweigen, dass es Nebenwirkungen haben kann, das Leben eines erfolgreichen Träumers zu führen. Sie sind sogar sehr wahrscheinlich. Und mit erfolgreich meine ich nicht unbedingt Ruhm und Reichtum, sondern die einfache Tatsache, dass du deinen Traum lebst.

Eine wunderbare Nebenwirkung ist Zufriedenheit. Viele von uns sind ständig getrieben, als müsste es irgendwo einen anderen, besseren Ort geben, den man unbedingt finden muss. Oder als würde erst morgen ein viel besserer Tag kommen, an dem es endlich losgeht, dein Leben. Zufriedenheit ist ankommen im Jetzt. Das ist nicht statisch gemeint. Ich bleibe nicht festgetackert irgendwo sitzen. Ich bin einfach bei mir, mit mir im Frieden.

Eine weitere Nebenwirkung ist ein gewisser Magnetismus für günstige Gelegenheiten und inspirierende Begegnungen, bis hin zu Hans-im-Glück-Erlebnissen. Es ist im Grunde genommen das, was der Spruch »Der Teufel scheißt immer auf den größten Haufen!« sehr plakativ ausdrückt. Einmal auf dieser Welle hast du eine gewisse Grunddynamik.

Das heißt nicht, dass dir nichts Unangenehmes mehr passiert, aber vielleicht nicht mehr so häufig wie früher, und vor allem gehst du anders damit um. Deine Träume, die du lebst, sind wie ein fester Boden, da, wo es vorher uneben und unübersichtlich war, wo du gestolpert und gefallen bist, stehst du nun fest und sicher, und darum kann dir der eine oder andere Gegenwind auch nicht mehr so viel anhaben.

Seit es in meinem Leben gut läuft, ich nicht nur meine Träume verwirklichen kann, sondern sogar von ihnen leben, passiert es auch mir hin und wieder, dass ich etwas Unerwartetes in mein Leben ziehe – oder sich ein Traum erfüllt, den ich gar nicht geträumt habe. Zumindest nicht konkret.

Als mir das passierte, erlebte ich Magie, darum möchte ich die Geschichte gerne erzählen.

»Denn nichts ist für mich mehr als der Sternenstaub,
die kleinen Wunder im Leben,
die es für Momente funkeln und glitzern lässt!«
Michael Ende

Sie hat eine Vorgeschichte, die bei dem kleinen Mädchen beginnt, das sich sehr einsam und traurig fühlte in dieser Welt, und darum war es seine größte Freude, in die Phantasiewelt eines Buches einzutauchen, weil es dort alle Fesseln abstreifen konnte. Als ich dieses kleine Mädchen war, liebte ich die Bücher von Michael Ende. Und das ist auch heute noch so. Nie werde ich begreifen, wie man so wundervolle, phantasiereiche Geschichten ersinnen kann, ein Land voller Schätze, in dem ich nicht wusste, wo ich zuerst hinschauen sollte. Eines Tages schrieb ich ihm einen Brief.

In der Geschichte »Jim Knopf und die wilde Dreizehn«, in der sich später herausstellt, dass es nur zwölf Seeräuber sind, entführen die Piraten die chinesische Prinzessin Li Si. Und die Chinesen beschreibt Ende in seinem Buch als so klug, dass sie schon mit vier Jahren Mathematikprofessor werden. Prinzessin Li Si war zwölf. Wieso konnte sie dann nicht bis zwölf zählen und merkte nicht, dass die Seeräuber gar keine wilde Dreizehn waren?

Und das schrieb das kleine Mädchen empört dem Schriftsteller, dessen Bücher es verschlang. Und es bekam tatsächlich eine Antwort. Ich werde nie vergessen, wie ich mich fühlte, als ich den Brief von Michael Ende in den Händen hielt. Ich, das kleine Kind, das niemand sah, war so wichtig, dass dieser Mann, der dicke Bücher schrieb, mir antwortete! Er hatte sogar auf die eine Seite des Briefes Jim Knopf und auf die andere Lukas gemalt, mit bunten Stiften. Alles für mich!

Nun könnte die Geschichte enden mit den Worten: »... und wenn sie nicht gestorben ist, dann freut sie sich noch heute!« Doch sie ging noch weiter. Einige Jahrzehnte später bekam die Erwachsene einen folgenschweren Anruf: Ob ich für ein großes Musical die Songtexte schreiben würde. Für welches Musical? Für die »Unendliche Geschichte« von Michael Ende! Es war, als schließe sich ein Kreis ...

Nun durfte ich in diese Welt, die ich schon immer so liebte, noch einmal ganz tief eintauchen und bekam sogar Geld dafür. Ganz abgesehen von dem Glücksgefühl, diesen herrlichen Figuren meine Worte geben zu dürfen!

Das meine ich mit Magnetismus. Früher habe ich unausgesetzt Gelegenheiten gesucht, heute suchen Gelegenheiten mich! Möge dir diese Geschichte ein Ansporn sein und weiteres Futter für deine Träumerseele.

»Jedes Leben steht unter seinem eigenen Stern!
Wenn du deine Träume wirklich anpackst,
dann kann das, was vorher dein Mangel war,
deine Sehnsucht oder bloß ein Schimmern
in der Nacht, den Tag bestimmen und dein Leben
hell und strahlend machen!«
Hermann Hesse

IV.
SURVIVAL-KIT
FÜR TRÄUMER –
ÜBERLEBENSHILFEN
UND SOFORT-
MASSNAHMEN

Ich habe neunzehn magische Werkzeuge zusammengestellt, die einem Träumer eine kugelsichere Weste verpassen und Flügel an den Schuhen verleihen!

1.
ENTWICKLE EINE MIESEPETER-ALLERGIE!

Rede eine halbe Stunde mit einem notorischen Nörgler und Schwarzseher, und rede dann eine halbe Stunde mit einem begeisterten, optimistischen Menschen, und schau danach, wie du dich fühlst! Du musst nicht aus Höflichkeit Menschen zuhören, die deine Laune in den Keller holen, in dem sie selber sitzen.

Ich bitte dich dringend, halte dich von Menschen fern, die dich herunterziehen und auf deinen Träumen herumtrampeln. So wichtig kann niemand sein, dass er dir dein Leben und deine Träume vermiest. Es gibt genug Leute, die dir liebend gerne ein Ohr abkauen und dir immer wieder aufs Neue sagen: Vergiss es, das wird sowieso nichts! Sie heißen zum Beispiel Vater, Mutter, Geschwister oder Kollegen. Denen kann man nicht so leicht entgehen. Das ist immer wieder herausfordernd. Je näher sie dir stehen, desto härter der Aufprall ihrer Argumente. Aber wenn du dir für den Rest deiner Zeit auch noch Menschen suchst, die dich mit Zweifeln vollstopfen, dann brauchen deine Träume bald ein Sauerstoffzelt! Wer dir die Flügel stutzen will, der hat das Fliegen nie gelernt.

> *»Pessimisten sind Menschen,*
> *die sich über den Lärm beklagen,*
> *wenn das Glück bei ihnen anklopft.«*
> Verfasser unbekannt

2.
SUCHE DIR MENSCHEN, DIE DICH AUFBAUEN!

Wenn du die Miesepeter und Pessimisten ausgemistet hast, hast du wieder Platz frei für sinnvollere und aufbauende Verbindungen. Es gibt Menschen, die an dich glauben, und sie werden dich das gerne, und so oft du willst, wissen lassen.

Ich habe eine Freundin, die rufe ich manchmal an und sage: »Ich brauche ein paar aufmunternde Worte, ich stecke gerade fest und habe das Gefühl, dass mir gar nichts mehr einfällt!« Und es macht ihr Spaß, genau das zu tun, nämlich mir zu helfen, mein eingeknicktes Selbstvertrauen wieder aufzurichten.

Es geht hier nicht um Schmeicheleien, es geht um das, was jemand anderes aufrichtig in dir sieht. Es gibt diesen wunderschönen Spruch: »Ein Freund ist jemand, der das Lied deiner Seele singt, wenn du es vergessen hast!« Menschen, die dich lieben, tun etwas, was dir manchmal unterwegs verloren geht, sie schauen auf all das, was an dir schön und liebenswert ist. Es spricht gar nichts dagegen, sich das ab und zu anzuhören!

Ich habe so etwas einmal an meinem Geburtstag gemacht, nämlich meine Freunde gebeten, mir zu sagen, was sie an mir schätzen. Oh, war das schön! Ich habe mich zwar mitunter gefragt, ob sie wirklich von mir sprechen.

Vielleicht kennst du das, es ist für manche von uns gar nicht so einfach, Komplimente anzunehmen. »Hey, was für eine schöne Jacke!« – »Ach die, die hab ich im Schlussverkauf für 29,90 € ergattert.« – »Du siehst aber gut aus heute!« – »Echt? Ich hab doch ganz kleine Augen, ich hab so schlecht geschlafen letzte Nacht.«

Kommt dir das bekannt vor? Anstatt das Kompliment zu einem Krümel zusammenzuschrumpfen, lass es doch einfach so stehen. Du siehst heute gut aus, Punkt! »Das hast du echt gut gemacht!« – »Oh, danke!«

Es ist doch seltsam, dass es uns bei Kritik so viel leichter fällt, es für bare Münze zu nehmen. Lerne Komplimente anzunehmen, das tut sehr gut! Was war das für ein Balsam für meine Seele, was ich damals an meinem Geburtstag alles zu hören bekam! Es tat so gut, mich selbst durch die Augen von liebenden Menschen zu betrachten! Und ich dachte mir, das könnte ich doch eigentlich auch sein, ein Mensch, der mich liebt! Ich habe meine Freunde gebeten, es aufzuschreiben und in mein Heft mit aufgenommen.

Das möchte ich dir ans Herz legen. Wünsche dir doch einfach auch einmal so etwas von den Menschen, die dich lieben, so wie du bist. Warum nicht auch zum Geburtstag, aber jeder andere Tag ist genauso gut. Und du wirst mehr und mehr merken, dass es tausend Gründe gibt, daran zu glauben, dass du wertvoll und einzigartig bist.

3.
HÖR AUF, SCHLECHT VON DIR ZU REDEN!

Oft bist du es aber auch selbst, der dich herunterzieht. Wenn du dich dabei erwischst, dass dir regelmäßig Ausrufe entschlüpfen wie »Ich Idiot! Ich Trottel, typisch ich, wieder Mist gebaut, ich bin so dämlich!« etc., dann wäre es ein guter Anfang, damit aufzuhören. Wenn du das oft machst, wirkt es wie eine Gehirnwäsche. Wenn du dir zehn Mal am Tag sagst, was für ein Dummkopf du bist, wird dein Unterbewusstsein es als Tatsache hinnehmen.

Meine Freundin Alice möchte Musik machen. Von ganzem Herzen wünscht sie sich das. Immer wenn sie mir etwas vorspielt – sie dazu zu bringen, ist schon ein Akt für sich –, versichert sie mir, dass ihr Klavierspiel noch zu stümperhaft, ihre Stimme nicht kräftig genug und ihre Komposition eigentlich noch nicht fertig sei. Dann setzt sie sich schüchtern ans Klavier, spielt mit viel Gefühl, singt wunderschön, und das selbst geschriebene Lied gefällt mir richtig gut.

Doch Alice sitzt mit hochgezogenen Schultern auf ihrem Klavierhocker und traut sich nicht, mich anzuschauen, als warte sie auf einen Schlag auf den Hinterkopf. Sie glaubt so wenig an sich und ihr Talent, dass sie meint, sich ständig rechtfertigen zu müssen, in dem sie sagt, dass sie ja eigentlich weiß, wie schlecht sie ist.

Eine weit verbreitete Angewohnheit bei Menschen, die nicht an sich glauben. Und es fällt ihnen nicht einmal auf. Wie ist es bei dir? Passiert dir das auch öfter?

Schlecht über dich zu reden, zieht dich, den anderen und deinen Traum herunter. Lass es! Verkneif es dir, beiß dir auf die Zunge! Es wird dich vielleicht am Anfang große Überwindung kosten, in so einer Situation lieber gar nichts zu sagen, aber dann wirst du merken, wie viel besser die Energie ist, wenn du sie nicht mit einer Ansammlung negativer Urteile über dich anfüllst.

Und dann beginne ganz langsam, neue Sätze für dich zu finden. In dem 5. Kapitel »Erzähle eine neue Geschichte« habe ich diese Methode etwas ausführlicher beschrieben. Das heißt nicht, dass du nun zum Aufschneider werden sollst, sei einfach netter zu dir! Du gibst dein Bestes, du bemühst dich, das ist doch anerkennenswert! Beispiel: »Mein Klavierspiel ist noch nicht ganz auf Karajan-Niveau, aber es wird immer besser! Ich trau mich noch nicht so richtig, einfach loszusingen, aber immerhin singe ich jetzt regelmäßig. Ich hab einen Riesenspaß gehabt, diesen Song zu schreiben. Er ist noch nicht ganz ausgearbeitet, aber die Melodie finde ich schon ganz gut!« Du siehst, man muss nicht gleich auf die Pauke hauen, dass es kracht, es reicht ein wenig Wohlwollen. Und das hast du verdient!

Du wirst merken, dass du dich so viel besser fühlst und dich mit der Zeit auch mehr traust! Außerdem, so ganz peu à peu, verändert sich unversehens auch die Sicht auf dich selbst. Denn, oh Wunder, du beginnst zu denken, dass an den positiven Beschreibungen durchaus etwas dran sein könnte.

4.
VERLAGERE DIE PERSPEKTIVE!

Wenn du allerdings schon ziemlich lange gerne und oft auf dir herumhackst und dadurch auch nicht mehr so richtig davon überzeugt bist, dass du in diesem Leben noch irgendetwas auf die Reihe kriegen wirst, dann ist es Zeit für eine neue Betrachtungsweise. Du kannst auf dich schauen und wie mit einer Lupe all deine negativen Eigenschaften und deine Makel betrachten und immer wieder darüber nachdenken oder reden.

Kennst du die Frauen, die mit schreckgeweiteten Augen von dem hässlichen Riesenpickel auf ihrer Stirn reden, der sie völlig entstellt, und deuten auf einen harmlosen, roten Punkt, der dir sonst gar nicht aufgefallen wäre? Du kannst genauso gut auf das schauen, was positiv, liebenswert, talentiert und erfolgreich an dir ist.

Du hast die Wahl! Probiere es doch einmal mit etwas Neutralem aus. Lass dir von zwei ganz unterschiedlichen Menschen einen bestimmten Ort beschreiben. Du wirst staunen, denn am Ende kann es sein, dass du denkst, sie reden von unterschiedlichen Plätzen. So verschieden ist unsere Wahrnehmung.

Ein Punk wird auf ganz andere Dinge achten als beispielsweise ein Geschäftsmann. Es hängt nur davon ab, wohin wir unsere Aufmerksamkeit lenken. Und das entscheidest ganz alleine du!

Dafür gibt es zwei Möglichkeiten. Entweder du passt die Momente ab, in denen du negativ über dich redest oder denkst, und beginnst sofort, dem andere Tatsachen entgegenzusetzen. Du musst ja nicht lügen. Du kramst einfach andere Argumente aus der Kiste! Und da sind einige drin, da bin ich sicher! Aber dazu musst du sehr wach und dir bewusst sein, wann solche Gedanken bei dir auftauchen, oder dir beim Reden mit anderen gut zuhören. Auch hier kann die Absicht wieder eine große Hilfe sein. Wenn du dir das fest vornimmst und dich immer wieder daran erinnerst, wird dein Gehirn eine Art Bewegungsmelder einrichten, der dann aufleuchtet, wenn du wieder damit anfängst, dich nach Strich und Faden herunterzuputzen.

Die andere Möglichkeit ist, dir morgens oder abends (das sind unsere wichtigsten Tageszeiten!) eine Liste zu schreiben. Am besten in ein wunderschönes Heft, das du dir nur zu diesem Zweck zulegst. Gib ihm einen schönen Namen wie: »Meine besten Seiten« oder »Das Tolle an mir« oder »Schön, dass es mich gibt«. Da hinein schreibst du, was du alles gut findest an dir, was du alles gut gemacht hast, was schon viel besser geworden ist, wo du überall dein Bestes gibst, einfach alles, was dir einfällt.

Am Anfang wird es vielleicht etwas stockend gehen, so etwas tut man ja eigentlich nicht, sich hemmungslos selbst zu loben, oder? Und das Gewohnheitstier kennt es noch nicht, diese neue Perspektive einzunehmen und so positiv auf sich selbst zu schauen. Aber es wird von Mal zu Mal flüssiger werden. Sie ist wie ein kleines Wunder, diese Übung. Nicht nur, dass du dich von Mal zu Mal besser fühlst, es wird deine Sichtweise mehr und mehr in diese Richtung verändern.

Ich will ehrlich sein, es wird dir nicht immer gelingen. Auch das ist in Ordnung. Manchmal sind wir zu niedergeschlagen, die dunklen Wolken hängen zu tief, um die hellere Perspektive einnehmen zu können. Dann würde es uns vorkommen wie Hohn, krampfhaft nach den positiven Seiten zu suchen. In solchen Momenten lass dich einfach in Ruhe! Gestatte dir deine Traurigkeit. Das gehört auch dazu!

5.
ERZÄHLE EINE NEUE GESCHICHTE!

Unter Jugendlichen gibt es das Schimpfwort: »Du Opfer!«, und das steht auf der Rangliste fieser Gemeinheiten ziemlich weit oben. Wenn jemand ständig glaubt, dass das Leben und die Menschen ihm übel mitspielen, dann hat das Folgen und kann eine in Stein gemeißelte Überzeugung erschaffen, wie gemein und ungerecht das Leben doch ist.

Kennst du das auch, wenn Menschen wieder und wieder die Geschichte ihrer Misserfolge abspulen? Die bösen Eltern, der Mann, der sie betrogen hat, der Chef, der sie nicht vorwärtskommen lässt, die dauernden Niederlagen und Pechsträhnen. Vielleicht bist du ja auch selbst so ein Mensch. Vielleicht sagst du, ja, aber wenn das doch die Fakten sind! Wen kümmern die Fakten, wenn sie deinen Träumen schaden? Außerdem sind es nicht die einzigen Tatsachen, die zutreffen!

Lies im 12. Kapitel »Mutig werden …« über die beiden Wölfe. Es geht darum, was du fütterst mit deinen Geschichten. Ist es immer nur dieselbe Energie von Verlust, Versagen und Frustration?

Es ist als würdest du in einem Beet immer nur bestimmte Blumen gießen. Die entwickeln sich dann prächtig, und die anderen gehen ein. Erzähle keine problemorientierte Geschichte, erzähle sie lösungsorientiert. Deshalb brauchst du nicht zu lügen, es gilt auch hier wieder, auf die sogenannten Fakten anders zu schauen: »Das und das hat nicht so gut geklappt, aber ich habe etwas daraus gelernt, und nun habe ich vor, es anders zu machen, und dann könnte das und das dabei herauskommen.« Oder: »Ja, letztes Mal ist es nicht so gut gelaufen, aber ich habe schon einen Plan, wie ich es jetzt besser mache.«

Und wenn du gerade so gar nichts Positives oder nach vorne Gerichtetes in deinem Leben finden kannst, gib dir ein Zeitfenster, in dem du Dampf ablässt, wütend bist, Gott und der Welt die Schuld gibst an deiner Misere, klagst und schimpfst, und dann drehst du dich wieder weg von deinen Schatten und wendest dein Gesicht der Sonne zu.

Sabotiere nicht deine Träume durch deine Worte. Du und dein Traum, ihr müsst Hand in Hand gehen, am selben Strang ziehen. Du siehst, dass ich ziemlich auf dem Thema, wie man über die Dinge spricht, herumreite. Aber Worte haben große Kraft.

Gegen deinen Traum zu sprechen, entkräftet ihn und dich. Genauso wie alle konstruktiven und positiven Worte dich und deinen Traum aufbauen. Das ist nicht einfach die Mär vom positiven Denken, das ist die Erschaffung eines Feldes! So wie ein Magnetfeld entwickelt es eine immer stärkere Anziehungskraft, die mehr und mehr Dinge und Menschen in dein Leben zieht, die deinen Traum unterstützen. Du spürst es auch und zwar seelisch und körperlich.

Probiere es einmal ganz bewusst aus, indem du sowohl die eine als auch die andere Art der Gesprächsführung benutzt, und beobachte, wie du dich dabei fühlst. Das hat eine so starke Auswirkung auf deine Kraft und dein Wohlbefinden, dass du dich bald fragst, wie du überhaupt auf die Idee kommen konntest, dir selbst dermaßen zu schaden. Es ist ein Unterschied wie Tag und Nacht!

Du kennst den Ausdruck »immer die alte Leier«. Bist du es nicht auch manchmal leid, immer die alte Leier zu erzählen? Überrasche dich doch einmal selbst mit einer kreativen, neuen Geschichte deines alten Dilemmas. Vermittle dir und den anderen nicht den Eindruck eines Loosers, sondern eines Träumers auf dem Weg zu seinem Traum. Denn das bist du! Du bist ein Träumer auf dem Weg zu deinem Traum!

6.
WECHSLE DAS THEMA!

Was nun, wenn du das schon ganz gut hinbekommst mit der positiven Perspektive und die anderen Leute den Meckerknopf gedrückt halten?

Man kann sich ja in schlechte Laune oder Wut regelrecht hineinsteigern. Wir schaukeln uns bei negativen Themen aber auch sehr gerne gegenseitig hoch. Klagen über den blöden Nachbarn, den doofen Chef, den schwierigen Job – und der andere nickt zustimmend. Ja, ist das nicht furchtbar? Ja, wirklich schlimm! Ältere Frauen reden gerne über ihre Krankheiten, die Männer am Stammtisch über die depperten Politiker, die Mitarbeiter klagen über den Chef, der Chef über die Mitarbeiter ... Macht das irgendetwas besser? Hat meckern oder sich ärgern je eine Situation zum Positiven gewendet?

Ich habe diese Trommel viele Jahre lang selber gerührt. Bis es mir endlich auffiel. Und weißt du wodurch? In einem Seminar bekam ich die Übung, einen Tag lang nicht negativ über irgendetwas zu reden. Kein Klatsch, kein Schimpfen, keine Beschwerden über Gott und die Welt. Und ich war echt schockiert. Ich glaube, so wenig habe ich an einem Tag selten gesprochen. Mir wurde schlagartig klar, wie viel meiner täglichen Konversation den negativen Dingen gewidmet war.

Sich über andere aufzuregen, negative Dinge, die mir passiert sind, immer wieder herzubeten, düstere Vorahnungen über kommende Ereignisse zum Besten geben, die ganze Litanei. Und wenn man das plötzlich weglässt, bleibt erst einmal nicht viel übrig. Und es fiel mir auf, wie viel andere Menschen schlecht über andere reden und wie oft das auch in den Medien zelebriert wird. Überall Gemeinheiten, die unter die Gürtellinie gehen.

Bestes aktuelles Beispiel ist der berühmte »Shitstorm«. Was habe ich davon, auf andere Menschen, die ich nicht einmal kenne, loszugehen? Es scheint, als gäbe es uns das Gefühl, etwas Besseres zu sein, wenn wir die anderen niedermachen. Wir stellen uns drüber. Doch wenn das deine tägliche Energie ist, in der du dich bewegst, wird es am Ende am meisten dir selber schaden. Tja, und für mich war dann aber schnellstens umdenken angesagt, und zwar drastisch.

Es gibt nun einmal keine Veränderung ohne Erkenntnis.

Inzwischen habe ich die Strategie entwickelt, solche negativen Gespräche in eine andere Richtung zu lenken – man muss einfach nur das Thema wechseln.

Meine Mutter ist über achtzig und hat diverse körperliche Beschwerden, die ihr sehr zu schaffen machen. Und sie redet verständlicherweise auch häufig darüber und über die vielen unerfreulichen Arztbesuche. Ich habe nicht das Gefühl, dass ich ihr helfe, indem ich ihr zuhöre, während sie das Problem weiter und weiter ausmalt. Es tut mir auch sehr weh, dass ich nichts tun kann, um ihre Leiden zu lindern. Dennoch möchte ich nicht in diesen Kanon einstimmen und uns dabei zuschauen, wie wir immer schwermütiger und betrübter werden. Also beginne ich dann vorsichtig, über ihr Enkelkind zu reden, und schon leuchten ihre Augen, wenn sie mir begeistert Anekdoten von meinem Neffen erzählt. Wie frech er wieder war und was er Lustiges gesagt hat. Sie fühlt sich besser, und ich fühle mich besser.

Diesen Themenwechsel kann man übrigens auch genauso gut im Dialog mit sich selbst praktizieren. Hörst du dir manchmal beim Denken zu? Ich tue das oft, denn mein Denken verursacht schließlich meine Gefühle. Natürlich gibt es auch Probleme, über die muss man nachdenken, weil sie von uns irgendeine Handlung oder Reaktion erfordern. Aber sehr viel Zeit verbringen wir damit, unnütze, negative Sätze aneinanderzureihen und dabei vom Hundertsten ins Tausendste zu kommen.

Wie sehe ich nur aus. Ich muss unbedingt abnehmen. Oder mir mal wieder etwas Neues zum Anziehen kaufen. Das geht aber nicht, das Geld ist wieder mal zu knapp. Diese dämliche Kuh beim Finanzamt hätte ruhig mal einer Ratenzahlung zustimmen können. Die fressen einem die Haare vom Kopf mit diesen Steuern. Hoffentlich klappt es dann wenigstens mit dem neuen Job. Da sind aber so viele Bewerber, wieso sollten die mich nehmen... Das kann stundenlang so weitergehen. Ich war Experte darin. Wenn man damit Geld verdienen könnte, wäre ich steinreich.

Meine Mutter sagte neulich, ich kann doch nichts dafür, was ich denke! Ich musste herzlich lachen. So klappt es sicher nicht, das Gedanken-Navi neu zu programmieren. Natürlich kann jeder selbst entscheiden, woran er denkt. Es ist nicht einfach, weil es uns erstens nicht auffällt und zweitens häufig schon zur einzementierten Gewohnheit geworden ist. Und der Mensch ist bekanntermaßen ein Gewohnheitstier!

Lenke deine Gedanken sanft in eine andere Richtung. Greife in den großen Topf der Phantasie und suche nach etwas Erfreulicherem. Wenn wir unseren Gedanken zu lange erlauben, alles als schwer und schwierig zu betrachten, kommt uns die Lebensfreude abhanden, und Träume ohne Flügel stürzen ab.

7.
WAS ÜBERLEBT DIE ZEIT?

Deine Probleme begraben dich unter ihrer Last? Weit und breit kein Traum in Sicht, den du leben kannst? Du bist viel schlechter dran, als alle, die du kennst, und eigentlich auch als fast alle, die du nicht kennst?

Bevor das schwarze Loch dich einsaugt, hier eine kurze, aber sehr effektive Übung. Eigentlich ist sie nur eine Frage. Stell dir vor, wie sich dein Problem anfühlt, wenn du nach zehn, zwanzig oder fünfzig Jahren darauf zurückblickst. Welche Rolle spielt es dann noch in deinem Leben? Würde es überhaupt noch eine spielen? Dadurch bekommt so manches eine ganz andere Relation. Wie wichtig wird der Ärger, den du gerade verspürst und der dir den Tag verhagelt, in deinem Leben dann noch sein?

8.
AUFBAUVITAMINE
FÜR FLÜGELLAHME TRÄUMER

Diese Soforthilfemaßnahme tauchte schon in dem Kapitel über Kreativität auf (S. 263), aber sie gehört definitiv auch in das Survival-Kit eines Träumers, denn sie hilft deinen Träumen in der Tat zu überleben! Mit deinem Lieblingssong mitgröhlen, völlig enthemmt tanzen, sich einen witzigen Film anschauen, süße Katzenvideos auf YouTube ansehen, Lach-Yoga, nichts sollte dir zu albern sein, um dich besser und leichter zu fühlen. Sammle alles, was du kriegen kannst, an Filmen, Geschichten, Bildern, Sprüchen und Liedern, die dein Dasein als Träumer bestärken und deine Träume nähren. Es gibt so viel, und wenn du einmal angefangen hast, die Augen und Ohren offen zu halten, dann werden sie dir überall begegnen, die leuchtenden Farbkleckse im Alltagsgrau.

Neulich saß ich im Café an meinem geliebten See, und als ich mich umdrehte, sah ich einen kleinen Jungen, der Pusteblumen abpflückte und ganz selbstvergessen die federleichten Samen in die Luft blies. Strahlend blickte er ihnen nach, wie sie im Wind davontanzten. Alleine dieser Anblick ließ mein Herz höherschlagen vor Freude. Und ich bekam große Lust mitzuspielen. Ich fragte ihn, ob ich es dürfe. Etwas erstaunt und schüchtern nickte er nur. Und so standen wir da, bliesen unsere Pusteblumen, und nichts hätte in diesem Augenblick wichtiger sein können.

Eine meiner richtig guten Ideen war es, mir einen Hula-Hopp-Reifen zu kaufen. Natürlich mit Glitzer drauf!

»Wie alt ist denn ihre Tochter?«, fragte mich die Verkäuferin.

»Der ist für mich!«, antwortete ich grinsend.

Alleine ihr Gesichtsausdruck war die ganze Sache wert.

Ich habe eine regelrechte Antenne dafür entwickelt, was einen schwächelnden Träumer aufbaut, und sobald wieder einmal Zweifel zur Herzenstür hereinfluten, dann ist es höchste Zeit, sofort gegenzusteuern. Dann lese ich das Gedicht von Nelson Mandela, das ihn seine tiefste Verzweiflung überstehen ließ, schaue mir eine DVD an, in der der Held, der schon zerschmettert am Boden lag, am Ende doch der strahlende Sieger wird. Am liebsten solche Geschichten, die wirklich passiert sind. Wobei ich mir auch gerne den Hollywood-Kitsch hernehme, Hauptsache, es tut mir gut und baut mich auf. Ich schaue sogar Kinderfilme, Kinder sind sehr sensibel für Träume und lieben Filme, in denen die Träumer siegen.

Oder ich haue meinen Zweifeln Musik um die Ohren, die mich förmlich hochzieht aus dem Durchhängertum, mich meine Schultern straffen und meinen Kopf heben lässt, bis ich wieder Richtung Zukunft schaue, anstatt deprimiert auf dem Sofa der Vergangenheit hinterherzudösen.

Alles ist erlaubt. Die schlimmste Hollywood-Schmonzette genauso wie Heavy-Metal. Hauptsache, du stehst am Ende wieder mit einem Lachen da und dem Gefühl, dass deine Träume stärker sind als deine Zweifel. Du kennst dich selbst am besten. Suche nach den Kleinigkeiten, die deine Stimmung aufhellen. Ich habe mir eine Liste gemacht, denn manches vergisst man über die Zeit auch wieder. Das ist meine Träumerapotheke, und wenn meine Träumerseele ein Pflaster braucht, greife ich hinein.

9.
TRÄUMERZEIT – WER WEIT FAHREN WILL, MUSS TANKEN!

Verbringe eine schöne Zeit mit dir! Wozu hast du Lust, was lässt dein Herz hüpfen und deine Augen strahlen? Diesen Tipp habe ich von der großartigen Julia Cameron übernommen, die mein Leben ungemein bereichert hat mit ihrem Buch »Der Weg des Künstlers«. Darin spricht sie vom »Künstlertreff«, was ich in »Träumerzeit« abgewandelt habe. Kein Mensch kann immer nur funktionieren, zweckorientiert arbeiten oder pausenlos nur ausatmen. Wir müssen auch aufnehmen, loslassen und einatmen. Unseren Speicher auffüllen, das Karussell anhalten.

Nimm dir für deine Träumerzeit eine regelmäßige feste Zeit vor. Eine Verabredung mit dir selbst, die du wie einen Kunden- oder Zahnarzt-Termin in deinen Kalender einträgst. Und einhältst! Um etwas zu tun, wozu du Lust hast. Einfach nur für dich, für dein Wohlbefinden, aus Spaß. Etwas, das nicht an einen Zweck gebunden ist oder an ein Ergebnis. Spüre, wie die Zeit mit dir fließt, anstatt ihr hinterherzujagen. Erlebe das köstliche Gefühl, wenn der Moment sich ausdehnt und wichtiger wird als das, was war, oder das, was danach kommt.

Am Anfang ist mir das richtig schwergefallen. Dadurch, dass ich Bücher, Drehbücher und Songtexte schreibe, kann ich eigentlich die normalen Freizeitbeschäftigungen für mich abschreiben. Wenn ich ein Buch lese, einen Film anschaue oder einen Song höre, ist ein Teil von mir immer ein »Auswerter«:

Sehr schön formuliert von dem Schriftsteller, oh, eine tolle Metapher, die schreibe ich mir auf, hey, ein gutes Thema für einen Songtext ... Das spielt sich dann in meinen Gedanken ab.

Mich in einen Film, eine Geschichte, ein Lied wirklich komplett fallen zu lassen, ist mir fast unmöglich. Was nicht heißt, dass ich nicht furchtbar gerne Filme schaue, Bücher lese und Musik höre! Ich finde das auch nicht schlimm. Damit wir uns nicht missverstehen: Ich liebe meine Arbeit, aber auch ich brauche meine Auszeit.

Ich fahre dann mit dem Dampfer einmal rund um meinen geliebten Starnberger See, oder ich gönne mir eine Massage, gehe reiten, mache einen Tango-Kurs, male ein Bild ... Etwas, das mich auf ganz andere Gedanken bringt. Ich besuche auch gerne eine gute Freundin, die eine elfjährige Tochter hat. Mit dem Mädchen plaudere ich dann oft mehr als mit der Mutter. Es macht mich leicht. Wir reden über Feen und Pferde, pflücken Blumen und schauen, welche Tiere wir in den Wolken am Himmel sehen. Das sind wertvolle Rundreisen im Land der Phantasie.

Mir macht es auch Spaß, im Regen spazieren zu gehen – ohne Schirm. Manchmal mit Musik auf den Ohren, zum Beispiel das passende Gute-Laune-Lied von Clueso: »Ey der Regen«. »Ey der Regen ist wie'n kleiner Applaus, komm doch mal raus und lass dich feiern!« Und ich singe laut mit, denn im Regen begegnet man nicht sehr vielen Leuten.

Finde deine Oase, deinen Moment der Leichtigkeit des Seins. Male ein Bild mit Glitzerstiften, pflanze ein paar Blumen, besuche einen Streichelzoo, ziehe mit einer Kamera durch deine Stadt und mache Fotos, es gibt hundert Ideen, die Spaß machen. Pflege deine Träumerseele, sie wird es dir danken. Und halte sie ein, die Verabredung mit dir. Es ist die Verabredung mit einem sehr wichtigen Menschen!

10.
IN DER RUHE LIEGT DIE KRAFT – DAS IST KEINE BINSENWEISHEIT

Noch immer ist es das, was mir am schwersten fällt: herunterzu-fahren und zur Ruhe zu kommen. Nicht umsonst heißt es »zur Ruhe kommen«. Wenn du deine Mitte verloren hast, »außer dir bist«, dann kommt die Ruhe nicht zu dir. Du musst ihr quasi ent-gegengehen, indem du einen Raum, eine Situation schaffst, die dich beruhigt, dich still sein lässt.

Viele Jahre habe ich das nur sehr unregelmäßig getan, inzwi-schen ist es mir das wertvollste Werkzeug, das mir als Träumer, völlig gratis und überall erhältlich, zur Verfügung steht. Weil die Stille einfach der Ort ist, an dem wir unsere Wahrheit erleben. Hier hörst du deine innere Stimme. Hier entspringen Ideen und Kreativität. Hier fühlst du dich auf nährende Weise verbunden mit allem. Dieser Zustand ist ein Glückszustand. Die uns ständig an-treibende Zeit steht still. Du spürst keinen Druck, keine innere Unruhe, die Gedankenschleifen sind verstummt.

Es gelingt mir nicht immer, in diesen Raum zu gelangen. Mein Verstand, die alte Plaudertasche, will sich nicht zum Schweigen bringen lassen. Das ewige »Ich muss doch!« steht drohend im Raum. Dennoch gibt es nichts, was mich mehr kräftigt und für die Stürme des Lebens wappnet, als Meditation.

Es braucht Geduld. Wenn man immer nur rennt und im Kreis denkt, wird es nicht von jetzt auf gleich ruhig in dir. Selbst erfahre-ne Om-Hasen erleben Tage, an denen es einfach nicht still werden will in ihnen. Das ist völlig in Ordnung. Wichtig ist es auch hier wieder dranzubleiben. Und dass du herausfindest, auf welche Weise du am besten zur Ruhe kommst. Ich persönlich mag Meditations-CDs. Da muss ich nicht selber überlegen, was zu tun oder nicht zu tun ist, sonst bekommt mein Verstand gleich wieder Denkfutter. Jemand sagt es mir, atmet mit mir, und ich folge einfach.

Es gibt aber auch Tage, da möchte ich einfach nur atmen und geschehen lassen, ganz mit mir und bei mir. Dann schließe ich die Augen und lasse das Denken vorbeiplätschern, bis es ganz langsam versiegt. Manche Menschen gehen spazieren oder schwimmen und geraten so in einen meditativen Flow. Was ich immer mal wieder gerne tue, ist Mantren zu singen. Das tut sehr gut, bringt den ganzen Körper in ein angenehmes Schwingen. Ich mag halt Abwechslung.

Schön ist es auch, einen Lieblingsplatz zu haben, an dem du in die Stille gehst. Ein Platz in der Natur, unter einem Baum oder eine Ecke mit einem schönen Kissen in deiner Wohnung. Dein persönlicher Kraftort, an den du dich zurückziehen kannst und der bereits Ruhe für dich ausstrahlt. Ich kann dir das In-die- Stille-Gehen nur allerwärmstens empfehlen, besonders dann, wenn du häufig unkonzentriert bist, dich schwer entspannen kannst und oft Unruhe in dir herrscht. Je besser der Träumer in der Lage ist, ruhig und fokussiert zu bleiben, um so kräftigere Wurzeln wird sein Traum bekommen.

»Im sterbenden Gold des Tages
liege ich auf sonnenwarmen Tannennadeln
in einer tiefen Stille
die alles umfasst
etwas in mir gibt auf
gibt sich hin
in die Arme des Lebens
das mich hält für immer«
Beatrice Reszat

11.
OB FRÜHER VOGEL ODER WURM, MACH DIR DEN TAG ZUM FREUND!

Es gibt den wunderbaren Spruch: »Man sollte jeden Morgen etwas früher aufstehen als seine Sorgen!« Ganz genau! Die Zeit nach dem Aufwachen ist eine sehr wertvolle Zeit für einen Träumer. Da bist du noch verbunden mit den Traumwelten, und dein Herz ist offen für das Leben. Der Tag hat noch nicht seine Lasten auf dich gelegt.

Nutze diese kostbare Zeit, um die Stimmung für deinen Tag zu erschaffen. Das Blatt ist noch leer. Höre schöne Musik, die dich beflügelt. Meditation am Morgen ist ein großartiger und kraftvoller Einstieg, oder sei kreativ. Ich habe oft vor der Arbeit eine Stunde geschrieben. Es ist ein so gutes Gefühl, schon etwas für sich selbst getan zu haben, bevor der alltägliche Wahnsinn über uns hereinbricht.

Ich bin manchmal echt erschüttert, wie Menschen ihre Tage beginnen. Da plärrt der Radiowecker los, womöglich gleich mit den neusten Horror-Nachrichten, oder das Handy sondert einen unangenehmen Weckton ab. Dann wird zusammen mit dem Kaffee via Zeitung oder Frühstücksfernsehen das Elend der Welt konsumiert, und dann wundert man sich, wenn man muffelig durch die Gegend läuft und keine Motivation aufbringt, sein Leben zu ändern und sich um seine Träume zu kümmern!

Bringe dich ganz bewusst in eine schöne Morgenstimmung, und der Tag wird dem folgen. Die Herausforderungen heben dich dann nicht mehr so leicht aus dem Sattel!

12.
MUTIG WERDEN, INDEM MAN SO TUT, ALS OB MAN MUTIG WÄRE

Stell dir vor, du schreibst ein Drehbuch für einen Film über dich als erfolgreichen Träumer. Schreibe dieses Drehbuch, diesen Charakter sehr detailliert. Würdest du Dialoge sprechen wie: »Ich kann nicht, ich bin nicht gut genug?« Würdest du nach Gründen suchen, warum es eben doch nicht klappen kann mit deinem Traum? Würdest du dich bei anderen beklagen, wie schwierig alles ist und dass du nicht auf die Füße kommst?

In deinem Film natürlich nicht, denn hier ist alles perfekt. Du als erfolgreicher, mutiger Träumer bist voll und ganz von dir und deiner Vision überzeugt. Du machst deine Schritte in dem Bewusstsein, dass du auf dem richtigen Weg bist. Du bist nicht aufzuhalten, und das weißt du auch!

Du würdest staunen, wenn du wüsstest, wie viele berühmte Schauspieler als arme Schlucker vor dem Badezimmerspiegel, mit ihrer Haarbürste als Mikrofon, ihre Oscar-Rede geübt haben. Wieder und wieder. Und so mancher hat sie dann auch wirklich gehalten, viele Jahre später.

Mir macht diese Schauspielübung großen Spaß. Ich oute mich jetzt, denn das klingt womöglich ziemlich verrückt, aber ich glaube, was das angeht, ist mein Ruf ohnehin schon ruiniert. Ich habe nämlich zum Beispiel lange Zeit fiktive Interviews gegeben, in denen ich gefragt wurde, wie ich es geschafft habe, so erfolgreich zu werden. Ich sah mich auf großen Bühnen stehen, vor vielen Menschen, konnte fühlen, wie glücklich mich das machte, meine Worte, meine Musik mit ihnen zu teilen. Ich überlegte mir, was ich sagen, welche Lieder ich singen würde.

Heute halte ich manchmal imaginäre Meetings ab mit meinen Mitarbeitern, die es alle noch nicht gibt, in meiner Firma, von der ich träume und die ganz anders aussieht, als alle Firmen, die ich kenne. Ich freue mich schon darauf!

Wenn du diese Übung öfter machst, werden die Szenerien von Mal zu Mal klarer und realistischer. Ob du dein eigenes Café einrichtest, mit den Gästen plauderst und deine Speisekarte entwirfst, ob du in Norwegen Schlittenhundefahrten organisieren möchtest und deinen Hunden im Geiste schon Namen gibst und dir auf einer Karte die Routen aussuchst, ob du dich mit deiner Bank berätst, wie du das in Kürze eintreffende Millionenvermögen am besten anlegst, deiner Phantasie sind wie immer keine Grenzen gesetzt.

Es macht einen Riesenspaß. Je weniger schamhaft du bist, umso besser. Nur nicht zu bescheiden! Warum diese Übung so wertvoll ist? Je realistischer es sich für dich anfühlt, um so mehr ändert sich auch dein Auftreten und deine Energie. Du wächst sozusagen in deine Rolle hinein, wirst immer überzeugender, du bist weniger zögerlich, nicht mehr so unsicher, und das zieht wieder neue Möglichkeiten in dein Leben.

Dazu möchte ich eine kurze Geschichte erzählen. Ein alter Indianer saß mit seinem Enkelsohn am Lagerfeuer. Lange schauten sie schweigend in die Flammen.

Schließlich begann der Alte zu sprechen: »Weißt du«, sagte er, »in meinem Herzen ist es manchmal so, als ob zwei Wölfe miteinander kämpfen. Der eine Wolf ist voller Wut, Ärger und Hass. Und der andere Wolf ist voller Freundlichkeit, Herzlichkeit und Liebe.«

»Und welcher Wolf gewinnt?«, fragte der Kleine gespannt.

Nachdenklich antwortete der Alte: »Der, den ich füttere.«

13.
SICH ETWAS VON DER SEELE SCHREIBEN

Manchmal, wenn ich nicht recht weiß, wie es mit meinem Traum weitergehen soll, oder wenn ich frustriert bin, weil die Dinge nicht so laufen, wie ich es mir wünsche, schreibe ich drauf los. Ich fange einfach dort an, wo ich gerade bin. »Mist, ich weiß nicht, wie es nun weitergeht! Das nervt einfach. Ich habe das Gefühl, ich bewege mich nicht von der Stelle.« Und so weiter.

Ob man dazu schreiben können muss? Nein, dazu musst du nicht schreiben können. Du schreibst, wie du sprichst oder wie du denkst. Aber schreibe bitte mit der Hand. Das ist sehr wichtig. Deine Hand hat eine Verbindung zu deinem Herzen. Es ist ein anderes Gefühl, eine andere Verbundenheit, als etwas in den Computer zu hacken. Nicht umsonst kann man anhand einer Handschrift Charakterzüge eines Menschen erkennen.

Wenn du schreibst, ohne groß darüber nachzudenken – das wäre sogar eher hinderlich –, kommt etwas ins Fließen. Zum einen wirfst du auf diese Weise etwas Ballast ab. Es ist, wie den Papierkorb im Computer zu entleeren, wenn zu viel Müll den Platz wegnimmt, damit er wieder besser läuft. Und im besten Fall formt sich ganz unversehens eine Antwort, oder du bekommst neue Ideen zu einem alten Problem. Das ist mir schon sehr oft passiert. Plötzlich hatte ich den Impuls, jemanden anrufen zu wollen, oder es kamen Textzeilen für ein Lied.

In jedem Fall verliert sich das Gefühl der Orientierungslosigkeit.

Das Wichtigste: Du nimmst wieder Kontakt auf mit deiner inneren Führung. Wenn wir zu lange abgeschnitten sind von unseren kreativen Impulsen, werden wir zu schwer zum Fliegen. Du verlagerst deine Aufmerksamkeit vom Außen, wo wir uns eigentlich permanent aufhalten, nach innen, zu dir! Du hörst dir zu! Und dein Herz seufzt erleichtert: »Endlich!«

»Oft ist das Denken schwer,
indes, das Schreiben geht auch ohne es.«
Wilhelm Busch

14.
ATMEN – UMLEITUNGSEMPFEHLUNG BEI GEFÜHLSSTAU

Atmen hilft dir, wenn du dich über etwas aufregst, wenn du traurig bist, wenn du Angst hast oder dein Kopf einfach nicht zur Ruhe kommen will. Es ist das kostbarste Rezept aus Gottes Reiseapotheke für uns, eine Allzweckwaffe.

Manchmal lege ich einfach meine Hand auf mein Herz, schließe die Augen und stelle mir vor, ich würde in mein Herz hineinatmen. Atmen ist immer ein Wundermittel. Es ist die Essenz des Lebens. Unser Lebenshauch! Stress, Hektik, Angst, Anspannung lassen uns flach atmen. Wir nehmen dann wenig Leben auf. Das sind Momente, in denen sind wir wie abgeschnitten von uns selbst. Wenn ich in mein Herz atme, versorge ich es mit Lebensenergie, und ich tue etwas, was ich im Alltag sehr oft nicht tue: Ich schenke ihm Aufmerksamkeit.

So kehre ich zu mir und meiner inneren Stimme zurück. Diese Übung ist so einfach. Ein paar Minuten zwischendurch, um kurz auszusteigen aus dem Tempo und der Hektik unseres Alltags und der Überforderung, die wir alle kennen. Es sind Momente, in denen ich das Gefühl habe, dass alles von mir abfällt.

Und wenn ich durch etwas sehr aufgebracht bin, verletzt oder wütend, oder ich muss eine wichtige Entscheidung treffen, dann atme ich sehr stark und etwas schneller, um wieder in meine Mitte, in das ruhige Zentrum des Sturms zu finden!

Schenk dir am Tag ein paar solcher Momente, in denen nur das Atmen und dein Herz wichtig sind. Nur ein paar Minuten von den eintausendvierhundertundvierzig am Tag. Es ist sehr viel, was du für sehr wenig Aufwand bekommst!

Besonders ins Herz zu atmen, ist sehr kraftvoll. Unser Herz ist ein Wunder. Es ist unser Motor, der unser Lebensgefährt am Laufen hält, und es bewahrt unsere tiefste Weisheit. Es hat eine Intelligenz, die extrem viel schneller funktioniert als unser Gehirn. Es ist der Sensor unserer Intuition, aber es sendet auch, zum Beispiel Liebe. Und es ist der magische Ort, an dem unsere kreativen Fähigkeiten und unsere Träume verborgen sind. Je mehr du dich um dein Herz kümmerst, desto klarer vernimmst du die Stimme deiner Intuition. Darum lege ich dir dein Herz besonders ans Herz!

> *»Anspannung ist, wenn du jemand sein möchtest,*
> *der du nicht bist.*
> *Entspannung heißt, sein, der du bist!«*
> Verfasser unbekannt

15.
DU DARFST UM HILFE BITTEN

Wenn ich schon lange verzweifelt den Wunsch habe, meinen Traum zu leben, und gleichzeitig felsenfest davon überzeugt bin, dass ich nicht gut genug bin, es nicht wert bin oder es niemals schaffen werde, dann kann es sein, dass man in dieser Schleife hängen bleibt, und das ist verdammt ungemütlich.

Oder du bist auf dem falschen Pfad unterwegs, und deine innere Stimme möchte dich unbedingt davon abbringen, nur hörst du sie leider nicht mehr. Du steckst fest in einer Krise. Der Druck, den die Seele dann macht, die ja einfach nur möchte, dass du dein Leben lebst, piesackt dich ununterbrochen, wie ein unartiges Kind, das im Supermarkt einen Lolli möchte.

Ich erinnere mich noch gut an Zeiten, da rannte ich im Kreis herum und dachte, ich würde verrückt. Und in so einem Fall ist es vollkommen in Ordnung, sich Hilfe zu holen. Es gibt hervorragende Coaches und Therapeuten für genau diese Probleme mit unzähligen, effektiven Methoden, und weißt du warum? Weil da draußen viele Menschen herumlaufen, die auch feststecken.

Frage die Menschen in deiner Umgebung, informiere dich, und vor allem, bevor du dich auf jemanden einlässt, führe ein Vorgespräch. Denn auch wenn alle noch so sehr von jemandem schwärmen, hier geht es um Vertrauen, und es geht um dich. Du solltest dich mit der Person, der du möglicherweise deine Seele offenbarst, wohlfühlen.

Ich kann nur sagen, ohne meine Lehrer und Helfer wäre ich

nicht da, wo ich bin. Ich bin ihnen zutiefst dankbar, dass sie in meinen dunkelsten Stunden an meiner Seite waren. Es ist das beste Gefühl überhaupt, zu wissen, du bist nicht allein! Bitte um Hilfe, wenn du nicht weiter weißt. Dadurch bist du kein Versager, und du musst dich nicht schämen, wenn du es nicht so hinbekommst, wie du es gerne möchtest. Manchmal schafft man es einfach nicht alleine! Punkt.

Das betrifft aber auch genauso deinen Alltag. Wenn es Momente oder Tage gibt, an denen du das Gefühl hast, es wird dir alles zu viel, du bist am Ende, bitte deine Freunde oder deine Familie um Unterstützung. Wir denken viel zu oft, wir müssten immer stark sein, dürften uns keine Schwächen erlauben.

Ich habe mich mit dieser Haltung lange aufgerieben. Und es war wie eine Erlösung, vor meiner besten Freundin den Satz zu sagen: »Ich kann nicht mehr!« Ich konnte endlich loslassen, die ganze Anspannung fiel von mir ab, und ich durfte erleben, dass Freunde einem gerne helfen.

Nur sprechenden Menschen kann geholfen werden!

»Die Mutter Phantasie gibt Flügel,
Verstand, der Vater, hält den Zügel.«
Bruno Alwin Wagner

16.
AUCH DER WEITESTE WEG
BEGINNT MIT DEM ERSTEN SCHRITT

Manchmal überfällt den Träumer so etwas wie eine Lähmung. Es fühlt sich fast an wie eine kleine Depression. Es ist wie die Müdigkeit bei einem langen Aufstieg, wenn man hochschaut und das Gefühl hat, der Gipfel ist noch endlos weit entfernt. Zweifel werden laut. Du denkst dir, was habe ich nicht alles versucht, es hat ja doch alles keinen Zweck. Ich habe mir zu viel vorgenommen. Ich schaffe das nicht.

In so einem Fall wirkt ein Mittel manchmal Wunder, nämlich sofortige Aktion, bevor du in eine Lethargie verfällst, die dich nach einer Tüte Chips und der Fernbedienung greifen lässt. Mache einen Schritt für deinen Traum. Ein Anruf, eine Liste, kaufe dir ein Buch zu dem Thema, verabrede dich mit jemandem zum Austausch. Ein kleiner Schritt, und du kannst die Lähmung abschütteln.

Es fällt manchmal schwer, sich dazu aufzuraffen. Man sagt so schön: Wehret den Anfängen! Darum ist es gut, wenn du wachsam bist und merkst, wenn sich eine solche Stimmung anbahnt. Je tiefer du da hineinrutschst, umso schwieriger wird es nämlich, sich wieder aufzuraffen. Es ist eine Gratwanderung.

Denn manchmal gilt es auch, in einer solchen Situation einen Moment stillzuhalten und nach innen zu schauen, was für ein Gefühl sich da gerade meldet. Was es dir sagen will. Dann wäre Aktionismus eher eine Ablenkung von der Chance, etwas Wichtiges über dich herauszufinden. Probiere es aus. Lausche dir selbst, was brauchst du jetzt? Mich hat so ein erster Schritt oft herausgeholt aus einer selbstmitleidigen Trägheit. Es muss auch nicht unbedingt ein Schritt sein, der mit deinem Traum zu tun hat.

So seltsam es klingt, aber ab und zu hilft es auch, die Wohnung zu putzen oder deine Buchhaltung zu machen. Dein System bekommt die Meldung, es wird etwas erledigt, geordnet, strukturiert, das heißt, es ist nicht die Zeit, um in Chaos oder Depression zu versinken.

Es ist eine Art Trick. Bevor sich die Angst in dir weiter ausbreiten kann, gehst du in Aktion. Dadurch werden die ängstlichen Gefühle durch Handlung ersetzt. Und Handlung gibt dir das Gefühl, dass sich etwas bewegt. Das Gefühl, dass du auf der Stelle trittst, verschwindet. Manchmal muss man einem Auto einen Schubs geben, damit es rollt.

»Was du sagst, verweht im Wind.
Nur was du tust, schlägt Wurzeln.«
Karl Heinrich Waggerl

17.
GEWOHNHEITSTIERE UMGEWÖHNEN

An einem Punkt in meinem Leben, an dem ich die Nase gestrichen voll hatte vom Scheitern meiner Träume, als ich das Gefühl hatte, Entschuldigung, jeder Depp kriegt es hin, nur ich nicht, beschloss ich zu versuchen, pragmatisch an die Sache heranzugehen. Ein für mich eher ungewöhnlicher Entschluss. Ich hatte nicht den Eindruck, dass ich dümmer, weniger talentiert und weniger wertvoll war als die, die ich Jahr für Jahr an mir vorbeiziehen sah.

Also, was machten sie anders, was machten sie besser? Ich stellte fest, das Einzige, was sie von mir unterschied, waren ihre Überzeugungen. Und diese erschaffen nun einmal hauptsächlich unsere Realität! Durch Prägungen, frühere Erfahrungen und sich ständig wiederholende Gedanken entstehen Glaubenssätze, die sich im Gehirn zur fröhlichen Zusammenarbeit vernetzen. Das heißt, mein Denken vernetzt Neuronen, ganz simpel ausgedrückt.

Dann müsste es doch aber auch möglich sein, mich durch andere Gedanken sozusagen neuronal umzustrukturieren. Wenn ich es also schaffen kann, die alten Synapsen zu trennen und mir eigene, gewünschte Verbindungen zu schaffen, dann wäre das doch ein guter Weg, ganz unwissenschaftlich ausgedrückt. Jedenfalls ein weitaus besserer, als über das nicht Erreichte zu jammern.

Ich habe ihn im Kapitel über die Angst schon erwähnt: den großartigen Neurowissenschaftler Dr. Joe Dispenza, dessen Bücher ich Gott sei Dank zum richtigen Zeitpunkt entdeckte. Ich las alles, was ich von ihm in die Finger bekam. Er nennt es »die Synapsen befeuern« (fire the wire), denn jeder Gedanke leitet elektrische Ströme in bestimmte Nervenbahnen. Und das ist das Pragmatische daran, es ist neben allem anderen auch ein rein neurologischer Vorgang.

Dr. Dispenza liefert in seinen Büchern dazu jede Menge wissenschaftlich fundierte Forschungsergebnisse und empirische Daten, die sogar ein Laie wie ich versteht, besonders bahnbrechend finde ich »Ein neues Ich. Wie Sie Ihre gewohnte Persönlichkeit in vier Wochen wandeln können«.

Seine Erkenntnisse waren für mich ungeheuer befreiend, weil es die praktische und vor allem ganz undramatische Herangehensweise an ein bekanntes Phänomen ist, nämlich wir erschaffen unsere Wirklichkeit! Das hatte für mich immer etwas leicht Mysteriöses. Und vor allem erzeugte es für mich oft ein großes Drama, aus dem ich nicht aussteigen konnte, weil ich ständig darüber nachdachte, was ich falsch machte. Jetzt konnte ich es auch als chemische Reaktion betrachten, die man umprogrammieren kann.

Wenn du also zum zwanzigtausendsten Mal »Ich habe es nicht verdient« denkst, hilft es, dem mindestens zehntausend Mal »Ich bin es wert« entgegenzusetzen. Die positiven Gedanken und Gefühle haben tatsächlich mehr Kraft als die negativen! Und das ist keine esoterische Durchhalteparole, das ist erwiesen. Man könnte sagen, die positive Glühbirne gibt mehr Licht. Darum sei wie ein Papagei. Wiederhole das, was dich stärkt. Lenke deine Aufmerksamkeit auf das, was du leben und erleben willst. Ich habe in meiner »fire the wire«-Testphase eine regelrechte Sturheit entwickelt, so nach dem Motto: Wollen wir doch mal sehen, wer hier der Herr im Haus ist!

Es gilt wie immer die Devise: Worauf du deine Aufmerksamkeit richtest, wird verstärkt! Deine Aufmerksamkeit ist eine Lupe. Du hast es in der einen Richtung geschafft, Synapsen erfolgreich zu befeuern, du wirst es auch in die andere schaffen!

Wiederholung verstärkt, einfach gesagt, die Durchblutung in

einem bestimmten Teil deines Gehirns, und es bilden sich neue Nervenverbindungen. Dann bist du besser gewappnet für deine schwachen Momente, wenn dein Verstand dir wieder mal einreden möchte, dass du eine Null bist und es sowieso nicht schaffst. Da wartet dann schon eine Armee gut vorbereiteter Gedanken, die die Zweifel sofort in die Zange nehmen, bevor sie sich vermehren und wieder Schaden anrichten können.

Ich habe mir jeden Tag ein paar Minuten Zeit genommen, um regelrecht nach anderen Gedanken zu suchen, und zusätzlich habe ich mit Dr. Dispenzas Meditationen gearbeitet. Meine Ausgangslage führte ich mir dabei immer wieder vor Augen: Wenn du so weitermachst, wirst du dich selbst und deine Träume ein für alle Mal verhindern. Gewohnheiten sind auch bequem, selbst wenn sie dämlich sind oder ungute Auswirkungen haben. Und es war echt anstrengend, sich immer wieder damit zu beschäftigen und jeden Morgen diese recht ausführlichen Meditationen zu machen. Aber ich konnte regelrecht spüren, wie sich ganz langsam mein gesamter Energiepegel anhob.

Ich betrachtete meine Nerven im Gehirn wie Muskeln, die man trainieren kann. Und wenn ich als Couch-Potato ins Fitness-Studio gehe, dauert es halt ein wenig, bis ich Resultate merke, aber wenn ich am Ball bleibe, werden sie unweigerlich kommen. Nicht weil es mir ein Guru erzählt, sondern weil es so ist! Der Esel, der an einem Seil den Mühlstein zieht, dreht sich dauernd im Kreis, und dadurch entsteht ein Trampelpfad, der sich immer tiefer in die Erde furcht. Sage deinem Esel, das Seil ist Illusion! Jeder Esel kann einen neuen Pfad einlaufen.

*» Wer es sich auf dem Teppich seiner Gewohnheiten
gemütlich macht, darf nicht erwarten,
dass dieser irgendwann zu fliegen beginnt.«*
Ernst Ferstl

Kennst du das, dass du manchmal an einer Stelle in die falsche Richtung abbiegst, weil das normalerweise immer dein Weg ist, nur heute musst du ausnahmsweise woanders hin?

Mir ist das häufig passiert. Es gibt Wege, die fährt man sehr oft, und dann bekommt das eine Automatik wie Kuppeln und Gasgeben. Wenn du dir aber sagst, okay, verstehe, das habe ich über die Zeit abgespeichert, aber ich bleibe jetzt einfach aufmerksam und biege heute in die andere Straße ein, dann klappt das auch.

Genauso ist es mit den Gedanken und Gefühlen, die wir im Zusammenhang mit unseren Träumen im Lauf der Zeit entwickelt haben. Du denkst an deinen Traum, und automatisch kommt zum Beispiel der Gedanke: »Ich bin nicht gut genug!« Zack! Du biegst wieder ab wie immer und landest im selben Dschungel deiner negativen Gedanken.

Dafür kannst du deine Aufmerksamkeit sensibilisieren und, statt automatisch den Blinker zu betätigen und abzubiegen, sagst du dir sofort, na gut, vielleicht bin ich nicht das Super-As, aber ich habe doch immerhin gute Fähigkeiten entwickelt.

Erinnere dich an Erfolgserlebnisse im Zusammenhang mit deinem Können, an Lob, das du bekommen hast. Krame alles heraus, was du im hintersten Winkel deines Gedächtnisses finden kannst. Merkst du was? Das ist genauso wahr und existent wie die negativen Erfahrungen. Es ist ähnlich wie zuvor in dem Kapitel »Verlagere die Perspektive«, nur dieses Mal quasi aus dem biochemischen, neurophysiologischen Blickwinkel. Dr. Joe Dispenza spricht in seinen Büchern und Vorträgen sogar von schweren Krankheiten, die auf diese Weise verschwunden sind. Und der Mann ist kein Esoteriker, er ist ein anerkannter Wissenschaftler!

Wohin willst du schauen? Du entscheidest. Man kann alles trainieren und üben. Unser Gehirn ist extrem gestaltbar. Man muss nur einiges an Zeit aufwenden, sehr wachsam sein und bleiben und immer wieder die neuen Synapsen befeuern. Gewohnheitstiere kann man umgewöhnen.

Ich weiß noch ganz genau, wie ich mich gefühlt habe, als ich das erste Mal in meinem Leben ganz automatisch dachte »Ist nicht so schlimm, das kriege ich wieder hin«, anstelle der alten Leier von »Schon wieder passiert mir so etwas, warum denn jetzt schon wieder, kann da nicht auch mal was Positives kommen?«. Denn das war die Straße, in die ich bisher immer ohne Nachzudenken abgebogen war. Die Straße meiner bisherigen Wahrheit.

Als ich merkte, dass ich genauso selbstverständlich in die andere Gedankenstraße eingebogen war, ohne großes Bemühen und ohne ständig aufmerksam auf der Lauer zu liegen, blieb ich stehen und hatte Tränen in den Augen. Denn ich konnte spüren, in jeder Zelle meines Körpers und meines Herzens, dass das einer der größten und wichtigsten Schritte meines Lebens war. Es hat eine Weile gebraucht, viel Wachheit und kein Aufgeben, aber es hat alles verändert. Und das kannst du auch!

»Gewohnheiten sind Fingerabdrücke
des Charakters.«
Alfred Polgar

18.
DREAMBOARD – DIE TRAUMTAFEL

Ich liebe dieses ebenso kreative wie effektive Handwerkszeug eines Träumers! Das Ziel ist es, deine Träume in Bildern auszudrücken. Wie sieht dein Traum aus, wie fühlt er sich an, wie fühlst du dich, wenn du deinen Traum lebst? Ob du nun dein Traumhaus visuell erschaffen möchtest, deine Berufung als Architekt, deine Karriere als Musiker, sammle Bilder aus Zeitungen, Postkarten, Prospekten, mache Fotos und klebe oder hefte alles auf ein großes weißes Blatt, auf eine Korkplatte, auf Holz, alles ist möglich. Stöbere in Bergen von alten Zeitungen, und alles, was dich emotional anspricht, schneidest du aus.

Denke um Himmels Willen nicht darüber nach. Dich lacht das Bild von einem blauen Himmel an? Das ist vielleicht die Leichtigkeit, die du empfindest, wenn du deinen Traum lebst. Du bist der Gestalter, du bist ein kleiner Gott, der seine Welt erschafft. Alle Zutaten sind erlaubt.

Ich habe Draemboards gesehen, die waren wie ein Farbrausch, andere waren sehr klare Visualisierungen eines konkreten Traumes. Aber alle haben eines gemeinsam, sie üben einen Sog aus auf den Betrachter. Du sagst, du bist nicht talentiert für so etwas? Vergiss es! Du brauchst kein Talent, keine Eins im Kunstunterricht.

Du brauchst lediglich Spielfreude, Papier, Zeitungen und Klebstoff. Hole deine Kinder dazu. Sie begreifen sofort, wie dieses Spiel geht, und sie werden es lieben. Und ich verspreche dir, wenn du einmal angefangen hast, willst du gar nicht mehr aufhören. Nach anfänglichem Stottern läuft der Motor rund, und deine Kreativmaschine surrt unaufhörlich weiter.

Dein Dreamboard, dieses herrliche Bild, hängst du dir dann irgendwohin, wo du es oft sehen kannst. Und wenn du es zu gut kennst, machst du ein neues. Es gibt viele magische Geschichten, die ich über Dreamboards gehört habe. Manch einer erzählt, dass sich auf fast schon unheimliche Weise die Dinge genauso verwirklicht haben, wie auf seinen Bildern. Manchmal bis ins Detail! Wie schon gesagt, alles was auf dieser Welt existiert, war vorher ein Bild, eine Vorstellung, ein Traum im Herzen eines Menschen. So fängt alles an!

» Wer kleine Türme ersinnt,
wird auch kleine Türme bauen.
Wenn Ihr Eure Hände nicht wenigstens
bis zu den Sternen streckt,
werdet Ihr nur die Decke Eurer Kammer erreichen.
Und wenn das Fundament nicht trägt
oder Euch die Steine schwer werden
und der Turm nicht mehr zu wachsen scheint,
gerade dann sollt Ihr ihn vor Euren Augen sehen,
in seiner ganzen Pracht und Größe.
Denn niemand entscheidet,
dass der Turm nicht sein möge, außer Euch selbst.
Und baut Ihr den Turm mit Liebe –
wer möchte ihn dann zum Einsturz bringen?
So spricht die Liebe.«
Beatrice Reszat

19.
TRAUMHELFER –
DEN TRÄUMEN ANDERER ZU HELFEN,
MACHT GLÜCKLICH

Es gibt kaum etwas, was einen Menschen glücklicher macht, als anderen Menschen zu helfen. Das ist erwiesen. Es ist unglaublich erfüllend und befriedigend und mit keinem Geld der Welt zu bezahlen. Wir glauben oft, dass unser Glück von unseren Lebensumständen abhängt, aber das sind gerade mal zehn Prozent unseres Glücksempfindens, da wir uns sehr schnell an den neuen Lover, die Beförderung oder die schicke Penthouse-Wohnung gewöhnen.

Ein Großteil unseres Glücksgefühls basiert auf unserem Verhalten und unseren täglichen Routinen, also all die Dinge, die wir selbst im Griff haben. Da ist sie wieder, die unumstößliche Wahrheit: Dein Glück kommt niemals von außen!

Eine der zuverlässigsten Methoden jedoch, glücklich zu werden, ist es, anderen zu helfen. Es gibt viele aufschlussreiche Studien darüber. In einem Experiment bekamen Studenten die Aufgabe, sechs Wochen lang einmal wöchentlich mehrere gute Taten zu vollbringen. Sie spendeten Blut, besuchten ihre Großeltern im Altersheim oder kauften einem Obdachlosen einen Hamburger. Im Gegensatz zu denen, die keinen derartigen Auftrag erhalten hatten, stiegen die Glückswerte der Helfer ganz erheblich.

Woran liegt das? Zum einen verbessern wir unser Selbstbild. Wir sehen uns als gute und großzügige Person. Das tut natürlich gut und baut auf. Noch wichtiger aber ist es, dass wir uns auf diese Weise mit anderen Menschen verbunden fühlen. Wir erhalten Dankbarkeit und Anerkennung von den Menschen, denen wir helfen, und schließen vielleicht sogar neue Freundschaften.

Damit wird eine Welle positiver Gefühle in Gang gesetzt, die uns gleichermaßen zugutekommen wie denen, denen wir etwas Gutes tun. Und ganz genauso verhält es sich mit der Unterstützung für andere Träumer. Wenn es bei dir nicht recht weitergeht und du gerade einen Durchhänger hast, warum nicht einmal jemand anderem unter die Arme greifen, der seinen Traum verwirklichen möchte? Du kannst ihm zuhören, ihn ermutigen, das brauchen so viele Träumer, du kannst aber auch tatkräftig mit anpacken.

Du glaubst gar nicht, wie schnell sich dein eigener Trübsinn in Freude und Tatendrang verwandelt.

Inge hat einen alten, leerstehenden Bauernhof gepachtet, um hier Tiere unterzubringen. Aber nicht, um sie später zu schlachten, sondern um einen Ort für verhaltensauffällige Kinder zu schaffen, die durch die Begegnung mit Tieren unglaublich profitieren. Sie werden ruhiger und fröhlicher und geben ihre Liebe den Tieren zurück.

Alle ihre Freunde versuchten Inge zu helfen. Sie hatte ihren festen Job gekündigt und ihr ganzes Erspartes eingesetzt. Es war ein großes Risiko. Wir strichen Wände, reparierten Zäune, einer half bei der Webseite, ich machte ein paar Pressekontakte, wir überlegten gemeinsam, was für Veranstaltungen man hier machen könnte, und abends saßen wir beim Lagerfeuer zusammen, tranken Bier und sangen zu CDs aus einem alten Gettoblaster. Jeder ging mit einem zufriedenen, inneren Strahlen nach Hause. Inzwischen herrscht dort ein reges Treiben: Schafe, Ziegen, ein Esel, zwei Hunde, Hasen und Kaninchen erfreuen tagtäglich unzählige Kinderherzen, und ich schaue, so oft ich kann, vorbei.

Wir sind darauf getrimmt, immer für alles, was wir tun, etwas haben zu wollen. Dagegen ist etwas zu geben, aus reiner Liebe, reinem Mitgefühl, ein unübertreffliches Gefühl.

Im Fernsehen sah ich, wie Johnny Depp in voller Piratenmontur eine Kinder-Krebsstation besuchte. Nachdem die Kleinen realisiert hatten, dass das keine Halluzination war, sondern ein echter Pirat, der echte Jack Sparrow, gerieten sie völlig aus dem Häuschen. Sie fielen ihm um den Hals, hingen an seiner zerschlissenen Jacke und hörten mit großen Augen zu, was er zu erzählen hatte. Auch er war sichtlich gerührt.

Als er einem kleinen Jungen sagte, dass er dessen bunten Pyjama so toll fände, ob er ihm den nicht schenken wolle, sagte der Kleine nur ganz entschieden: »Nein!« Johnny Depp musste herzlich lachen und schloss den Jungen ganz fest in die Arme. Besonders wenn bei Kindern der Tod als Gefährte auf dem Bett sitzt, ist das für uns sehr schwer zu verkraften. Und diese strahlenden Kinder zu sehen mit ihren kahlen Köpfchen, das hat mich sehr bewegt.

Andere glücklich zu machen, wird auch dein eigenes Dilemma auf ein gesundes Maß zurechtschrumpfen. Und das Glück und die Liebe, die du zurückbekommst, wird dir enorm viel Kraft geben für deinen eigenen Weg – und dir einen neuen, entspannteren Blick auf dein eigenes Leben schenken!

»Der Stärkere ist nicht der,
der alles an sich reißen kann, sondern der,
der die Kraft hat zu geben.«
Michael Pauwels

DIE KÖNIGSDISZIPLIN DES TRÄUMERS – TRÄUMEN VON EINER BESSEREN WELT

»Nur wer von einer besseren Welt
wenigstens träumen kann,
gewinnt die Kraft für ihre Verwirklichung.«
Iring Fetscher

Inzwischen hast du eine Seekarte bekommen, die Hindernisse zu umschiffen, hast eine Kiste mit Werkzeug, falls der Motor stottert oder gar streikt, nun möchte ich mich mit dir zusammen auch an den größten Traum von allen herantrauen, die Königsdisziplin eines Träumers sozusagen. »Heal the world, make it a better place!«, wie Michael Jackson singt.

Etwas davon schlummert in jedem von uns: die Welt zu einem besseren Ort zu machen, sie schöner zu hinterlassen, als wir sie vorgefunden haben. Ich kenne niemanden, der nicht gerne dazu beitragen möchte, diese Welt besser zu machen. Doch können wir das überhaupt?

Wir leben in einer Welt, in der vieles im Argen liegt. Überall Terror, grausame Kriege, Hunger, Sklaverei und Umweltzerstörung. Es gab Zeiten, da haben mir die Nachrichten und der Anblick von Leid, besonders bei Kindern und Tieren, manchmal schier das Herz zerrissen. Ich fühlte mich ohnmächtig, völlig überfordert und unfähig, dem etwas entgegenzusetzen.

Bis ich mich eines Tages fragte, wem ich damit nütze. Was hilft es der Welt, wenn ich verzweifelt und hoffnungslos bin? Es ist so ähnlich, als wenn du einem Menschen begegnest, der behindert ist oder vielleicht durch einen Unfall entstellt, und du voller Mitleid und Entsetzen auf ihn schaust. Hilft ihm das? Sicher nicht! Und was für ein Gefühl wird ihm das geben?

Ich beschloss, meine ganze Konzentration darauf zu verwenden, in allem immer das Schöne zu entdecken. Ich nehme die Schönheit dieses Planeten, der unsere Heimat ist, uns versorgt und trägt, seitdem viel bewusster war. Ich bin dankbar für meine Nahrung, das Wasser, das aus meinem Hahn läuft. Freue mich über jede Kuh, die auf der Weide grasen darf.

Es geht nicht darum, die Augen zu verschließen vor dem, was schrecklich ist. Es geht um das, was du nährst mit deinen Gedanken und Gefühlen. Welchen Wolf du fütterst. Denn auch ich träume von einer besseren, einer gesünderen, einer liebevolleren Welt. Und wie schon im Kapitel über Mut gesagt, ich habe mir völlig abgeschminkt, mich mit dem Satz »Was kann ich alleine schon ausrichten?« herauszureden.

Als es mir finanziell lange Zeit sehr schlecht ging und ich eigentlich ständig mit meinem Überlebenskampf beschäftigt war, war ich oft frustriert. Nicht nur, dass ich mit meinen Träumen nicht weiterkam, ich konnte auch sonst nichts ausrichten ohne Geld.

Dann habe ich damit begonnen, mir jeden Tag eine halbe Stunde Zeit zu nehmen und im Internet Petitionen zu unterzeichnen. Es gibt großartige Plattformen, die viel bewegen. Das Eingeben meiner Daten kostete mich lediglich meine Zeit und ein bisschen tippen. Das tue ich immer noch. Nur dass ich jetzt auch endlich etwas spenden kann, wovon ich lange geträumt habe!

Und wenn ich dann von den Erfolgen lesen durfte, die manche Aktionen gehabt haben, befreite Gefangene, eine Frau, die man nicht gesteinigt hat, ein Mädchen, das nicht zwangsverheiratet wurde, Tierbabys, die aus den Fängen brutaler Händler gerettet wurden, dann war ich froh, dass ich vielleicht ein kleines Fünkchen dazu beigetragen habe.

Hier ein paar Beispiele für solche Seiten im Internet:

www.betterplace.org

www.peta.de

www.ifaw.org

www.avaaz.org

www.thepetitionsite.com

Und auf Englisch:

www.hsi.org

www.takepart.com

Ich glaube an die Wirkung von Homöopathie, nicht nur bei Krankheiten. Ich glaube, dass ein kleiner Tropfen Liebe in einem Ozean aus Gleichgültigkeit etwas bewirkt. Du merkst es vielleicht nicht sofort, aber es wirkt. Darum wäre es schön, wenn wir gemeinsam aus unseren vielen Tropfen ein großes Meer machen würden, denn wir haben alle die Möglichkeit dazu!

Ich werde noch immer hier und da belächelt, wenn ich sage, dass ich kein Fleisch esse. Anstatt zu würdigen, dass ich diesen Schritt gemacht habe und dadurch meinen Teil dazu beitrage, dass weniger Fleisch auf grausame Weise erzeugt werden muss, kriege ich zu hören, ja, aber Fisch isst du doch. Die müssen ja auch sterben. Was ist das für eine Art zu denken? Und das sagt jemand, den es nicht wirklich interessiert, was mit den Tieren geschieht, die ihm sein Steak auf den Teller liefern.

Wenn jede Schulklasse zu einem Besuch im Schlachthof verdonnert werden würde, wäre das Problem sofort gelöst! Ich möchte niemanden verurteilen, das steht mir nicht zu, ich möchte nur darauf hinweisen, dass alles, was wir tun, Konsequenzen hat. Jede Entscheidung, die wir treffen, hat Auswirkungen auf uns selbst und andere Menschen und Lebewesen. Und je bewusster wir uns dessen sind, um so achtsamer werden wir leben.

Wenn also jemand sagt, ich weiß, was mit den Tieren geschehen ist, die ich esse, und ich nehme es in Kauf, okay, dann ist es seine bewusste Entscheidung, ob ich die gut heiße oder nicht, ist völlig unwichtig. Wenn aber jemand sagt, ich will mein Fleisch essen, der Rest interessiert mich nicht, ich will da nicht hinschauen, dann ist es in meinen Augen eine Entscheidung gegen die Mitverantwortung.

Und die brauchen wir, um diese Welt zu verändern. Das Gefühl, dass wir alle mit allem etwas zu tun haben, weil es nämlich genauso ist! Das betrifft nicht nur das Fleischessen. Das betrifft alle Menschen, die hungern und leiden, unter anderem auch deshalb, damit es uns so gut geht. Wir alle tragen Verantwortung für diese Welt.

Darum möchte ich dich ermutigen, von einer besseren Welt zu träumen. Wobei träumen natürlich nicht heißen soll, in der Hängematte zu schaukeln und sich schöne Bilder auszumalen. Das kann gerne auch geschehen, aber ich rede von »love in action«, Liebe in Aktion. Träumen ist nur der Anfang, denn auf einen starken Traum folgt immer die Tat! Und unterschätze niemals die »kleinen« Träume. Sie können der Schneeball sein, der eine riesige Lawine erzeugt. Es ist oft genug passiert.

»Es ist unser aller Erde. Sie hat genug Platz
und Nahrung für jedermanns Bedürfnisse,
aber nicht für jedermanns Gier.«
Mahatma Gandhi

Meine Freundin Katrin geht ins Altersheim und liest den alten Leuten vor, die keine Familie haben. Neulich hat sie einer Frau, die schon fast blind war, eine Brille bezahlt. Die Frau ist ihr weinend um den Hals gefallen. Hat sie dadurch die Welt verbessert? Ganz bestimmt!

Maren ist Therapeutin und geht ins Kinderhospiz, um den Eltern beizustehen, deren Kinder sterben müssen. Ohne Bezahlung.

Es spielt keine Rolle, ob du für deine alte Nachbarin die Einkäufe erledigst oder in Indien Krankenhäuser baust. Jeder, wie er kann. Doch je mehr von uns diesen Traum von einer besseren Welt leben, umso mehr wird sie sich in das verwandeln, was wir uns zutiefst wünschen: eine friedliche, wunderschöne Heimat, die uns alles gibt, was wir brauchen.

Wie so oft, wenn ich an diesem Buch schreibe, stolpere ich über etwas, was genau in diesem Moment dazupasst. Das sind für mich magische Momente. Heute unterschrieb ich wieder eine Petition und sah mir auf der Webseite der Organisation change.org ein paar Erfolgsmeldungen an, das tut mir immer sehr gut. In einem Video sah ich die Rede eines jungen Mädchens, die mich sehr erschüttert und gleichzeitig unglaublich elektrisiert hat. Diese Geschichte möchte ich unbedingt mit dir teilen.

Es ist die Geschichte von Memory Banda aus Malawi. Einem der ärmsten Länder dieser Welt, in dem noch immer über vierzig Prozent der jungen Mädchen, teilweise schon im Alter von neun oder zehn Jahren, zwangsverheiratet werden. Memorys Schwester war elf, als sie ihr erstes Kind bekam, mit sechzehn Jahren war sie Mutter von drei Kindern. Memory hingegen verweigerte sich dieser unmenschlichen und barbarischen Tradition. Sie sagte Nein zu ihrer Familie. Stattdessen sprach sie mit den Frauen ihres Dorfes, die ein ähnliches Schicksal wie ihre Schwester erlitten hatten, und bewegte sie dazu, gegen diese Tradition aufzustehen. Damals war sie gerade vierzehn Jahre alt! Was für ein ungeheurer Mut! Sie sah ihre kleine Schwester an und sagte: »Nie wieder!« Und obwohl sie vor Angst gezittert hat, stellte sie sich den Männern gegenüber, um ihre Forderungen vorzutragen.

Sie begann bei den Oberen ihres Dorfes, bis sie schließlich bis zur Regierung ihres Landes vordrang. Diesem Mädchen ist es zu verdanken, dass der Präsident von Malawi ein Gesetz unterzeichnet hat, das die Heirat erst ab achtzehn erlaubt. Ein Riesenerfolg, dennoch gibt Memory sich nicht damit zufrieden und kämpft nun für die Bildung der Frauen in ihrem Land und hält Reden auf der ganzen Welt, um weiterhin auf die Grausamkeit der Zwangsehen mit Kindern aufmerksam zu machen. Denn es gibt noch genug Länder, in denen kleine Mädchen gezwungen werden, alte Männer zu heiraten und deren Kinder zu gebären. Memory sagt: »Das Ziel im Leben ist es, leidenschaftlich zu leben und etwas zu erschaffen, das bleibt und das die nächsten Generationen inspirieren wird!«

Ist es nicht ein wundervoller »Zufall«, dass mir dieses Mädchen im Internet begegnet, während ich dieses Kapitel schreibe? Danke Memory, dass du so viel Mut und Dickköpfigkeit aufgebracht hast, dich so jung alleine gegen alle zu stellen, um etwas Großes zu erreichen. Und wieder ist die Welt ein Stück heller geworden.

Ein anderer Mensch, dem ich persönlich begegnen durfte und der mich nachhaltig beeindruckt hat, ist Harry Belafonte. Schon alt und zerbrechlich ging er am Gehstock und wirkte dennoch unglaublich vital und strahlend. Er drückte mir lächelnd die Hand, und als er mir direkt in die Augen sah, hatte ich das Gefühl, neben ihm der einzige Mensch im Raum zu sein. Ich habe mir die Dokumentation über sein Leben angesehen, »Sing your song«, die ich sicher nie vergessen werde.

Träumerfutter vom Allerfeinsten! Vom ersten Moment an packend, mitreißend, spannend und berührend und ein aufrüttelndes Zeitdokument über die Rassendiskriminierung, die in den 1950er Jahren die amerikanische Bürgerrechtsbewegung auf den Plan rief mit ihrer berühmten Leitfigur Martin Luther King, der übrigens ein guter Freund und Mentor Belafontes war.

Und da sind sie, die Bilder, die uns zeigen, was wir erreichen können, wenn wir zusammenstehen. Bei dem Marsch auf Washington 1963 versammelten sich an die dreihunderttausend Menschen vor dem Lincoln Memorial. Harry Belafonte hatte Prominente wie Marlon Brando, Sidney Poitier, Charlton Heston und Paul Newman zusammengetrommelt, die sich unter die Menschen mischten. Schwarze und Weiße hielten sich an den Händen, damals undenkbar, und sangen »We shall overcome«. Ein überwältigender Anblick, dieses Lied zu hören aus so vielen Kehlen … Ich hatte Gänsehaut und Tränen in den Augen.

Dort hielt Martin Luther King seine weltberühmte Rede, die mit den Worten »I have a dream« begann! Tagelang war ich wie in einer Zeitschleife gefangen, weil ich an gar nichts anderes mehr denken konnte. Ich dachte darüber nach, wie viel seitdem geschehen ist und in welchem Ausmaß ein Mensch, ein Träumer wie Belafonte, diese Welt verändert hat. Harry Belafonte hat in seinem Leben so unglaublich viel für die Menschen getan, weil er niemals bei Ungerechtigkeit oder Leid einfach nur zuschauen konnte, er musste etwas dagegen tun.

»Meine Mutter hat mir beigebracht, dass es im Leben nichts gibt, was man nicht erreichen könnte, nichts, was wir nicht anstreben könnten. Und ich erinnere mich immer an ihren Rat, dass ich niemals einen Tag beginnen dürfe, der nicht irgendetwas dazu beitragen würde, die Ungerechtigkeit dieser Welt zu bekämpfen.«

Belafonte brachte unter anderem einundachtzig Studenten aus Kenia nach Amerika und finanzierte ihnen ein Studium. Mit der Auflage, dass sie danach in ihre Heimat zurückgingen, um die Menschen dort zu unterstützen. Einer von ihnen war Barack Obama senior!

*»Ohne Optimismus kann man der Hoffnung
keine Richtung geben. Die Welt braucht eine Vision!
Wer von uns nur einen Funken davon hat,
sollte so viel Vision vermitteln, wie nur möglich ist!«*
Harry Belafonte

Der Traum, wie wir diese Welt verwandeln könnten, treibt mich unaufhörlich an. Dafür lasse ich mich auch gerne ab und zu belächeln als naive Spinnerin. Das kenne ich schon, und wir werden sehen, wer zuletzt lacht!

Es gibt den Begriff der »kritischen Masse«. Das bedeutet, dass nicht eine gesamte Gruppe von einer Strategie überzeugt werden muss, sondern nur eine bestimmte Anzahl von Menschen. Ist dieser Schwellenwert überschritten, die kritische Masse also erreicht, wird sich diese Strategie selbsttragend durchsetzen. Das ist eine äußerst wichtige Information. Es ist gar nicht so unwahrscheinlich, wie wir immer denken. Wir sind auf dem besten Weg, diese kritische Masse zu erreichen!

Der Traum von einer besseren Welt hat die größten Geister dieses Jahrhunderts zu Leuchtfeuern gemacht, jeder kennt ihre Namen: Nelson Mandela, Martin Luther King, Gandhi. Sie waren sogar bereit, für ihren Traum zu sterben. Ihr Vermächtnis sollte uns täglicher Ansporn sein. Gandhi sagte: »Du musst selbst zu der Veränderung werden, die du in der Welt sehen willst.« Willst du Frieden, lebe friedlich, willst du Liebe, lebe Liebe! Es ist so einfach, mit dem Finger auf andere zu zeigen und zu sagen, dass sie sich ändern müssten. Wenn jeder Einzelne von uns bei sich selbst anfinge, käme das Ergebnis einem Wunder gleich!

Wenn du wie ich von einer gerechteren, besseren Welt träumst, in der die Menschen friedlich und mit der Natur im Einklang leben, tu einfach das, wozu du im Stande bist. Und sage dir nicht ständig, dass das zu wenig sei! Alles hat einen Einfluss, denn alles ist mit allem verbunden. Da können wir noch so viele Zäune ziehen und auf unseren Unterschieden beharren. Das wird nichts daran ändern. »In lak'ech« heißt ein alter Maya-Gruß, das bedeutet: »Ich bin ein anderes Du«.

Ein Mensch, der seine Träume lebt, hat Einfluss auf seine Umgebung, er ist auch ein Leuchtturm für andere. Sein Leben sagt: Seht her, es ist möglich! Beginnen wir endlich damit, uns als Teil des Ganzen zu fühlen, weil wir das sind. Dieser Traum wird uns nur gelingen, wenn wir ihn gemeinsam träumen, und dann bist du auch Teil meines Traumes, denn das wünsche ich mir von dir.

Wir wohnen in einem Land, in dem wir sehr privilegiert leben. Die meisten Menschen haben zu essen, sind krankenversichert und haben ein Dach über dem Kopf. Wir erleben nicht täglich hautnah das Gemetzel von Terroristen, wir wohnen nicht mitten in einem Kriegsgebiet und müssen nicht im Bombenhagel Hals über Kopf unsere Sachen packen.

Wir leben in einer Zeit, in der ein Prozent der Weltbevölkerung mehr besitzt als die restlichen neunundneunzig Prozent! Das kann nicht gesund sein. Diese Welt liegt in unseren Händen! Und jede kleine Geste, jeder Akt des Mitgefühls, der Nächstenliebe, der Gemeinschaft bringt ein wenig mehr auf der Habenseite der kritischen Masse.

Wir sind hier zu Gast, der Boden unter unseren Füßen ist nur geliehen. Er wird noch sein, wenn die murmelnden Flüsse unsere Geschichte erzählen und wir der Staub auf den Sternen sind. Wir schulden diesem Leben, dieser Welt und allen Lebewesen unsere Achtung, unseren Respekt und unsere Anständigkeit. Und der Traum, die Vision von einer besseren Welt braucht unsere Kraft, unsere Aufmerksamkeit und unsere täglichen Schritte.

Das ist nichts, was wir Banken, Politikern oder Managern von Großkonzernen überlassen dürfen. Sie haben andere Interessen. Die meisten von ihnen haben mit dieser Erde als unsere wunderschöne, großzügige Heimat und ihrer Erhaltung nichts am Hut.

Die Indianer sagen, wir sollen in dem Bewusstsein leben, dass unsere Entscheidungen unsere Nachkommen bis zur siebten Generation betreffen, und somit diese Erde so behandeln, dass es auch unseren Nachfahren möglich sein wird, hier ein gutes Leben zu führen. Und das ist nicht die einzige Weisheit, die wir uns von diesem weisen Volk abschauen sollten! Herrscht doch in unserer Welt oft die Haltung: »Nach mir die Sintflut!«

»Wenn viele Menschen viele kleine Dinge tun, dann können sie das Gesicht der Welt verändern«, sagt ein afrikanisches Sprichwort. Für mich ist das der schönste und der wichtigste Traum von allen! Lasst ihn uns gemeinsam träumen, zuversichtlich und kraftvoll, und ihn jeden Tag füttern mit unseren Gedanken und Taten, und er wird wahr werden. Das ist ein Naturgesetz! Wir haben es in der Hand!

»In jeden von uns ist diese Sehnsucht gepflanzt,
die uns niemals in Ruhe lässt.
Sie ist unser Kompass und unser Weckruf.
Ohne sie würden wir unterwegs einschlafen oder
aufgeben. Sie flüstert nachts, wenn unsere Gedanken
schweigen, sie legt sich schwer auf unser Herz,
wenn wir vergessen, wer wir sind.
Sie wird keine Ruhe geben, bis sie hat, was sie will,
dein ganzes Herz!«
Paulo Coelho

ABSCHIED

Nun muss ich dich loslassen, lieber Träumer, was mir fast ein bisschen schwerfällt. Zu deinem Herzen zu sprechen, hat uns einander nähergebracht, und wir haben nun viel Zeit miteinander geteilt. In meiner Vision von einer besseren Welt hast du einen festen Platz! Ich hoffe sehr, dass du ihn voller Stolz und Freude einnimmst.

Die vielen Jahre, in denen ich meine Träume verloren habe und sehr unglücklich war, haben mich zu dem Menschen gemacht, der ich heute bin. Heute weiß ich, dass ich sehr wertvolle Erfahrungen sammeln durfte, darum war es ein guter Weg! Und er hat mich auch zu dir geführt und mich dazu gebracht, an dich zu appellieren, deine Träume nicht aufzugeben. Außerdem wollte ich dir zeigen, dass du nicht allein bist.

Auch wenn es dir manchmal so erscheinen mag in dieser Welt, die im Höher-schneller-weiter-Modus festhängt, in der heiße Luft zu teurem Duft wird und rostiges Blech, auf Hochglanz poliert, als Gold verkauft wird.

Wir Träumer sind eine schweigende, lächelnde Armee, wir folgen unserem Stern, wissen um verborgene Schätze, tauchen nach schimmernden Perlen und erklettern Berge, von deren Gipfeln wir die Sterne berühren. Du bist einer von uns. Bekenne dich zu deinen Träumen, und du wirst uns begegnen, überall. Und eines solltest du nicht vergessen, mein lieber Träumer, die Welt braucht dich!

Du bist nicht hier, nur um zu überleben, und du bist auch nicht hier, um darauf zu warten, dass dich irgendjemand durch das Ziel trägt, das du seit Ewigkeiten anstarrst. Du bist hier, um das Leben auszukosten, all seine Süße zu schmecken. Du bist auf diese Welt gekommen, um deinen Weg zu gehen, der so ist wie keiner, weil du bist wie keiner.

Wenn es stimmt, dass die Welt Klang ist, was ich glaube, dann sind wir jeder ein anderes Lied. Und da gibt es kein Besser oder Schlechter, kein Kleiner oder Größer, denn jedes Lied erzählt seine Geschichte, erweckt ganz bestimmte Gefühle in anderen Menschen. Ob es eine leise, stille Ballade ist oder ein Heavy-Metal-Song, es ist dein Klang, dein Ausdruck, der genauso wertvoll ist wie der eines jeden anderen Menschen.

Feiere dich für alles, was du bist! Für alles, durch das du bereits hindurchgegangen bist, was dich geschält und gereinigt hat! Für jeden Moment, in dem du tapfer wieder aufgestanden bist, dir den Staub von den Kleidern geklopft und nicht aufgegeben hast. Als du deine stummen Schreie die ganze Nacht in den Himmel geschleudert hast und am Morgen dennoch wieder durch deine Tür getreten bist, um deinen Platz in der Welt einzunehmen.

Ich wünsche dir, dass du deine Kraft erkennst, das Licht, von dem Nelson Mandela spricht, denn du bist dazu bestimmt zu leuchten. Verstecke es nicht, um dich klein zu machen. Und wenn du scheinst, werden es auch andere tun. Mögest du in einer ruhigen Brise des Friedens stehen, wenn die Stürme dich umtosen. Mögest du leuchten und leben und spielen, in diesem einzigartigen Leben auf diesem wunderschönen Planeten. Denn das ist der Sinn unseres Daseins: zu leben!

Warte nicht auf Rettung oder auf den richtigen Tag. Warte nicht auf die Antwort oder die Erleuchtung. Warte nicht darauf, dass irgendeine Tür aufgeht oder dass dein Schmerz oder dein Zweifel endlich verschwinden. Du lebst nicht in einem Wartesaal, in dem irgendwann ein Zug einfährt, der dich ans Ziel bringt. Hör auf, nach der perfekten Lösung oder der perfekten Methode zu suchen. Gehe jetzt. Es ist immer jetzt. Und es beginnt immer bei dir!

Eines Tages wirst du gehen, aber du kannst dein Lachen zurücklassen, das Echo deiner Musik. Du bist Gast auf einem Planeten voller Möglichkeiten. Voll mit Menschen, die ähnliche Sehnsüchte haben wie du. Schau ihnen in die Augen, und du wirst dich erkennen und deine eigenen Träume.

Ich bitte dich, geh nicht, bevor du dein Lied gesungen hast!

»Von dem Moment an,
an dem ich dankbar sein kann
für meine Schatten, meine Tränen und meine Schmerzen
und ich dem Menschen,
den ich im Spiegel erblicke,
danken kann dafür,
dass er all seine Kraft und Liebe aufwendet,
um dieses Leben ganz zu umarmen …
von dem Moment an
werde ich jeden Tag
im Paradies erwachen.«
Beatrice Reszat

DANKE – EINES DER WICHTIGSTEN WORTE IN UNSERER SPRACHE!

Ich danke all denen, die mir die Tür vor der Nase zugeschlagen haben, denn sie haben mich Hartnäckigkeit gelehrt!

Ich danke denen, die mich enttäuscht haben, denn sie brachten mir bei, mit dem Herzen zu sehen.

Ich danke auch jenen, die mich ausgenutzt und klein gemacht haben, denn durch sie habe ich gelernt, dass das nur dann möglich ist, wenn ich es zulasse.

Und ich danke allen, die mich, die Träumerin, belächelt haben, denn sie haben mich dazu gebracht, eine Hüterin der Träume zu werden, und heute winke ich euch zu von meinem Stern und lächle!

Danke Mama, die du mich geboren hast in Zeiten, die nicht leicht waren für dich. Du hast hart dafür gearbeitet, dass ich eine gute Schule besuchen konnte und hast mir so meinen Weg möglich gemacht!

Danke meinem Schwesterchen, die zwar ab und zu mit den Augen rollt über alles, was ich so anstelle, aber immer für mich da ist. Es ist ein großes Geschenk, eine Familie zu haben!

Danke Udo Lindenberg, my brother from another mother, für deine Freundschaft, denn zwei wie wir können sich nie verlieren! Und dafür, dass du mir dieses Vorwort geschenkt hast! Ich bat dich darum, weil du für mich in diesem Land der einzige große Träumer und Visionär bist, der zum Vorbild taugt. Wohin sollen wir schauen? Wir haben keinen John Lennon, keinen Martin Luther King. Ob gegen Atomraketen oder Rock gegen Rechts, ob

Friedensfestivals oder Lederjacken an Honecker. Du hast vom ersten Tag deiner Karriere an Stellung bezogen, hast gewagt, was andere nicht wagten, und gesagt, was andere sich nicht trauten auszusprechen. Dein unerschütterlicher Kampf und Optimismus hat in der Mauer jede Menge Ziegel locker gemacht und sie mit zum Einsturz gebracht! Bei deinem Stadionkonzert in Leipzig konnte ich hautnah miterleben, wie die Menschen dich dafür lieben. Als du »Horizont« gesungen hast und sechzigtausend Menschen mit dir, habe ich geheult wie ein Schlosshund. Du sprühst vor immer neuen Ideen und Träumen, die wie ein Feuerwerk an unserem Himmel explodieren. Du bist mein alter Freund, der bei mir auf dem Sofa sitzt, mit dem ich tief und kreativ sein kann. Und du bist die Legende, die schon jetzt ein Denkmal bekam. Ich bewundere und achte die Legende, und ich liebe meinen Freund! Für dich habe ich den Song geschrieben: »Piratenfreunde« Ich bin so froh, dass du in meinem Leben bist. Auf alles, was wir waren, sind und sein werden!

Danke auch an Peter Maffay für die inspirierenden und fruchtbaren Stunden mit deiner Musik und die schöne Freundschaft, die daraus geworden ist. Unsere Momente in der Küche, du mit deiner Gitarre, als wir zum ersten Mal zusammen meine Texte gesungen haben und sie mit deiner Musik Hochzeit hielten, das war Magie, und das wird mir immer bleiben. Ich habe viel von dir gelernt, denn du redest nicht viel, krempelst die Ärmel hoch, und wieder ist ein Haus fertig, in dem Kinder ihre verlorenen Träume wieder entdecken dürfen. Großer Respekt! Und ich weiß, dass deine Tür für mich immer offen steht!

Danke Brigitte, wunderbare Pelé! Ich kann es nur so sagen: Ohne dich wäre ich nicht da, wo ich bin! Deine unbestechliche Freundschaft ist ehern. Sie hält Stürme aus und Streit. Sie ist nicht das Dahingesagte, sondern das mit Blut Geschriebene! Die Tatsache, dass du in meinem Leben bist, gibt meinen Füßen ein Stück Boden!

Und meine herzallerliebste Bine! Du warst da großzügig, wo andere kleinmütig wurden. Und du warst es mit einer Selbstverständlichkeit, die mich staunen ließ. Du hast mir deine Freundschaft bewiesen, als andere mir bewiesen, dass sie keine Freunde sind. Und mit dir auf der Treppe in den Galeries Lafayette rosa Champagner zu trinken, ist wie Sex and the City in echt erleben! Danke für das seltene Geschenk deiner Freundschaft!

Danke Kati, mein Sonnenkind! Du kennst meine Geschichte, das ist so kostbar. Du bist jetzt meine älteste, nein, meine längste Freundin, und ich kann mir das Leben nicht ohne dich vorstellen! Danke für die vielen Seiten Text, die du von mir gelesen hast, und deine Begeisterung, die Labsal war für meine Seele! Du bist wahrhaft ein Licht für diese Welt, stelle es nie wieder unter den Scheffel!

Danke Sitaasa, für deine Geduld und Güte, obwohl ich so oft eine harte Nuss war für dich. Ich konnte es schon nicht mehr hören, dein: Fühle, was da ist! Wie bei einem ungezogenen Kind bist du unerschütterlich geblieben, bis endlich auch mir das Licht aufging!

Danke Christina, du wunderbare Indianer-Squaw. Mit siebzig eine Schönheit, die ich so gerne betrachte. Unser Miteinander ist ruhig und tief, wie an einem Lagerfeuer unter den Sternen. Und danke dass du deine Brüder und Schwestern der Lakotas in jeder nur denkbaren Weise unterstützt. Es kostet dich viel Kraft, weil du so viel aufwenden musst, um wenig zu erreichen. Gott schütze deine Arbeit!

Danke Zapo, du bist mir so wertvoll als kreativer Sparringspartner und verlässlicher Freund.

Und hab Dank Gabriele, wie oft warst du ein Licht für mich, wenn ich ohne Ruder aufs dunkle Meer hinaustrieb.

Dank auch an dich, Anke, du wunderschöne Feuerfrau, die mir über jede Ferne so nah geblieben ist. Deine Arbeit mit den traurigen Kindern ist ein solcher Segen für diese Welt. Die Feuerfrau und die Sternenpflückerin, das ist ein Märchen von einem anderen Stern!

Danke Michael Goerden, dafür dass du die Angel ausgeworfen hast. Dein Gespür ist sehr wertvoll!

Danke Christian Strasser, der mich in sein Haus eingeladen hat! Und danke Dagmar Olzog, die es nicht immer leicht mit mir hatte und dennoch stets konstruktiv und voller Energie an meiner Seite blieb.

Danke Greta für viele kleine Momente der Unterstützung und Beratung. Deine fröhliche Unschuld macht mich so herrlich leicht.

Danke Mel für die Rettung meines Sterns! Dafür hast du eine Medaille verdient.

Auch meinen geliebten Katzen schulde ich großen Dank. Der freche Toki und die feine Louis! Wir Menschen sehen oft auf die Tiere herab. Ich schaue zu euch auf. Ihr seht mich jeden Tag mit Augen an, aus denen nichts als Liebe spricht. So habt ihr mir in meinen dunklen Zeiten geholfen, mein Herz nicht zu verschließen. Ihr seid ein Geschenk des Himmels, ebenso wie Toni, Bebé und Luna, die nicht mehr bei uns sind und bei den Sternen auf uns warten.

Und ich danke dieser Erde, die ich für ein lebendiges Wesen halte, und mehr als das, sie ist unsere Mutter. Ich danke dir für deine unglaubliche Geduld, unermessliche Schönheit und Güte. Niemand von uns wäre ohne dich! Die Natur hat mir so viel geschenkt. Trost, Ruhe und Andacht und das Gefühl, aufgehoben zu sein in diesem Leben. Du hast nie etwas zurückgewollt dafür. Deine Liebe ist wirklich bedingungslos. Möge unser Bewusstsein erwachen für das, was du uns bist, sodass wir dir endlich die Liebe und den Respekt erweisen, den du seit Jahrtausenden verdienst!

Und danke an meine Seen-Freunde, Starnberger See, Schaalsee und Küchensee. Ich habe einmal scherzhaft gesagt, ich müsste dem Starnberger See Tantiemen zahlen, weil ich so oft an seinem Ufer saß und Songtexte schrieb. Ich bin gesegnet, an so wunderschönen Plätzen leben und arbeiten zu dürfen!